# 这些年，e路有你

献给中国E-Learning行业

夏巍峰　编著



北京大学出版社
PEKING UNIVERSITY PRESS

**图书在版编目(CIP)数据**

这些年，e路有你/夏巍峰编著．—北京：北京大学出版社，2013.10

ISBN 978-7-301-23162-3

Ⅰ.①这…　Ⅱ.①夏…　Ⅲ.①网络教育－教育组织机构－企业管理－经验－中国　Ⅳ.①G434 ②G522.74

中国版本图书馆CIP数据核字（2013）第209867号

**书　　　名：这些年，e路有你**
著作责任者：夏巍峰　编著
策 划 编 辑：姚成龙（yaobianji@163.com）
责 任 编 辑：陈斌惠
标 准 书 号：ISBN 978-7-301-23162-3/C·0937
出 版 发 行：北京大学出版社
地　　　址：北京市海淀区成府路205号　100871
网　　　址：http://www.pup.cn　　新浪官方微博：@北京大学出版社
电 子 信 箱：zyjy@pup.cn
电　　　话：邮购部62752015　发行部62750672　编辑部62752013　出版部62754962
印　刷　者：北京大学印刷厂
经　销　者：新华书店
720毫米×1020毫米　16开本　21.5印张　374千字
2013年10月第1版　2013年10月第1次印刷
定　　　价：46.00元

---

# 作者简介

**夏巍峰**安徽潜山人，现居北京。北京大学光华管理学院高级工商管理硕士（EMBA）。曾任大型国有航空企业计财部专员、总经理秘书，国内知名网络教育机构高级市场研究经理。

夏巍峰

参与创刊中华人民共和国教育部主管、中国教育类核心期刊——《中国远程教育》（资讯）杂志，并担任执行主编。《中国远程教育》（资讯）荣获中国互联网新闻中心颁发的“中国好教育·影响力媒体奖”、全国高校现代远程教育协作组颁发的“中国现代远程教育十年·最具影响力杂志奖”，成为中国远程教育和企业学习领域最具权威和影响力的专业媒体。

先后创办E-learning世界、中国企业大学、移动学习网、中国在线教育、中国职业教育等网络媒体以及e起来、培训经理人等实名制公益社交平台。创办的现代远程教育虚拟服务体系——学习港，服务于50余所高校，已有数十万人在线报名，是目前我国最大的在线学习招生与报名服务网站。

先后参与发起并成立《中国远程教育》杂志社理事会、中国企业大学联席会、中国E-learning促进中心、中国移动学习联盟等行业组织，成为推动行业发展的重要组织和力量。

策划并组织“中国国际远程教育大会”，至今已连续成功主办十一届，成为中国乃至亚太地区远程教育与企业学习领域中规模盛大，最具权威和影响的教育培训高端会议品牌，堪称中国远程教育行业“年度盛典”。策划并组织包括中国企业大学年会、中国E-Learning行业大会、中国移动学习会议、中国网络课件开发者会议、全国基层电大校长论坛、中国现代远程教育校外学习中心论坛、中国远程教育技术创新与应用论坛、中国在线教育机构论坛等品牌专业会议百余场。

策划并主编中国远程教育系列丛书——《中国经验》《中国智慧》《中国实践》《中国人物》等。发表论文多篇，并多次在国内外专业会议及知名高校、企业发表演讲，传播思想和经验，致力于引领和推动行业新发展。

# 序

刚刚立秋的8月初，北京天气依然闷热得很，蝉鸣声此起彼伏。

坐在家中的阳台上，翻看着一页页书稿。出版社需要尽快敲定书名，心里一直在纠结，同时脑子里一直在搜索着什么。

这本书里记录着是一个什么样的群体呢？

与他们对话，有的是两三年前的事情了，有的也就是一两个月前的事情。人有时很奇怪，谈话的内容已记得不是那么全，那么清晰了。可是当时是在什么地方，什么样的现场，甚至当时他们面带什么神情，过了多长时间在脑子里一直都抹不去，这些记忆也许就是一辈子。

能够坐在一起把自己多年甚至生命中的心路历程、创业艰辛、成功喜悦、人生体验对着一个人毫不保留地聊上半天时间，是一种缘分吧。对我来说，我知道，这个群体中，男性占了绝大多数，他们谈的都是事业上光明的前景，奋斗的理想，我很少去触及他们创业路上内心最柔软的痛苦，每每到这个话题，我看到他们眼含泪光，然后我们只能相识无语，沉默地转移了话题。

从事着IT与教育培训的跨界融合的事情，他们身上比IT人多一些理想、少很多功利；他们比教育培训人多一些现代，少一些务虚。他们就是这样一个“单纯综合体”，在找寻自己的纯净梦想，这种梦想无法用具象和数字来表达，有的似乎连他们自己也不知道是什么，有的也知道这个梦想没有尽头，可是仍然乐此不疲、年复一年地从事着追寻梦想的事业。这些人好像都有一些共同点，就是凭着责任感和使命感在做事。目标似乎不重要，只要听凭自己内心召唤就好了。

想到他们，我总是想到“挑山工”。我也知道用“挑山工”来描述他们似乎不太妥当，我总是努力让自己不去想“挑山工”，想点更合适的人物形象来。没办法，我做不到，想起他们，我脑子里浮现的就是一群“挑山工”。

他们随时担起“水”和“食品”，送到行人最需要的地方，不管是在风清日丽，还是严寒酷暑、风雨雷电。让行人有了营养保障后，更有气力上台阶欣赏风景。就在行人在登顶欣赏美景的时候，他们已经默默下山了。

行人风光的照片里找不到他们的身影，似乎他们从来没有出现过。

选择与他们同行，带给你的是保障，是营养，是信任，是雪中送炭，更是人生幸运。

他们就是这样一群人，他们有智慧有激情，他们是无私的。在这里他们把前行路上所想的，所做的，他们的成功的经验，失败的教训全部都告诉了我们，这对任何一个 E-learning 行业从业者都是有价值的，有益的。他们所讲所叙，勾画出了 E-learning 行业过去、现在和将来，能帮助行业少走很多弯路，更明晰了行业前进的方向。

这些年，e路同行，带来我们的是力量，是希望，我有的只是感谢和致敬。

2013 年 8 月 17 日

# 目　录

## 上篇　在路上

## 下篇　心之路

# 上篇　在路上

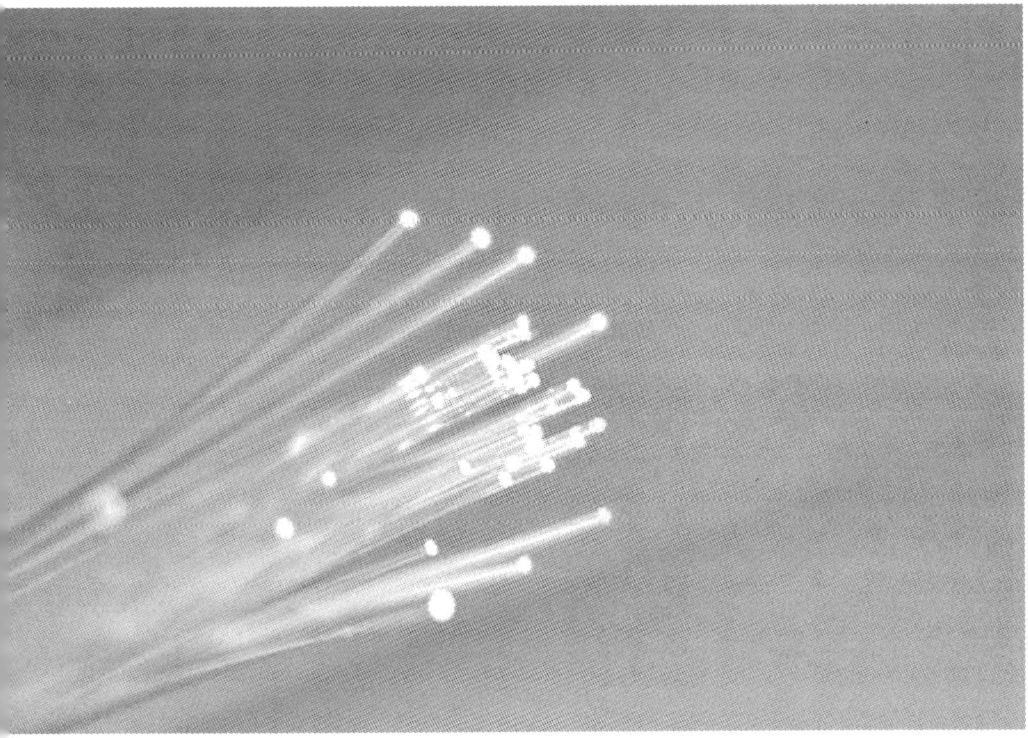

夏巍峰在 2012 中国国际远程教育大会上发言

夏巍峰在 2013 中国 E-Learning 行业大会上发言

夏巍峰在第八届非洲 E-Learning 行业大会
（eLearning Africa 2013）上发言

# VIPABC　把公司当医院管理

中国 VIPABC，是有着在线教育凡客诚品光环，有着打败华尔街英语的华丽战绩的传奇公司，最早以面授起家，2003 年受到“非典”的强烈冲击，推出在线服务，尔后全力拓展基于互联网的英语口语培训，从一个以面授为主的公司成功转型，成为在线英语口语培训领域全球领先的机构。中国 VIPABC 管理团队认为，在线学习也可以进行源头管理，所有问题在源头就处理好，系统就能进入一个正向循环，保证良性运转。为了一探中国 VIPABC 管理奥秘，《中国远程教育》（资讯）执行主编夏巍峰与中国 VIPABC 创办人、董事长杨明和中国 VIPABC 首席执行官杨正大进行了对话。

## “非典”成就数字化学习

**夏巍峰：** VIPABC 起源于何时？进入在线学习始于哪年？

**杨明：** VIPABC 是在 2003 年“非典”之前开始的，因为“非典”，使在家学习成为事实。

与中国 VIPABC 董事长杨明、中国 VIPABC 首席执行官杨正大对话

**杨正大：** 我们原来也是从事线下教育，曾经想连锁化，但是连锁需要解决几个重要的问题：当开到 100 个点的时候，怎么管理外籍顾问，也就是外教？怎么兼顾到品质？很多线下教育面临外教骚扰学生的问题。而我们的客户都是商业人士，他们在全世界旅行、谈判，这种状态中

与他们的合约如何继续？这些问题我们都曾想过，所以我们决定把教材数字化，让客户们在旅途中也可以使用我们的服务而不间断。这时候“非典”来了，老师也不愿意到现场来教书，因为怕传染，我们顺势推出了数字化服务。然而“非典”过后，无论老师还是客户都喜欢上了这种服务，不愿意回到教室上课了。也就是说，数字化服务经过“非典”的考验，受到大家的欢迎，我们干脆为数字化服务单独成立了一家公司。

## 不因标准化牺牲人性化

**夏巍峰：**在线学习的灵活性的确可以解决工学矛盾，但追求规模化的网络教育如何在标准化的同时保证教学质量？

**杨明：**所有的事情还是要回到教育本质，学习要达到最好的效果一定要找到最好的老师、最好的教材，加上最好的服务，三者完美的结合，才能因材施教。

无论传统教育，还是在线教育，最重要的受益者永远是学生。现在数字化学习说的标准化，其实就是简化，不是因为消费者的需求而简化，而是为了服务提供商而简化。一个老师教 20 个学生，能够做到对每一个学生有针对性吗？教口语是找菲律宾的老师好，还是找美国的老师好？简化最后丧失的是对每一个学生的个体照顾，这是照顾学生的利益吗？不是，它照顾的是企业的利益，追求利润最大化。企业如果为了自己的利润和营业规模忽略了教育本质，照顾不到每一个学生的需求，长此以往就会使整个行业走下坡路。所以我常讲，不能为了钱、为了名去从事教育，不能为了教好学生才到好学校去任教。就像医生不能为了钱去治病，不能找简单的病来治是一样的道理。教育本身一定要教最难教的学生、最不会学习的学生。所以，我们没有为了标准化而抛弃学习的本质，没有因标准化丢掉人性化。我们这个系统是可以让每一个学生，不管进来的程度如何，零起点的也好，英文水平很高的也好，他们在我们的系统内都能够找到好老师、好教材、好环境，让他们都能够更上一层楼，而不会被淘汰掉。

**夏巍峰：**要达到有针对性的因材施教，在师生比方面有无特殊要求？

**杨正大：**我们是 MINI 小班制，一对一到一对三。不要小看一对三的师生比，其实很难，许多刚进入这个行业的企业只能做一对一，因为很难在同一时间，找到进度一样、程度一样、需要学习的内容一样的两个人。程度一样，可能需求不相同；需求一样，可能程度又不相同。在发展的前两年，我们做了几件事情，花了大笔的研究经费，去研究怎么样从每个人不同的需求当中，找到最大的公约数。即使如此，当企业没有形成规模经济的时候，也只能做一对一这种最昂贵的学习服务，这也是为什么很多后进者进不来这个行业的原因。

当我们的规模变得足够大的时候，我们就可以在任何一段时间，找到背景几乎一模一样的学习者，组成一个班。比如同属于财经界，职位是管理阶层，对旅游有兴趣，语言水平一样的两个人，就可以安排在一个班。然后我们在美国纽约，可以找到一个财经记者，他自己本身对旅游非常有兴趣，经过我们的线上教学训练，成为外籍顾问，再提供给他一个非常有针对性的教材，这样就可以进行教学了。

为了提供学习者首选的学习资源和学习顾问，VIPABC 不仅重视 TESL、TEFL 等专业认证，更严格筛选具备商学、法律、企管、传播、文学、工程等专业背景的外籍顾问，并拥有超过一千位以上的外籍优秀师资。

尽管有强大的教师团队，但数字化学习绝不能完全依靠老师，所有的商业智能都集中在系统上。我们的全球首创的动态课程生成系统（DCGS），荣获了多项专利奖项。通过在线语言分析，针对语言能力、职业、兴趣及学习偏好等，量身定做最适合学习者的学习内容，自动配对并实时编排最符合学习者需求的英语咨讯内容。在老师上课前，系统会自动收集学生的个人资料，提供给老师，以便进行有针对性的教学服务。

我觉得数字化学习理念不是把教育搬到线上，那样可能还不如传统课堂教育，因为见不到老师，所以数字化学习的关键是通过数字化技术提供给客户个人在一般传统课堂上得不到的服务。

## 人性贵于“互动”

**夏巍峰：** VIPABC 实行的小班制应该非常利于线上互动，你们是如何实现互动的？

**杨明：** 创新始于人性，人性贵于“互动”。我们发现，无论数字化，还是线下，从古至今，最重要的就是互动，把互动的过程拿掉，教育就是死的教育。我们遇到的最好的老师，都是曾经与我们互动过的。互动不是打打线上游戏，学学英文单词，或者随便找一个老外聊天，真正的互动来自关心，来自对课程内容的交流。

线上教育的互动成分，如任何线上网络生意一样，快速互动是主要元素，快速互动是人性，是创新的成功因子。

对着电脑或机器单向说话是非常单调呆板的事，任何设计再好的语言系统，都无法取代与外国人面对面互动谈话的经验，只有真人互动学习机制才能让学习者习惯跟外国人说英语。VIPABC 的线上学习系统，由真正的专业外籍顾问引导学习者用英语学英语，通过双向视频互动，就像拥有多位专属外籍家教，随时随地沉浸在全英语学习环境。

**夏巍峰：**随着学生的数量越来越多，学生端也好、老师端也好，怎么保证互动的质量？

**杨正大：**我们认为教学个人化跟老师没有必然关系，VIPABC 真人在线教育平台倡导百年树人的理念，所有个人化、个性化的信息收集全部由系统管理。系统在老师上课之前，会提供给老师一份详细的学生资料，记录这个学生过去所有的学习历程，包括他最喜欢的内容是什么？偏好是什么？对老师最大的赞美是什么？对老师最大的批评是什么？在上课之前，学生和老师对彼此都有一个全面的了解，这样互动的时候就能更加充分，学习成效也更好。



**夏巍峰：**我们知道教学互动的时候学生的反应是关键，怎么调动他们的积极性？

**杨明：**美国哥伦比亚大学 Teachers College 最近发表了一篇研究有关线上学习的效果的文章，结论之一是在线教育使害羞内向的学生勇于表达了。

**杨正大：**解决互动障碍，首先要把学生不想互动的原因找出来，然后把它删除。我们会通过几个机制寻找出不互动的原因，逐一解决。第一，看录像带的时候，有人想跟录像带互动吗？会互动才奇怪，肯定没人会跟里面的人讲话，所以一定要用真人给学生上课。第二，人们不想互动，是因为怕出丑，觉得旁边有很多人看着他，所以不敢互动。有些人看到自己的名字出现在屏幕上，也会担心丢脸。对于这种学生，我们一不会秀(show)他的脸，二可以让他用非真实的身份上课，这样他们在跟老师互动的时候就能尽情发挥，讲他们想讲的东西。第三，课后我们会针对学生的参与度评分，一上完课，学生就能收到老师对他的评价。

最重要的是，我们每一堂都有一个剧本，整个教学过程中，不是老师在随便问问题，完全是按照计划好的剧本，老师在正确的时间引导学生进入下一个问题、下一个阶段，整个过程十分紧凑，学生会感觉时间过得飞快，而且非常开心。

## 教育行业竞争不打价格战

**夏巍峰：**你们的课程可谓精工细作，所以费用比较高，在市场推广的时候如何解决这个问题？

**杨明：**这个问题问得很好，我们一路走来，很多人以为我们的课程很贵，其实真正贵的东西是买了不用。做教育是要帮助人们学到知识，而不是提供低劣的教育品质，这就像病人来买药，你提供廉价却无效的药品给他，不可能真正帮助到他一样。全世界有两个行业不能以价格做竞争，一个是医药，另外一个就是教育，一定不能搞廉价竞争。

**夏巍峰：**在线教育界有一个约定俗成的说法，规模产生效益，有了效益之后再提升质量，而你们的做法是先提升质量，然后再慢慢地做规模，这两种不同的观念会导致不同的结果吗？

**杨明：**我们整个管理层基本上都是学科学的，科学讲究不能因为一个案例成功了，就推广到全世界去。这个药在一个人身上有效，不等于全世界的人都能吃，必须用大量的实验去证明这个药有效，才能大批量生产。我们从小就训练这种思维方式，我们不是靠奇迹致富、靠运气致富的人。

**杨正大：**很多人都有一种先求有再求好的心态，像您刚才讲到的先做规模之后再考虑质量，但是有些时候很多东西不能之后再考虑。我举一个例子，飞机起飞之后很难在空中换引擎，在线教育也一样，不可能平台上线以后发现问题再关掉所有的服务器。

我们知道这个行业有很高的利润，但是更重要的是，你在财务上必须要保守，这样才能把事业做大，凡是规模化的东西，必须要做前期投资。所以线上教育进入的时候很困难，所有问题都要事前解决，不能等发生问题后再去想办法解决。开始的时候一旦能够把这些事情做对，后面就非常轻松，做在线教育的好处就是处理一百万人和处理一百个人一样简单，但最痛苦的是处理头一百个人的时候就要考虑达到一百万人规模的时候要做的事情。我们每三个月有一个重要的会议，叫做消费者行为收集会议，这个会议大概要开两天，把客户三个月以来所有线上的数据都收集起来，用于改善我们的系统。

**夏巍峰：**近年来，在线教育发展迅猛，有很多其他行业的公司进入，您怎么看在线教育现在的竞争态势？

**杨明：**一些公司和个人看到了有充足的现金流而抢着进入这个行业，并不是一件好事情。我们一路走来，遇到过太多这种为钱而来，以为自己可以从事教育的人，世界各地都有，他们最后的下场都是不了了之，伤害的是人们对数字化教育的信任。

我的父母都是从事教育的，我所理解的教育，不管是在线的或者是线下的，都是百年树人的行业，不能为了钱来做这件事，不能为了受到欢迎而做这件事，不能只教优秀学生来做这件事。

我们非常开心看到有更多的同仁进来，把这个产业做得更健康，有良性的竞争在产业里面，对于在其中成长的企业是一种帮助。新的模式总是可以激起更多的火花，所以我们共同的使命不是颠覆线下教育，而是希望能够提供给线下教育人群更多的、更有效率的、更能发挥价值的选择。但是，我们近十年的研究发现“放视频”“大讲堂”“念 PPT”“游戏式学习”都是“假性”的线上学习、失败的学习，和旧的传统模式没有两样，Selflearning 的自学已经不是主流，是失败的被淘汰的在线模式。

要想真正解决学生问题，如果只解决老师、学校、招生，解决为自己省力气的问题是不会解决提高学生学习成效的问题的。这已经不是有和无的问题，而是优胜劣败，淘汰的问题。你的在线教育的“真正”受益者是谁？是老师、学校，还是学生？淘汰不适合和不胜任的老师、不合格的学校，才是学生之福。

**杨正大：**我们认为，现在有网络互动性质和功能的教育机构才能叫做线上教育。以前限于网络带宽，没有办法做互动，现在带宽的问题解决了，就不能以过去的标准谎称 Selflearning 就是现在或者未来的线上教育。我们一直坚持最高的技术水准和自我要求，我们不卖过去的东西给客户，我们永远是卖未来的有品质的东西给现在的客人使用。

## VIP 服务制高点：超越客户的期待

**夏巍峰：**目前在线学习机构都存在学生归属感不强，黏性不足的问题，你们所倡导的 VIP 形式是怎么解决这个问题的？

**杨明：**我们的客户称我们为“教育界的海底捞”，我们是以客户的满意度为主动力。通常中国人喜欢大事化小、小事化了，我们是把小事化大。我们都是吹毛求疵的人，对小事情喜欢放大。

我把公司当医院管理，各个子部门是我们的急诊室，作为医生不能看到病就躲，要越怪的病越想上前去看，因为教科书上没有，因为涉及人的生命，所以非同小可。教育也一样，有些事情可能一段时间内只发生一两起，其他公司会把它当作特例，我们则一定会马上研究它，看到底是什么原因造成的。如果发现流程里有瑕疵或者漏洞，马上会做系统化的计划去处理。

对教育品质的坚持是我们经营多年来最关键的信条。在这一条上，我们不会打任何折扣，所有的事情都必须建立在不减损客户服务品质的前提之上。在公司内部开会的时候，我们永远要提醒大家，一定要做对的事情，而不是做对自己有利的事情。通常做对了事情的话，利益和收入自然而然也就来了。

**杨正大：**有时候我们甚至要超越客户的期待，有些时候客户可能误会你做得不够好，实际上是他自己失误，在这个时候我们怎么做？如果现场可以调节，发现是他设定错误，我们会帮他重新设定，如果没有办法当时解决，我们就送他一台电脑，外加一张 3G 卡。

现在是网络时代，我们是 Internet 公司，如果客户愿意把他的抱怨告诉你，你真是万幸，所以你最好在客户告诉你的时候马上帮他解决问题，否则他第二件事情就是告诉全世界。特别是客户要求退费的时候，我们会立刻退费，不仅要帮他退费，而且让他退得很舒服、很开心，你不能让客户觉得你连退他钱都在拖延。



另外，关于客户的黏性问题，我们在公司成立之初就设立了数据挖掘部门，有专业的数学人才和统计系人才帮助我们做营运方面的研究，其中一项研究发现只要客户一个月花在我们真人在线教育平台上的时间超过 16 个小时，他的英文进步就会非常快，大概 30 堂课会进步一个阶梯，然后再上 30 或 40 堂课进步一个阶梯，平均进步两个阶梯以上的人，续约率会达到 85％以上。因此新客户加入，我们一定要催他上课，一定要超过 16 堂课，之后客户价值就提高了，当客户获得学习成效，英语取得进步的时候，他就有了持续学习的信心，再付钱续约，介绍朋友来。

我们有一个专门的学习追踪系统，如果客户在七天之内没有上课，系统就会有一个动作，根据通迅录发通知，通知发出后十天之内还没有上课，再有一个动作，之后以此类推……每一个动作的强度都不相同，从发 E-mail，发短信，到工作人员打电话，再到老师亲自打电话。通常老师打电话过去后，这个客户就重视了。因为对学生来说，没有比接到老师的电话更可怕的事情了。所以我们的老师不只是提供教学服务，也参与客户服务。这些老师都是外籍人士，学生最怕老师打电话到家里了。

**夏巍峰：**VIPABC 从 2003 年到现在，十年间已将自己的用户扩展到了 16 个国家，未来的发展目标是什么？

**杨明：**目前为止，我们自主研发的教材有十几万份，国内员工超过 1000 人，每年加入的客户将近 500 万人次，客户分布在 16 个国家，老师分散在 30 个国家，基本包涵了所有时区，所以我们是跨 24 小时的，全世界最大的网络学习平台，我们把它称作“日不落的线上学习帝国”。

我们现在不但教英语，还教中文。有报告说 2015 年全世界对中文学习的需求会导致 40 万到 50 万的中文老师短缺，可目前教中文的学校和机构都十分零散，包括孔子学院和台湾的教育机构，由于人事关系、资金投入等原因没有形成规模。我们要赶快把联通的桥梁搭起来，让千千万万国内的中文老师都有一份更理想的工作，把中国文化散播出去。我们的目标是全世界在 VIPABC 之上学中文。现在我们的中文平台已经上线，我们的员工、家属、老师，乃至投资人都在使用。

另外我们最近一直扩大招聘好手规模，为国内外中文英文和 K-12 学习市场大幅增长及在美国上市做好准备。



（吕瑶/整理）

# 诠释在线学习源头管理

吕　瑶

访谈中国 VlPABC 管理团队，初时曾有些忐忑，这可是有着“在线教育凡客诚品”光环，有着打败华尔街英语等华丽战绩的传奇公司。然而伴着香醇红酒开始的对话，和谐得如老友重逢，没有闻到一丝硝烟的味道。

VlPABC 最早以面授起家，2003 年由于受到“非典”的强烈冲击，推出在线服务，之后全力拓展基于互联网的英语口语培训，从一个以面授为主的公司成功转型，成为在线英语口语培训领域全球领先的机构。本来我们以为会听到一段惨烈悲壮的故事，但没有，中国 VlPABC 董事长和首席执行官完全是以感恩的心态回顾那段历程。

换一个角度看问题，或许就能豁然开朗。

在线学习领域里，我们听过太多消极言论，诸如：“摸着石头过河，不能防范于未来”，“先做规模才能生存，质量只能在有了规模后再保证”，

"用户规模太大，只能解决共性问题"。

这次采访中，中国 VIPABC 管理团队却说，"要像办医院一样做在线教育，生命只有一次，教育不可耽误"，"飞机起飞了不可能再来换引擎，在线教育不能先有规模、效益再谈质量"，"在线教育受益者永远只是学生，而不是商业机构"，凡此种种观点归结到一点就是：在线学习也可以进行源头管理，所有问题在源头就处理好，系统就能进入一个正向循环，保证良性运转。

或许，他们找到了解决一直以来在线学习"质量与规模相互纠结"痼疾的灵药？

访谈结束后，同行的一位同事在微博上发帖——中国 VIPABC 一直本着回归教育和学习的本质在做在线英语培训。俞敏洪曾说："谁能做好在线英语培训，谁就将成为新东方最大的对手！"恭喜新东方，你的对手来了！

# 爱迪科森　数字化解决方案全覆盖终身学习

和中共中央党校求索音像出版社合作，运营中国最大的干部教育学习服务平台——中国求索网；和教育部社区教育研究培训中心一起进行社区教育创新性学习模式的探索，做出我国社区教育领域内第一家i-旧物改造实验室；运营终身学习的平台——中国终身学习网，传播社区教育和终身学习新闻及资讯的功能，为进一步推进中国社区教育发展助力？作为数字化终身学习解决方案提供商，北京爱迪科森教育科技股份有限公司（以下简称“爱迪科森”）面向高等教育、社区教育、干部教育、少儿教育四大市场提供数字化终身学习解决方案。

通过《中国远程教育》（资讯）执行主编夏巍峰与爱迪科森董事长蒋立佳的对话，记者发现，秉承“知行合一，助学兴国”的理念，肩负“学习型社会建设者”的使命，公司成立九年多来，爱迪科森一步一个脚印地拓宽自己的产品线，努力实现终身学习社会成员的全覆盖，做名副其实的终身学习解决方案提供商。

## 致力终身学习提供数字化解决方案

**夏巍峰：**从时间上看，终身教育是贯穿人的一生的连续性的教育。作为数字化终身学习解决方案提供商，爱迪科森是如何布局自己的市场和产品线的？

**蒋立佳：**我们多年来一直致力于数字化学习的终身教育工作，公司目前的市场和产品布局主要集中在高校图书馆、社区教育和干部教育领域，我们在全国28个省市自治区设立了办事处，直接围绕当地市场和客户进行本土化服务。因此，作为数字化终身学习解决方案提供商，在产品线方面，除了高校的网上报告厅、就业培训数据库外，我们还有干部在线学习平台、终身学习服务平台、社区创新教育服务平台、应急模拟教学系统、少儿图书馆等产品，这也是我们寻找产品差异化发展的必经之路。

北京爱迪科森教育科技股份有限公司董事长蒋立佳

**夏巍峰：**党的十八大报告中提出要“积极发展继续教育，完善终身教育体系，建设学习型社会”。目前我国的终身教育体系建设状况是怎样的？在您看来需要在哪些方面予以完善？

**蒋立佳：**近年来，党和国家非常重视终身教育体系的建设，各地也都在为抓紧建设学习型社会、学习型城市、学习型组织等做了很多工作。其实，构建完善的终身教育体系也是我们实现习总书记提出的实现中国梦的一个重要环节。根据爱迪科森近年来参与各地终身学习平台的建设情况来看，目前，我国的终身教育体系的建设处在初步的发展期。在这个阶段，我国的终身教育体系构建发展很不平衡，从全国范围来看，数字化终身学习平台建设方面也明显存在着区域间发展不平衡的情况。在经济较为发达的东部地区，数字化学习平台建设和发展速度相对较快。例如经济比较发达的长三角地区，尤其是江苏、浙江、上海等地，数字化终身学习平台建设呈现放射状、普及化发展状态。而在经济相对不发达的西部地区，如新疆、甘肃、宁夏等地，数字化终身学习平台建设工作明显相对滞后。从全国范围来看，数字化终身教育体系构建与区域间的经济发达程度关系密切。

与此同时，面对终身教育学习者广泛、多元化的学习需求变化，优质课程资源的开发和引进逐步成为数字化学习平台建设过程中的一个主要障碍。目前，各地数字化学习平台所具有的课程资源与社区学习者的学习需求之间仍存在着较大的差别，这个差别主要体现在，各个学习平台的现有课程资源中有很大一部分需要更新和补充完善，但是，我们目前各个平台之间的课程资源不能形成共享，新的优质课程资源的开发和引进也面临资源比较匮乏的情况。同时，数字化学习平台的运营问题也是困扰其发展的一个重要因素。由于没有健全的运营机制，部分数字化学习平台建成后，只是成为当地数字化学习的展示平台，没有太多学习者的学习参与、没有课程的适时更新和补充、没有线上线下活动的支持、更没有形成对平台未来运营发展的一个长远规划。因此，平台间如何形成资源共享，如何能提高平台的教育质量，始终成为阻碍社区数字化教育发展所面临的巨大“瓶颈”。

与此同时，我们也看到，随着各地积极推进全民学习、终身学习的学习型社会建设，出现了全国性数字化学习平台与区域性、行业性的数字化学习平台共存的多元化局面。虽然“数字化终身学习平台”纷纷出现说明了它的独特功能和作用受到关注，但如果缺乏必要和有效的指导和协调，很可能出现无序的状态，从而导致具有共性的教学资源的重复建设，造成资源浪费。开放、共享、多元、合作、竞争应该是未来社区数字化学习平台建设和发展的目标，也就是要依托公共服务体系实现“数字化终身学习”建设目标。

但不得不提的是，按照“数字化终身学习”建设的理想目标，仅靠公共服务体系的运作很难实现，还需要国家层面的统筹规划和切实推进，需要相关的经济和社会改革的支持。公共服务体系从现有的服务功能和模式，实现向“数字化终身学习”公共服务体系的理念、功能、模式的转变，既需要提升自身的服务能力，也需要立足现实、面向未来，走可行的路径。因此，解决好上述问题，已成为数字化终身学习平台的构建及运营是否能取得成功的一个标志。

**夏巍峰：**如何解决上述问题呢？

**蒋立佳：**我们需要处理好资源提供方、服务运营方、资源使用方这三者之间的权益关系，进行资源优化整合、实现优质教育资源的共享。同时加大对全民学习和终身学习的资金投入力度。在为社区数字化学习平台提供资源整合、技术支持、过程服务等保障的过程中，促进自我发展。学习平台要依托政府的主导作用，整合社会资源，同时引入市场机制，形成良性的投入和产出循环，增强运作活力实现可持续发展，建立“开放、共享、多元、合作、竞争”的社区数字化教育格局，为全民学习、终身学习提供优质的教育服务。

因此，爱迪科森在承建各地的终身教育学习平台时，出发点主要是以建设大规模社区居民学习、提高居民整体素质为目标，充分利用现代化、信息化的网络教学和网络管理手段，为社区居民搭建一个高质量、大容量、系统化的数字化学习平台和资源共享、自成体系、独立运作的管理平台，无论是太原学习网，还是温州终身学习网，或是顺义学习网，这些平台建设都是围绕开展终身教育的便捷性为主要目标的。这其实也是当前数字化终身教育的重要发展目标。

**夏巍峰：**在终身教育体系构建的大框架下，爱迪科森的目标是什么？

**蒋立佳：**爱迪科森一直致力于服务终身学习，我们期待企业伴随着数字化终身学习社会的形成而不断创新发展，我们希望未来公司可以发展成为世界范围内真正受人尊敬的数字化终身学习解决方案提供商。

# 运营中国求索网服务干部教育

**夏巍峰：**2011 年 4 月 8 日，由爱迪科森承办、国内最大的干部学习资源供应平台——中国求索网正式运营。事实上，在刚刚做干部教育时您就提出“把干部培训做成公司除高校行业之外的第二大支柱行业”，这个目标是否已经实现？

**蒋立佳：**这个目标到目前为止可以说是初步实现了。为什么说初步呢？因为我们的干部教育距离真正成为公司发展的支柱行业还有一段距离。可喜的是，我们在这个行业内的市场和产品布局正在逐步完成。事实上，现在的求索网作为国内最大的干部在线学习资源服务平台，我们产品的市场竞争力和品牌知名度都在与日俱增。

**夏巍峰：**具体来说，中国求索网现在的运营情况如何？运营模式又是怎样的？

**蒋立佳：**中国求索网目前的运营状况很好。我们在今年不仅完成了中国求索网平台的技术升级和功能改进，同时在课程资源制作方面步伐更快、质量更高了。中国求索网围绕干部在线学习的新发展和趋势，首先，对平台功能进行了改进，使其更符合快速发展的干部学习新潮流的技术要求。其次，中国求索网拥有完整的专业化运营团队，从课程策划、课程拍摄制作、课程上线及维护运营，都由专业化的团队来完成。

在运营模式上，有求索网分中心运营模式、课程资源销售、干部在线学习平台建设、求索网学习卡销售、求索大讲堂课程定制等等。我们也诚挚欢迎社会各单位与我们合作，一起做好干部在线学习的各项工作。

**夏巍峰：**和其他做干部教育的公司相比，爱迪科森的优势是什么？

**蒋立佳：**在干部教育这个领域，我感觉我们的优势就在于师资、课程资源、技术和服务。依托中央党校权威的教学和师资力量，凭借求索音像出版社多年出版教材和课程制作经验，发挥爱迪科森领先的网络教育技术力量，自成立以来，中国求索网已经建设了上千门课程，形成了理论学习、专题学习、业务知识、党风党建、政策法规、职业素养等六大板块。每年更新 2000 学时课程，逐步建成覆盖政治、经济、文化、法律、环境、社会等六大领域的课程体系，并将最终实现课程与党校教材的同步。

**夏巍峰：**据悉，中国求索网在甘肃、沈阳和巴州设立了分中心。中国求索网和分中心之间是怎样的关系？

**蒋立佳：**中国求索网和分中心之间是资源共享共建、合作办学的关系，不再是简单的供求关系。中国求索网运营中心为各分中心提供开展干部在线学习所需的全面指导和服务，对分中心在平台技术、课程资源建设及使用、教学设计、师资资源等方面提供指导、合作与服务。

## 多纬度进入社区教育市场

**夏巍峰：**中国终身学习网是爱迪科森旗下的又一大网站。这个网站的服务对象是哪些人群？

**蒋立佳：**中国终身学习网的服务对象主要是从幼儿到老年的所有人群。中国终身学习网不仅是终身学习的平台，同时也是社区教育和终身学习的资讯平台，作为接受教育部社区教育研究培训中心和中国成人教育协会社区教育专业委员会专门指导的社区教育及终身学习宣传平台，中国终身学习网也承载了传播社区教育和终身学习新闻及资讯的功能，为进一步推进中国社区教育发展助力。未来，我们希望改版后的中国终身学习网不仅仅是一个大型学习平台，更是一个社区教育及终身学习的传播媒体，使其更好地服务于社区居民，服务于终身学习社会。

**夏巍峰：**在社区教育方面，爱迪科森还承办了社区教育i-实验项目。请您介绍一下这方面的情况。

**蒋立佳：**社区教育i-实验项目是我们和教育部社区教育研究培训中心一起做的一个社区教育创新性学习模式探索工作，这个项目从2011年9月份开始运作筹备，2012年4月23日我国社区教育领域内第一家i-旧物改造实验室在成都正式上线，这是爱迪科森专门为该项目量身打造的平台和技术。i-旧物改造实验室一上线，就吸引了各方关注的目光。该实验室采用了全景flash页面的呈现方式，给人以清新的家的感觉，把社区和社区居民的亲近感进一步拉近，让大家更乐于接受这个平台和它的风格。在使用上，我们采用人性化的功能设置，让大家可以随时随地、更加便捷地使用这个平台。2012年11月，爱迪科森受教育部社区教育研究培训中心的委托，制定了社区教育i-实验项目的技术标准。这一标准的制定，也预示着i-实验项目在全国的普及和开展真正进入了高速发展的快车道。i-旧物改造实验室在2012年还组织了全国首届社区教育i-旧物改造大赛。本次公益性大赛的成功举办，不仅使旧物改造的环保行为深入人心，更为重要的是作为社区教育创新模式的i-实验项目在全国更加深入人心，可谓获得了社会效益的大丰收，同时也证明了爱迪科森不仅是技术的领先者，更为重要的也是社会公益事业的实践者和跟随者。

## 拓宽产品线实现终身学习社会成员全覆盖

**夏巍峰：**2011年，爱迪科森进入代办股份转让系统（新三板），在深交所挂牌，成为“新三板”中第一家远程教育公司。上市对爱迪科森产生了哪些影响？

**蒋立佳：**我们作为“新三板”中第一家远程教育公司，上市，对于我们来说，产生的作用主要体现为外部作用和内部作用两个层面——对于外部市场来说，爱迪科森上市，不仅很好地扩展了公司在市场的知名度，同时，爱迪科森在资本市场也吸引了更多资本关注的眼球。对于公司内部来说，爱迪科森的上市使全公司上下对产品质量、运营管理、制度建设更为重视，作为上市企业，我们的产品技术和质量要求都更高了。同时，员工对于公司的进一步发展也更加充满信心和期待。我们积极改善员工的工作环境，提高员工的薪资水平，对于表现突出的骨干员工公司给予股份。这些都对公司的良性发展起到了极大的促进作用，我们也坚信，爱迪科森在“新三板”的上市只是一个崭新的开始，未来的道路还很漫长，可谓任重而道远，需要我们继续踏实高效地去继续奋斗。

**夏巍峰：**据悉，您从爱迪科森的总经理荣升为董事长，前后角色的变化是不是让您有更多时间来思考和布局爱迪科森的新发展？

**蒋立佳：**是的。在做总经理时，要考虑的主要是公司的日常管理，很多时候都是陷入具体业务当中，很难有时间来考虑公司未来战略的发展和规划。现在的角色可以让我有更多的时间来考虑公司的长远规划和顶层设计。很多时候站的角度不同，看待问题的思路和结果都不同。

作为公司的董事长，我首先要对公司股东负责，主要是做好“统一管理思想、制定决策规则、明确发展方向”等宏观工作。对于未来的发展战略要有更清晰的认识，更多时候，要站在全局发展的角度去看问题。总之，还是重任在肩啊！角色的转换，只是岗位的调整，工作重心的调整，但对于公司及社会的责任和对于员工的义务都更重了，我需要兢兢业业地做好每一件事。所以，我比较信奉林则徐的一句话，“海纳百川、有容乃大，壁立千仞、无欲则刚”。

**夏巍峰：**具体来说，对于公司的下一步发展，您有哪些规划？

**蒋立佳：**爱迪科森公司2004年成立，到现在已经走过第八个年头了，在这八年中我们经历了市场风风风雨雨的考验，爱迪科森也在一步步地发展壮大，从最初的高校市场到目前的干教和社区教育市场，我们一直脚踏实地、一步一个脚印地往前走，尽管有很多曲折和坎坷，但是我们都靠坚定的信念和客户至上的市场服务理念把困难一一克服了。

对于公司的未来发展，我们首先要保证在图书馆市场占有率稳定发展，其次，我们要扩大和提升在干部教育领域和社区教育市场的占有率，与此同时，积极开拓幼儿学习产品和应急处置产品的市场，真正实现对终身学习社会成员的全覆盖。未来我们的各类产品要真正实现构建在云计算基础上的泛在学习，使大家时时学习、处处学习、人人学习的终身教育理念成为现实。任何组织和个人都将享受到爱迪科森提供的终身学习服务。

（潘超/整理）



## □ 人物印象

# 公司成立党支部一箭双雕

潘　超

2012年，北京爱迪科森教育科技股份有限公司党支部成立。在我们的印象中，一般都是党政机关、国有企业比较重视党建工作，作为第一家在“新三板”上市的远程教育公司，爱迪科森为什么也要成立党支部呢？原来，这与爱迪科森做党员干部教育市场有着直接的关系。

爱迪科森董事长蒋立佳告诉记者：“最初的想法是作为党员干部在线学习资源和平台提供商，我们自己首先应该重视党建工作，让员工熟悉自己所从事的行业，了解国家的大政方针，了解党员干部教育的专业性知识，从而使得我们中国求索网的策划团队和制作团队所策划制作出来的党政类学习课程更加符合时代的学习要求，在市场上更具竞争力。正好公司也有很多党员，有很好的成立党支部的基础，所以，在北京上地高科技园区党总支的帮助和支持下，2012年，北京爱迪科森教育科技股份有限公司党支部正式成立。”

“除了对业务的促进外，党支部的成立为公司带来的另外一个影响就是公司的队伍更团结、更有战斗力了。爱迪科森目前有党员 29 人，分布在各个不同的部门和岗位。这些党员干部主动发挥模范带头作用，从而大大增强了团队的凝聚力和战斗力。与此同时，党支部定期召开支部会议，帮助大家解决工作和生活当中所遇到的问题，大大促进了公司领导层和员工之间的沟通与交流，大家就像一家人一样团结在公司党支部的周围。”

“公司党支部的成立让我们可以很好地把公司现有的党员很好地组织起来，也标志着爱迪科森加快了规范化发展的步伐。未来，我们会更加重视公司的党建工作，发展新党员加入，使公司党支部能够不断发展壮大，薪火相传。”

# 神州智联　定制化提供移动互联网教育整体解决方案

2010 年，还在爱国者电子科技有限责任公司任总裁兼首席执行官的曲敬东接受媒体采访时公开表示，移动互联网是未来的必然发展趋势，并积极布局爱国者在这一领域的战略。2011 年，有着 25 年 IT 从业经验的曲敬东在离开爱国者之后居然真的开始了自己在移动互联网领域的创业，创建了北京神州智联科技有限公司。这次，他选定的是教育这个细分市场，为高校和教育机构提供移动互联网整体解决方案。为什么选择教育这个细分市场？他怎么看待移动互联网在教育领域的应用？他们的产品和服务具有哪些特色？在位于北京北四环的银谷大厦，《中国远程教育》（资讯）执行主编夏巍峰对话神州智联董事长曲敬东，听他讲述自己带领团队又一次创业的那些事。

## 移动互联网主打成人教育市场

**夏巍峰：** 据了解，您曾任联想集团高管、三星电子高管、爱国者电子CEO，是中关村最早期的创业者之一。作为中国 IT 领域元老级的人物，您怎样看待移动互联网的发展？

**曲敬东：** 今年来看，移动互联网在教育方面的应用热度越来越高，我觉得现在还没有进入爆发阶段，但未来一定会有大发展。除学习之外，移动互联网在很多方面都会有应用，譬如医疗、支付、社交，很广泛。

**夏巍峰：** 那您为什么选定教育这块市场呢？

**曲敬东：** 教育是个大市场，我觉得中国最大的市场在教育和医疗领域，它们是最大的细分领域，受经济波动的影响较弱，并且会出现爆发性增长。而在教育市场中，成人教育又是最容易进入的领域，也比中小学教育、幼儿教育等更具有推广的价值和意义。为什么这样说呢？中小学教育不是没有移动学习的需求，但它受政策的影响比较大，比较难进入。因为中小学教育是以成绩为核心的，在这个领域活跃的都是帮助学生提高成绩的辅导班，这是中国教育的一大特色，而移动互联网帮中小学生提高成绩这件事儿又很难量化。不是说中小学教育领域就不需要移动互联网，将来必然也要去用，但需要一个过程。我们也开发了针对早教的移动互联网产品，但首先进入的是成人教育市场。

**夏巍峰：**您这么看中成人教育市场，主要看中它的哪些方面？

**曲敬东：**成人学习多数都是在职的，工作和学习结合得比较紧密。这些人碎片化的时间更多，而碎片时间恰好是移动互联网最核心的价值空间。移动互联网更多的是把人们的碎片时间用上了，如微博、微信，用的都是碎片时间，不会有人用一小时、两小时的时间去看看微博、看看微信。未来的学习也可以是碎片式的，不一定要花一两个小时的时间去学习，可能只是十分钟、二十分钟。

神州智联董事长曲敬东

移动终端和移动互联网在改变大家的生活方式。现在还有多少人天天看纸媒？因为网上获得信息的能力太强了，所以没有必要再用这种传统的方式。我相信未来越来越多的人会改变，这个速度是惊人的。三年多前我做平板电脑的时候，全世界平板电脑的数量是几百万，短短三年多的时间，已经发展为每年几亿台的销售量。智能手机加平板电脑，每年可能超过 10 亿部。PC 普及了 30 年还不及智能手机加平板电脑近三年的量，这是多大的影响。将来人手一个智能手机或一台平板电脑的时候，我们的生活方式和工作方式将会彻底被改变。

**夏巍峰：**您是怎样看待这个行业的发展的？同 IT 行业的发展相比，二者有哪些异同？

**曲敬东：**我觉得最大的不同就是移动互联网教育是一个相对细分的领域。对于教育来说，未来最重要的是运用全新的技术改变传统的学习方式和教学模式，在中国，我觉得这应该有非常大的空间。同时，这也是 IT 技术创造社会效益比较有价值的一个领域。因为跟国外的大学相比，在信息化应用上，我们还是比较落后的，往往都是硬件发展跟得比较快，但在软件，特别是理念方面，相对要落后一些。虽然体制在一定程度上制约了很多新技术的应用，但技术对学习的改变是必然的，也是无法阻挡的，但要取得长足进步，需要教育相关企业的长期耕耘和积累。

## 定制化提供整体解决方案

**夏巍峰：**和其他移动学习服务商相比，神州智联有哪些独特之处？

**曲敬东：**我们偏重于为客户提供移动互联网教育的整体解决方案，从平台搭建，到软件、硬件的定制，再到课件的开发，全部都做。

**夏巍峰：**为什么要选择整体解决方案呢？

**曲敬东：**在移动互联网教育领域，有的做软件，有的做硬件，但做整体解决方案的服务商是比较少的。因为我在IT界做了25年，对这个行业比较了解。之所以选择做整体解决方案是因为我们的客户——学校需要。移动学习可以不用专用的移动终端，因为大家已经有各种各样的移动终端，但把它用于学校教育，那就不适合。首先，学校教育要有教学管理、学习过程的监督、考试等，是一个严密的组织，有组织就需要有一个相对封闭的体系来管理。随便用一个iPad来下载、学习，在管理上难以实现。所以不能像APP一样，完全开放，随便下载，因为开放的东西在兼容度和管理方面比较难以实现。学校教育的封闭性决定了它对终端的不一样要求。其次，学校教育的学习内容，包括教材、视频等，也需要去保护。版权的问题也决定了学校教育需要用专门定制的移动学习终端。因此，目前情况下，学校推动移动学习需要一个整体解决方案，需要定制的学习终端。

**夏巍峰：**整体解决方案主要包括哪些内容？

**曲敬东：**包括学生通过学习终端进行学习的全部过程，文字的学习、视频的学习、网络课的学习，跟后台的交互，学籍的管理，学习过程的管理、答疑、测试等等，就是把原来传统的管理方式和一些在PC上的方式都移植到移动互联网的体系上来，包括终端上面。

**夏巍峰：**跟社会上销售的iPad相比，你们的移动学习终端有什么特别之处？

**曲敬东：**表面上看，与iPad没有太大区别，但具体功能却有不同之处。首先，我们是把它作为学习工具来打造的，所以强调的是以学习为主，特别重视学习体验。当然，也兼具其他功能。其次，很多功能的定制上，是专门的。譬如，我们也有PDF工具看电子书，但这个PDF工具和通用的产品是不一样的，有一些专门的学习应用，包括怎么方便做笔记，语音的、视频的、手写的笔记怎样输入等，可以说是用学习比较习惯的方式来定义的。传统的 PDF 没办法整合这些功能，所以必须要从底层做起，专门开发。譬如在后台的交互上，我们的产品也是专门定制的。这是因为学生的学籍管理、学习过程管理、作业、考试等等，每个学校都是不一样的，国家开放大学有国家开放大学的特点，其他学校有其他学校的特点，所以都是专门去做的。我们的移动学习终端的设计是紧密结合我们客户的不同学习模式，只有这样，才能有好的客户体验。如果是普通 Pad 做学习终端，体验感不好，将来很难普及推广，所以我们比较注重学习体验，让学生不管是看书、看视频，还是看网络课程，都很方便。

**夏巍峰：**你们选择 B2B 模式，而没有选择 B2C 模式的原因是什么？

**曲敬东：**在我的职业生涯当中，两种模式都做过，但我认为你要进入一个新的领域做一件事，做一个新的商业模型、一个新的业务，肯定要选择一个相对容易切入的方式。众所周知，在互联网领域，B2C 基本上都是用烧钱的方式在做，基本上前五年是赚不到钱的，譬如京东商城，虽然现在已经有很大的流量了，但还是不赚钱。类似的公司还很多，这是它们的商业模式。我个人认为对于新公司创业，或者进入新领域来说，B2B 相对会不一样。比如说我们的客户国家开放大学，它有三百多万的学生。如果让我们自己去找三百万个客户肯定非常艰难，但采取 B2B 模式，通过一个机构来做，相对比较容易。所以推动和普及这件事，B2B 模式比 B2C 模式相对会快一些。而在中国成人教育市场当中，最大的机构一个是电大、一个是自考，所以我们首先瞄准的是这两个机构。

**夏巍峰：**我有手机，有 Pad 了，又给我增加一个，推广中会不会遇到一些阻力呢？

**曲敬东：**学校教育的封闭性决定了它的移动学习需要一个一体化设备。就像我家里已经有一百本书，所以我上学也不要再买书了，这是不可能的。我们为什么要采取 B2B 模式，依托学校推广移动学习方式，就是最大程度地发挥学校的作用，降低推广难度，提高普及速度。

## 软硬整合助力国家开放大学移动教育

**夏巍峰：**您提到了神州智联与国家开放大学合作，该项目的进展情况如何？

**曲敬东：**我们为他们提供的是移动学习解决方案，即不仅仅是一个产品方案验收已经完成，现在正在不断地进行完善和升级，并准备相关课件。预计2013年9月份开始试点，明年进行大面积推广，大致的时间表是这样的。

**夏巍峰：**教育教学全流程解决方案的特点是什么？

**曲敬东：**教育教学全流程方案提供的是软硬件的深度整合，具有国家认证并在行业领先的安全加密系统、多种资源展现的交互阅读系统、支持多种资源素材笔记交互阅读分享，是为信息化教育专业定制的移动教育系统。

**夏巍峰：**为国家开放大学提供教育教学全流程解决方案的难点在哪儿？

**曲敬东：**最大的问题是内容，因为内容的开发需要技术的投入，还需要学校教学设计专业方面的投入，而且周期比较长。国家开放大学整个内容的开发可能需要五年规划才能完成。我觉得内容开发应该是不断升级、没有止境的，因为将来国家开放大学核心的竞争力之一就是庞大的课程内容体系。



## 专注细分领域提供增值服务

**夏巍峰：**除国家开放大学外，对其他高校有没有计划？

**曲敬东：**包括一些网院、远程教育和一些职业培训机构的解决方案，我们都在做。越来越多有需求的客户想用我们的解决方案。我们的客户类型多种多样，但从数量上看，最大的客户还是国家开放大学。

**夏巍峰：**现在国家开放大学面临的是各地都在申办自己的开放大学。

**曲敬东：**没关系，他们都是我的客户。我认为国家开放大学最核心的竞争力有几个：一是有一个非常强大的信息系统，能够跟各个学院和学员建立起一个非常好的连接。二是有一个非常强大的内容制作体系，能给学生提供最好的内容和服务。三是有一流的管理能力。几个核心竞争力都离不开信息化。

**夏巍峰：**对于公司的发展，您有哪些具体的规划？

**曲敬东：**首先还是在教育这样一个细分领域比较专注地去做一件事情，因为据我了解，到目前来为止，以我们同样的模式来做移动学习，并且做到这种程度的，中国还没有。在移动互联网领域，中国最大的两个客户群就是国家开放大学和自考，剩下的客户群都没有那么大。如果将来国家开放大学几百万的学生都用这种方式学习，在他们的影响下，会有更多的人加入这个队伍。提供整体解决方案只是第一步，当我们有了更多的客户群的时候，我们可以做的事情就很多了，譬如内容增值服务。提供解决方案的过程也是一个积累客户的过程。当然，如果说我们把中国最大的客户群都做了，我们就会成为这个行业的领导企业。

（潘超/整理）

## □ 人物印象

# 用中长线思维经营自己的人生

潘　超

1988年进入中关村创业，先后成立两家创业公司，实现了原始积累。1995年赴美跨国收购酒店业务，成为中国最早期在美国收购资产的投资人之一。1998年，加盟联想集团，担任联想集团副总裁，在产品、客户、渠道、市场方面积累了丰富的业务经验。其主管联想集团华东地区和全国市场销售工作期间，取得了优异成绩，助力联想品牌和销售业绩成为同期行业第一名。2007年3月，加盟三星电子，担任三星电子大中华区常务董事、全球副总裁，主管三星中国区商用业务，成为当时三星最年轻的中国籍高管。在他的领导下，三星在中国商用领域连续两年实现了增值100%的快速成长，成为三星全球的业务典范。2010年1月，出任爱国者电子科技有限公司总裁兼CEO，帮助爱国者制定了全新的发展战略，实现了业务的快速增长……

翻看曲敬东的履历，我们发现，无论是创业还是做公司的高管，他人生的每一步都走得很完美。“我觉得最重要的一点是我比较喜欢用中长线的方式去做事儿。职业选择也好，创业也罢，我考虑的是中长线，更多关注的是自身价值的提升和最大化，而非眼前的利益。即不是看今天给我多少钱，而是看三年，甚至是五年之后自身价值是否能够实现几倍、十几倍的增长。”

在曲敬东看来，人生就是一个选择的过程，选择学什么专业，选择在哪里工作、做什么，选择什么时机做什么，“这都是做选择，是在经营自己，中长线的思考方式有助于人做出正确的选择”。

的确，在选定之后，每段职业曲敬东都要埋头做上三五年，甚至更长的时间。也许正如他所言，这真的是他成功的一大秘诀。

早在1988年就开始创业，现在还作为德丰杰基金的合伙人做投资，对于创业，曲敬东有很多感慨——1998年，卖一台电脑能赚五六千块钱；现在一台电脑的总价也就三四千，卖一台电脑只赚几十块钱。时代不一样了，在有想法的人越来越多，很多有方法的人都选择创业的今天，创业门槛越来越高。因此，对那些年轻的创业者，曲敬东给出的建议是：创业需谨慎。

“我个人认为创业是适合少数人做的事情。”在他看来，创业不仅对人的综合能力要求比较高，而且需要有一些重要的特质，譬如需要非常好的意志力、很强的开拓能力、非常好的创造性、抗压能力、人脉等等，“很多人创业不成功的根本原因就在于他们本身不适合创业”。其次，创业要做好充分的准备，经济基础、知识和人脉的积累、好的商业模型、好的机会等等，需要天时地利人和。盲目创业，不成功是必然的，成功反而是偶然的。“对于年轻人来说，甚至还要做好心理上的准备，这样才能更积极地面对可能出现的情况，包括失败，不会自己被自己打倒。”曲敬东说。

# 捷库动力　SAAS平台让客户便捷享用移动学习

“让你我像用水电一样，便捷享用云计算”，这是北京云基地的口号之一。作为北京云基地的一名成员，基于云计算，捷库动力教育科技有限公司为企业和教育机构提供移动学习SAAS平台。2013年的移动学习领域有哪些新变化？为什么要基于云计算来做移动学习平台？基于云计算的移动学习平台具有哪些优点？是否能够实现“像用水电一样便捷享用移动学习”？让我们在《中国远程教育》（资讯）执行主编夏巍峰与捷库动力教育科技有限公司首席运营官刘丰枝的对话中寻找答案。

## 客户自己被自己教育了

**夏巍峰：**捷库动力是怎么样选定移动学习这个领域的？

**刘丰枝：**我跟我的合伙人都是做企业出身，在这个过程中深刻体会到员工培训对于一个企业的重要性。成功企业，尤其是品牌企业，员工培训一定做得特别好，因为只有员工有章法、有方法、有流程、有工具，才能执行到位，公司的规模才能做大。对我自身而言，也是在员工培训中不断成长的，然后慢慢去悟，训练别人，再建立体系，批量化地生产合格的一线员工。在过往的工作经历当中，有过这样的情况，最快半年招聘了近千人，快速地培训，让他们快速上岗，进而形成循环机制。我们两人在合计创业的时候，一拍即合，就是要把培训产品化。至于怎样能把培训产品化，我们没有任

捷库动力教育科技有限公司首席运营官刘丰枝

何经验。从2007年开始，借鉴IBM的一个叫作“关键时刻”的课程模式和方法，采取连续剧的形式，我们开发了两个系列课程——跨文化沟通和商务汉语。这两个系列课程是全英文的，卖到国外，主要是教外国人如何跟中国人打交道。现在，我们的课程在“苹果”商店里还有卖，其中一个授权给当地的代理商，在澳大利亚、德国、美国卖，我们还可以收到钱。

两个系列的课程我们花了很多钱，也花了很长时间，因为开发课程的难度远远超出了我们的想象，无论是理论架构、课程研发、视频原创，还是剧本的拍摄和制作，我们以前都没干过，我们要请演员，请配音、剪辑、灯光、音工等等。过程虽然很痛苦，但真正做出来效果很好，也很有成就感。以至于到现在很多客户愿意跟我们合作的其中一个原因就是我们有比较强的课程开发能力，只要客户给我们一页纸，告诉我们你要干什么，我们就能帮你做教学设计，变成课程。

**夏巍峰：**捷库动力是什么时候成立的？

**刘丰枝：**2010年，我们判断，有了视频，有了我们这种开发课程的方式，如果再有移动终端，就可以把课程变成微课程进行移动学习。因此，2010年我们做出一批微视频课程。但当时的移动终端存储还不方便，移动学习一般这样做——把学习者的手机收集起来，用U盘把学习内容拷贝进去，再把手机归还给学习者，这种方式显然不能长久。我们做移动学习方面的研究和准备，就选定用云计算后台做存储，把移动学习和云计算结合起来。但当时云计算这个概念刚刚兴起，很多人还不太懂。2011年，我们的第一代移动学习平台出炉，这两年在不断升级，今年已经是第三代了。



**夏巍峰：**你们刚刚进入移动学习市场的时候，市场环境是怎样的？

**刘丰枝：**这个行业很新，2010年的时候，客户基本上都担心终端的问题，很多人都不知道什么是移动学习。所以，从2010年开始，我每年5月份都去美国参加ASTD年会，看别人是怎么说、怎么做的。相形之下，国外的移动学习还是比国内稍微早半年的时间，但并没有达到领先了一大块、已经形成规模，或者形成行业标准的程度。

**夏巍峰：**您曾在一次会议上表示“移动学习行业太新了，全世界都在摸索”，怎样理解这个观点？现在的市场环境是不是有了一些新变化？

**刘丰枝：**无论是企业，还是教育机构，对于移动学习，我觉得从2013年开始，确切地说是春节之后，有了非常明显的变化，移动互联网和移动终端的普及速度比我们想象的还要快。我的切身体会是用户自己被自己教育了。为什么这样说呢？和一个客户在去年就有些接触，但进展不大。春节后我突然接到他的电话，让我们过去做业务交流。客户不仅邀请了相关部门一屋子人来参加交流，等我们介绍完后，这个客户还花了很长时间跟我们探讨移动互联网在他们业务当中的具体应用，并且非常具体，譬如移动学习平台跟原有的 E-Learning 系统的关系、如何保证学习记录同步、如何保证原有的数据和课件能够应用在新的系统中等等。

随后的几个月中，又遇到了很多类似的情况。如果是在 2012 年，跟客户提及移动学习和云计算，他们多半是一脸茫然，需要我们花很多力气去跟他们解释。但随着移动终端和移动互联网的迅速普及，似乎人们一夜之间就明白了，信息不是一定要拥有才能获得。当每个人都在享受移动互联网带来的便利的同时，很多商务人士都在思索移动互联网怎么能够应用到商务环节上，他们开始认真了。有一天，当人们忘记移动学习这个专有名词，在不知不觉地应用和实践移动学习的时候，移动学习就成熟了。

## 基于云计算的移动学习 SAAS 平台

**夏巍峰：**把移动学习和云计算结合起来，具体来说，你们为客户提供的是怎样的产品和服务？

**刘丰枝：**简而言之，捷库动力做的就是移动学习 SAAS 平台。面向企业客户，我们提供 MP（Mobile Platform），即移动学习平台。面向教育机构，我们提供 IAP（Instant Academy Platform），也就是即时在线移动学习平台，即只要教育机构有移动学习的意愿，不需要做任何工作，马上就可以实现其学员的移动学习。

**夏巍峰：**基于云计算构建的移动学习 SAAS 平台有哪些优点？

**刘丰枝：**从客户角度来看，移动学习 SAAS 平台的上线速度快，没有早期的投入，没有风险，成本低廉，此外，由于是基于云计算构建的，所以弹性很大。用传统 IT 系统建设的方法做移动学习平台，需要聊需求、买服务器、买软件、买数据库，然后再开发、部署，这一系列步骤对于非 IT 行业出身的人来说，太过专业，而且可能三个月平台开发出来之后会与客户自己最初的想象有差别。SAAS 模式就不用有这方面的担心。我们可以提供一百个账号，客户随便让自己的学员试用，并且可以今年一百人用，明年一千人用。一百人先用只要付一百人的钱就好，这就大大降低了客户的风险。

和其他厂商的移动学习平台相比，我们的平台有三大特色——适配所有的终端、微小化的课程、可测量可追踪。我们可以给学员的学习做排名，以企业学习为例，我们有一个指数跟踪每个学习者，包括他参与企业学习的积极性、考试的成绩、学习的速度，然后打包合成一个数字。这个数是公开的，如果在1000人中你排在第900位，你自然就坐不住了，谁也不想排名靠后。

虽然和用传统IT系统建设的方法做的移动学习平台相比，我们的移动学习SAAS平台不是完全根据客户的需求来做的，但适度的定制是可以，譬如根据客户的需求，客户端是可以定制的。

**夏巍峰：**你们提供云空间给客户做存储，资源放在那里面怎样保证它是安全的呢？

**刘丰枝：**这是一个特别重要的问题，几乎每个客户都会问到。第一，我们有法律上的合约。第二，我们有一套安全机制来保障数据存储的安全性。譬如，虽然数据物理存储的地方不在客户手上，但数据库的管理权完全归客户。譬如我们在对数据进行分发和异地交付的时候，在传输机制上是有安全控制的。譬如数据到达本地终端，除在线观看之外，我们有专门的防护技术保证下载到本地的课件是安全的。

安全性是云计算里面的一个大话题，所有云计算都面临着同样的问题，这是一个建立信誉的过程。因此，我一直认为历史上第一个把钱存进银行的人很伟大，人家给他一张纸他居然敢把钱给人家。事实上自己建系统同样面临安全的问题。服务器放在机房里，机房由IT管理员管理，那就能保证服务器里的数据不会被拷贝吗？



**夏巍峰：**如果客户以前有E-Learning平台，现在又用你们的移动学习平台，学习数据之间怎么对接？

**刘丰枝：**基本上有三种方案。一是把移动学习作为一个单独的项目。譬如企业给一类人做岗前培训，或者是培训一些没有被E-Learning覆盖的员工，比如销售，就把移动学习当作一个单独的业务模块或业务功能来发布。譬如教育机构以前用E-Learning，但对于今年新招的学生想用移动学习，那就采用新学生新办法，把这两千名新生放在移动学习项目里面。二是E-Learning和移动学习混合。譬如把移动学习当作E-Learning的一个补充。这里面就涉及一个技术即数据的集成。我们做过这样的案例，但客户要求的集成程度不同。三是替代。我觉得现在的移动学习基本上已经实现了绝大部分传统E-Learning的功能，包括对PC的支持，绝大部分在E-Learning平台上能做的工作在移动学习平台上也能做。所以把数据和学员信息集成过来，为学员提供一种新的体验也是一个比较好的方案。具体采用哪种方案，还是要根据客户的现实情况来决定。

**夏巍峰：**用你们的移动学习平台，在学习效果方面，你们有没有做过一些统计？

**刘丰枝：**一般三个月左右，我们会从学员端做一个调查，包括对学习形式、播放效果、应用场景等的满意度。调查结果显示，九成以上的用户对这种形式都非常认可，有一部分学员保留意见的原因是使用习惯上的问题，有的人还真的不用手机学习。

## 为客户提供多种增值服务

**夏巍峰：**前面提到你们在做移动学习平台之前是做资源的，现在如果客户有需求，你们还会提供微视频的服务吗？

**刘丰枝：**课程开发和视频制作是我们的一个强项，是比移动学习平台做得还久的一件事。而且很多企业客户想上移动学习平台时的第一反应是没内容，不像教育机构，多少也有点课程的积累。客户想买我们这个“盘子”，但是没有“菜”可装，我们通常会有三个建议给他。第一，即使没有什么素材，但总归会有一些PPT，哪怕是原来讲课时用的最原始的文字资料，提供给我们，经过简单的加工和改编，我们都能帮他快速地变成课程。这样导入的成本最低，也不用等很长时间。第二，如果你有预算，也有需求的话，我们也可以帮忙做定制化的、针对某一具体业务问题的课程。第三，我们也提供一些公共课程，我们跟一些内容提供商合作，如优米网。譬如国外的一些内容供应商，自己也开发一部分公共课程，包括以前积攒下来一些课程，如果客户对这些课程感兴趣，可以直接拿去用。

我们不建议客户用买图书馆的方式做移动学习，譬如买上两千门课让员工自己回家挑，而是建议企业先设定好接受培训的岗位，一个星期学几次，一次学多长时间，对课程内容和数量做到心里有数。然后根据这个要求可以先准备三个月的量，一部分是公共课程，一部分是原有素材改编的课程，这样就能运转起来。并且，在我们帮他们改编素材的过程中，也会把改编的方法教给客户，告诉他们即使是一个PPT也完全可以改编成一个非常好的课件。

**夏巍峰：**企业也好，教育机构也好，如果他们要把原有的课件转换，你们也提供这种服务吗？

**刘丰枝：**完全可以提供，这种转换的工具或者软件不是很复杂。

**夏巍峰：**除此之外，你们还有其他服务吗？

**刘丰枝：**有啊，我们提供多种增值服务。譬如说运营，因为很多外企客户会说可以买你的平台，但是我什么都不做，课件的整理、准备、上传、分发等都要由你来做，我就等着看报告。对于这样的客户，我们就派人进驻他们的公司，替他们做和平台操作相关的事情。这些都是增值服务，但我们的商业模式还是建立在平台基础上的。只是其他一些服务，譬如课程设计，做好了不仅可以盈利，还可以带来新的客户。

## 期待未来三到五年的爆发

**夏巍峰：**客户也满意，学员也满意，但移动学习现在推广起来依然比较困难的原因是什么？

**刘丰枝：**在百度上搜索移动学习，可能前三页都很难找到一个像样的公司，这就说明移动学习的供应商还很少。移动互联网在我们这些人看来已经很热了，但我觉得这个“热”传达到所有人，再从认识层面变成行动还需要一个过程，这就是新技术的滞后效应。但是我敢很骄傲地说，云计算的春天已经到来，客户认知的觉醒比厂商的宣传教育作用更大、更有效。认知的转变是市场需求变化的一个信号，所以，我坚信到今年年底，一定会有标志性的客户出现。

**夏巍峰：**你们是云基地的成员，参与到云基地这样一个体系当中，对你们的发展是不是有一定的促进作用？

**刘丰枝：**云基地采用的是基地加基金的方式，对云计算产业链进行投资、孵化，以及政策上的扶持。基金比较容易理解，就是风投出钱扶持产业发展。基地模式在中国比较新，这个模式的最大特点是会产生聚合效应。比如我们基地会提供公共服务，我们的前台、会议室、班车、食堂、IT 基础设施等全部是基地做的。这样，像我们一样身处基地当中的公司只要专心做我们的业务就行，完全不必考虑其他问题，这对成长型的公司至关重要。聚合效应的另一方面表现在产业的集群，云基地有分布在云计算产业链上的十余家拥有自主知识产权的高新技术公司，产品和服务涵盖了云计算的多个环节，构成了完整的云计算产业链。因此，在做一些项目时，我们捆绑在一起，形成组合式效应。

**夏巍峰**：对于公司的下一步发展，又有哪些规划和展望？

**刘丰枝**：移动学习让教育、学习、培训有了一个新的形式，这个新不仅仅表现在装置本身，还包括由装置改变带来的学习内容的变化，我认为市场机会多多。我们用SAAS和云计算的模式让客户低成本、迅速进入，我坚信省钱又快速的东西一定会有强大的生命力。我们要做的就是拼命在有条件、有资源的环境下，在市场上早发力，早形成格局，早形成方法，然后早进入到客户的视野，所以我非常看好我们的发展。有一种说法，公司三年打基础，三年上台阶，三年变成熟。捷库动力恰好处在第一个三年的末期，我们已经基本掌握了客户需求和产品基本特征，随着技术的普及和成熟，未来三到五年，最多五年，我们一定会爆发。

（潘超/整理）

## □ 人物印象

# 捷库人“为世界创造积极的改变”而奋斗

潘　超

“在捷库，我们都是兄弟姐妹，虽然我们来自天南海北，但我们不研究你的身份、不讨论你的学历、不看重你过去的能力。也许你要问，这里需要什么？我们大声地告诉你：激情、冲劲、不断地学习和无尽的正能量！”“作为一个新加入的成员，刚开始的时候，你可能感到我们的沟通方式与之前公司有很多不同，甚至会有些许‘茫然’，这种感觉并不是你独有的，每个新加入的伙伴都会这样，但请牢记我们所崇尚的方式——随时随地地沟通，永远快乐地工作！”“我们的竞争对手有可能模仿我们的产品，但是他们抄袭不了我们的家庭氛围、我们的工作激情和源源不断的创新理念。我们每个人都有自己的梦想，我们在一起互相帮助，共同努力就是实现我们每一个人的梦想。而我们共同的梦想，就是用我们的双手为世界创造积极的改变！”……

在捷库动力，记者发现了一个极具感染力的员工手册，看完之后会不由自主地兴奋起来，有了一种“为世界创造积极的改变”而努力的冲动。

“我觉得让我最骄傲的不是我的产品，而是我的团队。”采访过程中，捷库动力首席运营官刘丰枝多次重申自己的这个观点：令他骄傲的首先是创始人团队，他和公司CEO晁阳有着相同的价值观，包括对钱的态度、对家庭的态度、对社会公正的理解等等，这是公司发展的一块重要基石。其次是员工团队。在捷库动力，没有严格的等级、繁琐的制度，有的只是对工作和工作伙伴的执著与热情、强大的团队力量，“随时随地的沟通，快乐地工作”是捷库人的工作风格。据悉，在公司还在做课件制作业务时就加入的同事多数现在依然活跃在捷库动力的各个工作岗位上。“不是我们的薪水有多高，而是因为我们这里有家的温暖、学习成长和共同的奋斗目标。”再次是投资人。投资人之所以投资是因为看好移动学习的发展前景、捷库的产品和商业模式，而非把捷库当作赚钱的工具。“资本的进入让我们有了一个更好的平台，从而为我们的事业注入了新的能量。”

刘丰枝为自己的团队提了一个温情的口号——每天开开心心地跟最喜欢的人在一起做我们最喜欢的事情。既快乐，做的又是有意义的事情，兼具了这两点，在“为世界创造积极的改变”的梦想的指引下，捷库人在移动学习这条路上肯定能越走越顺。

# 中智信达　进驻远教行业布局公司新发展

在传统培训行业中，中智信达是一个响当当的品牌。在全国的机场书店和新华书店，中智信达的光盘和图书十分受欢迎，每年有上万人走进中智信达的面授课堂，有几十万人在使用中智信达的光盘和图书。预见到在线培训的大趋势后，中智信达果断进入 E-Learning 行业，先后推出网络课件、信达商学院、培训 E 本等产品，形成了教育出版、面授培训、远程教育三大业务板块相辅相成的产品布局，为客户提供更加完善的培训服务。

通过《中国远程教育》（资讯）执行主编夏巍峰与中智信达国际科技有限公司副总经理毛付俊的对话，记者得知，中智信达的远程教育业务在 2012 年差不多提高了三倍，占公司业务总量的近四分之一，其中又以培训 E 本的增长最快。最近，他们即将针对中小企业推出一款混合式培训产品，通过混合式培训产品去创造中小企业的 E-Learning 市场。

毛付俊表示，由于大家都意识到 E-Learning 是未来发展的一个重要方向，近一两年来，传统教育培训机构、互联网企业，甚至是一些其他类型的企业纷纷进驻在线教育领域，加上行业原有力量，几股力量集合起来，在线教育的爆发点应该很快就会到来。

## 培训 E 本助企业导入先进学习方式

**夏巍峰：**随着网络环境的成熟和移动终端设备的发展，移动学习成为大趋势，大家纷纷在移动学习方面做各种各样的尝试，中智信达也不例外，推出了培训 E 本。具体情况是怎样的？

**毛付俊：**2012 年初，我们跟 E 人 E 本公司合作，开始研发一款适合于中国企业家使用的培训学习和商务使用的产品，3 月 28 日正式发布了培训

E本。中智信达一直关爱中国企业家的成长、关爱中国企业的成长，为中国企业和中国企业家提供最优质的教育资源、最科学的课程体系、最便捷的学习方式。之所以开发这款产品主要是基于这样几个需求：一是企业家培训学习的需求，二是商务办公的需求，三是企业家之间沟通交流的需求。

中智信达国际科技有限公司副总经理毛付俊

跟光盘不同，培训E本是搭载在一个硬件平台上的，并且是一个不断升级的平台。培训E本刚刚推出上市时只有一个典藏版，价格为23800元，主要是在机场、新华书店和培训会场销售。2012年年底，我们把它升级为三个版本——典藏版、定制版和企业版。

**夏巍峰：**培训E本的市场反响如何？

**毛付俊：**这个本还是非常受欢迎的。我在出差时亲眼看到一个人在机场书店现场拿走一个23800元的典藏版培训E本，要知道，在机场，这个本子是不打折的。

为了满足不同客户的需求，我们又增加了企业版。与典藏版相比，课程数少一些，学员账号数少一些。定制版是我们专为中智信达特训营学员设计的，也为其他公司提供定制服务，比如，最近我们跟乐康公司合作，做了一个医疗E本，除了培训学习功能，还增加了医疗行业的应用。

**夏巍峰：**以满足不同客户群体需求为导向的远程培训平台信达商学院，是中智信达的另一款远程教育产品，这款产品的主要特点是什么？

**毛付俊：**培训E本面向企业老板和高端商务人士，而信达商学院则是为企业提供的团队学习的平台产品，是一款典型的基于云计算SAAS模式E-Learning产品。对于企业E-Learning，企业老板最关心两个问题——员工不学怎么办？员工学了我怎么才能知道有效果？这是两个非常现实的问题。所以，信达商学院更注重管理功能，除了学员的预习、学习、考试等功能外，管理员具有课程分配、发布学习计划、查看学习成绩、导出报表等功能。

**夏巍峰：**两款产品是不是在目标用户上有所区分？

**毛付俊：**培训E本虽然个头不大，但功能是非常强大的。首先，它是一个移动商学院，培训E本配有U盘，内置160门课程，不需要借助互联网，在离线的状态下就可以学习。第二，培训 E 本具备信达商学院的功能，即在网络环境下，就可以登录信达商学院学习。第三，是企业的网络学院。培训 E 本可以帮助企业管理者轻松建立学习培训组织体系，全面掌握组织的学习状态。具体来说，一个培训 E 本可以加 5 个、10 个，甚至更多的员工账号，实现在信达商学院的在线学习，并且，老板可以通过培训 E 本随时掌握员工的学习效果，实现培训管理。第四，培训 E 本中设计了“思想家”这样一个平台，供学习的企业家之间交流。此外，培训 E 本的商务办公功能也非常强，譬如手写原笔迹签批功能，譬如云盘功能，此外，还有很多管理工具可以下载。所以，可以说培训 E 本是中智信达很多产品的一个集合体。

培训 E 本重在老板和高端商务人士、小团队使用，信达商学院重在团队组织培训学习。培训 E 本和信达商学院在管理功能上的区别是：信达商学院的客户学习组织流程的设置和学习过程的监督是由本企业的管理员来实施的，而培训 E 本的学习管理是由老板自己完成的，因为相对来说我们给他匹配的账号数目不是很多，所以老板通过移动终端的客户端就可以对这些账号进行全程控制和监督。从某种意义上说，培训 E 本并不是一个简单的远程教育产品，更像是企业导入一种先进学习方式的催化剂，因为很多老板在购买了培训 E 本，通过培训 E 本体验了远程学习形式后，反过头来，他的企业员工都会成为我们信达商学院的客户。



## 三大核心业务相互促进

**夏巍峰：**据悉，经过十年来在教育培训领域的成长与积淀，目前，中智信达已形成教育出版、面授培训、远程教育三大相辅相成的核心业务板块。三大核心业务的具体情况是怎样的？

**毛付俊：**中智信达的教育出版包括光盘和图书的出版与发行业务。在光盘出版发行领域，中智信达连续多年位居行业领先地位。累计携手国内近 200 位一流师资合作研发光盘课程 400 余门，内容涵盖企业四大层级、十多个职能领域。在图书出版发行领域，2010 年初，中智信达与吉林出版集团成功合资成立北京乐知信达图书有限公司，开展经管类、励志类、国学类图书出版发行业务。目前已成功为俞长江、何永智、洪生、艾莫、李强等知名人士出版多种图书。产品深受用户喜爱，用客户的话说，如果不知道买什么样的培训产品，直接去买中智信达的就可以了。尤其是在机场书店、新华书店这两个渠道，我们的产品是非常受欢迎的。

在面授培训业务上，中智信达有高校合作项目、自主品牌项目和定制化的企业内部培训。为了让企业家以面授的价格享受咨询服务，中智信达相继推出了一系列以解决企业实际问题为导向的咨询式课程，包括企业十倍成长整体解决方案、企业运营管理、谋者无边—创新营销模式、商业模式创新、中小企业发展与投融资实务、易经智慧与总裁决策等咨询式实战特训营。在定制化的企业内部培训方面，中智信达针对成长型企业，通过诊断、培训、牵引、发掘、实践、反馈等，为企业提供以解决问题为导向的企业内部培训。

远程教育业务主要是三块：第一块是培训课件，我们为国家电网、中国移动、交通银行、国美等客户提供课程资源；第二块是培训E本；第三块是信达商学院。

**夏巍峰：**远程教育业务的增长怎么样？

**毛付俊：**这个业务增长还是非常快的，在整个业务中占到差不多四分之一，去年的增长率又是最高的，差不多提高了三倍。其中，培训E本的增长是最快的。



**夏巍峰：**远程教育业务和先前的两项业务之间是什么样的关系？是否会跟传统业务形成竞争？

**毛付俊：**教育出版、面授培训、远程教育，中智信达的三大核心业务相辅相成，这是毋庸置疑的。首先，三大业务的用户是可以相互转化的，光盘的用户可以转化成面授的用户，可以转化成远程教育的用户，同样，远程教育的用户也可以转换成光盘的用户和面授的用户。企业老板自己来中智信达培训，顶多带一两个高层，这是我们大部分客户的情况，有一些企业，我们帮他们做个内部培训，这样培训可能就做到了中层，但始终是少数人在接受培训，但我们上了远程教育以后就不一样了。未来，我们希望企业老板来上我们的特训营，员工通过远程的方式接受中智信达的E-Learning培训，同时，再把我们的专家或者研究院的同事派到企业里面去，做线下的辅导，线上线下相结合。这样，我们与企业的联系就更紧密了，成为共同成长的合作伙伴。

其次，从企业培训的角度来看，需要多种形式并存。譬如，现在国内比较大型的企业在做培训的时候，可能有20%的预算用在远程教育上。虽然现在来看它还是一个辅助手段，但我想随着技术的发展和E-Learning行业的不断成熟，逐渐可能会发展为三七开、四六开。相应的，我们三个核心业务的比例也会发生这样的变化。

## 教育出版起家决定远程教育高起点

**夏巍峰：**中智信达是从传统培训领域进入在线培训的，同那些做在线培训起家的公司相比，你们的优势是什么？

**毛付俊：**相对于做软件、做互联网，或者做其他业务的公司来说，传统培训公司做远程教育最大的一个优势就是更了解客户，具体到中智信达来说，因为我们每年接触几千家，甚至是几万家企业用户，我们每天都是在跟企业的老板进行交流，所以，我们更清楚企业的痛处在哪里，学习什么可以为他们带来价值，采用什么样的方式去学习能够提升他们的软实力。只有了解企业需要什么，你的产品才能受企业的欢迎，你才能有市场竞争力。当然，我们的资源优势也是毋庸置疑的，十年时间，我们积累了那么多的专家资源，拥有那么丰富的课件，所以我们的远程教育才有了一个比较高的起点。



**夏巍峰：**你们的渠道也是一个很好的优势？

**毛付俊：**对。很多用户是因为看了我们在机场书店、在新华书店的光盘找到我们的，问我们是不是可以做远程教育，从而成为中智信达远程教育客户的。

## 互联网企业进驻会带来爆发式增长

**夏巍峰：**您曾经说过“市场规模终将决定竞争力”，那么，在您看来，未来中国的在线培训市场会是怎样的？

**毛付俊：**我原来在互联网媒体行业，做 E-Learning 之后，发现教育更适合于做电子商务，即 E-Learning。一般来说，信息流、资金流、物流是电子商务活动的三个基本要素，而 E-Learning 的交易、交付都可以在网上实现，所以说，E-Learning 比电子商务更容易在网上实现，这是其一。其二，从 E-Learning 的技术手段来看，现在确实已经进入了 E-Learning 的一个爆发期。首先，基础设施得到了长足的发展，由原来的 512KB、拨号、

ADSL，发展到现在的10兆光纤入户、3G/4G，以前看一个视频课程，要么不清楚，要么半天下载不下来，现在不存在这个问题了。其次，互联网人群在爆发性增长。再次，手持移动终端的发展。这些条件达成后，在线学习的人群会呈爆发式的增长。

与此同时，观察整个行业会发现，现在进入E-Learning领域的，一块是传统的培训公司，像中智信达、聚成、影响力等，另一块就是互联网公司，譬如前段时间在纳斯达克上市的欢聚时代，另外还有一些传统的软件公司。几股势力加到一起，对整个E-Learning行业的发展是一个极大的推动，E-Learning会呈现空前的、爆发式的增长。在这样的情况下，谁能够有更大的规模，谁就会有更强的竞争力。因为用户规模会带来平均成本下降，用户规模扩大意味着你可以为他们提供更多的增值学习服务，会带来新的机会。

**夏巍峰：**这两种势力进入E-Learning行业，他们在商业模式和运营模式上是不是有所不同？

**毛付俊：**互联网行业的扩张方式就是通过市场的推动来吸引大量用户，先形成用户规模，当用户形成消费习惯再进行商业运营，做E-Learning也一样，先有用户规模再有商业模式。但传统的培训公司则不同，从付费用户做起，不断扩大客户规模。这两种做法各有各的优势，但我认为互联网的玩法更可怕一些，通过免费和市场手段吸引大量用户，当基数达到一定规模，如果达到1个亿的用户规模，即使1%愿意埋单，就有100万的付费用户，它的增长是爆发性的。所以说，互联网企业进入到E-Learning领域，对这个行业的冲击是巨大的。传统的培训公司要做好接受这样的市场竞争的准备。



## 推混合式培训产品直指中小企业

**夏巍峰：**在线教育爆发点这样的概念也提了好几年了，从2012年开始提得更多一些。您怎样看待这个爆发点？

**毛付俊：**从互联网行业的发展可以得出，一个行业要想发展起来，很大程度取决于技术的成熟和资本的推动。E-Learning行业也是一样的，从2012年下半年开始，我们能够明显看到国内E-Learning行业发展的一些大趋势，一方面，越来越多的新的E-Learning公司出现，另一方面，有大量的资本进入到这个行当。技术的成熟和资本的推动让越来越多的人认可E-Learning是未来发展的一个很重要方向。国内互联网大佬也正是看好这一产业，所以也开始战略投资一些新兴的 E-Learning 公司。我觉得，当资本界、教育界、互联网界都看到这方面的机会的时候，这个行业就会进入到一个爆发期。传统教育机构、互联网企业，甚至是一些其他类型的企业纷纷进驻在线教育领域，加上行业原有力量，几股力量集合起来，在线教育的爆发点应该很快就会到来。

**夏巍峰：**面对在线教育这样一个未来，您对于中智信达下一步的发展，尤其是远程教育板块，有哪些具体的规划？

**毛付俊：**趋势和未来是不可否认的。但是在现阶段，E-Learning 在企业尤其是在中小企业的推广还是有一定的困难。对于怎样才能把它用起来和学习效果如何转化这两个问题，企业还比较困惑。所以，中智信达远程教育重点会集中在信达商学院上，一是针对中小企业推出一款混合式培训的网络商学院产品，二是针对大型企业推出定制化产品。

为什么要推出混合式产品呢？在面授业务上，我们一直要求任何一个产品都要有学科的概念，涉足远程教育后，对于远程产品，我们也有同样的要求。比如我们“十倍成长整体解决方案”，作为远程教育的一个课程体系去推是非常合适的，因为很多客户已经学习和接受了我们这套绩效体系，要想把这套体系落地，需要从企业老板推广到团队，让他的核心团队也了解这套绩效体系。为了保证效果，我们团队接受在线培训的同时，辅以内训面授辅导，保证学到的管理工具能够落地。所以，我们给客户是线上和线下相结合的 E-Learning 服务，是服务式的产品。在这个 E-Learning 产品中，我们会有开学典礼和结业仪式，有网络班主任来辅助企业做商学院运营，还会有一系列的制度来保障整个学习过程，譬如我们设计了分享制度、学分制度、奖励制度，从而让整个学习制度化，同时为企业提供 2 次内部培训面授服务，集体辅导保证管理工具落地。可以说通过一个“十倍成长整体解决方案”一个主题的学习，帮助企业引入企业商学院，学会一套线上线下混合式培训学习模式。

混合式培训产品是针对中小型企业的，因为中小型企业现在可能还没有完全看清 E-Learning 的价值，这个市场需要我们通过混合式培训产品去引导和创造。但对于大中型企业而言，他们已经看到这方面的价值了，很多企业是带着需求主动找上门来。所以我们将针对大型企业推出定制产品。

**夏巍峰：**对于中小企业来说，线上线下结合是必须的吗？

**毛付俊：**我认为就现阶段而言，对于中小型企业来说还需要这样。首先，学习，尤其是企业员工的学习，刚开始还是被动的，一般都是老板让员工去学，因为学习跟玩游戏是不一样的。其次，当员工觉得通过学习可以提升自己，有益于自己的职业发展的时候，他的学习会由被动进入主动。当然，对于企业来说，更理想的状态是员工能够学以致用，把学习到的知识运用到工作中，并且在工作过程中产生知识和经验，做成课件，再教给别的员工。从被动学习到主动学习，再到学以致用，也是企业培训学习不断深化的过程，我认为在现阶段，混合式培训是推动中小企业逐渐接受E-Learning这一先进学习方式的最好方法。

（潘超/整理）

# 东方创远　做在线教育的阿里巴巴

2012年年底，东方创远完成了他们的第一轮融资。更让人惊奇的是，投资商放弃了东方创远最盈利的课件业务，转投社会化学习社区构建业务。据知情人士透露，投资商这样的选择一方面是被东方创远提出的“构建社会化学习生态圈”的概念所吸引，另一方面是被北京东方创远教育科技有限公司董事长王志的热情所感染。

通过《中国远程教育》（资讯）执行主编夏巍峰与王志的对话，记者发现，这家在行业里坚守了十年之久的公司果真名不虚传，他们的每个产品、每项业务、每个理念都透露着他们对企业学习和技术发展不同一般的理解，彰显他们对行业发展的准确判断，以及他们与行业共同成长十年来积累的厚重沉淀。

在王志看来，在线教育领域也会像互联网行业一样，最后出现一两家寡头，而东方创远的目标就是做在线教育的阿里巴巴。

## 十年成长显内功

**夏巍峰：**从2002年第一款教育产品《保险易考通》开始，东方创远已经走过了十年的历程。十年时间，与行业相伴走过，共同成长，在十年这样一个时间节点上，您有哪些感受？

**王志：**这是一个值得坚持、值得为之奋斗的事业。回首十年还有一点感悟，一个企业的成长也是一门学问。

**夏巍峰：**十年中，不断有人在这个行业进进出出，是什么让东方创远在E-Learning行业一做就是十年？

**王志：**“创新分享，共同成就”，这是我们的核心价值观，同时也蕴含了我们的服务标准。从公司一成立，我们就建立了这样的价值观。我们一

北京东方创远教育科技有限公司董事长王志

直把自己定位在服务的角色，组织机构也一直是倒三角形，客户至上，然后是员工，然后是管理者，最后才是股东。与此同时，对事业的前景，我们一直有着坚定的判断——从最初的抵触到认为 E-Learning 是辅助工具到现在大家认为这是个好东东，不可或缺，这是一个符合事物生长规律的过程。趋势很明显，信念要坚定，虽然中间经历了很多沟沟坎坎，但我们从没有因为挫折而退缩。

此外，创业时带着搭建平台与合作的理念，从没想过只靠自己建一个公司，拥有很多股份，能挣很多钱；我一直想的就是要合众人之力打造一家大公司，能长久经营，能为社会做出贡献，能被大家记住。最终我终于吸引到了这样的人才，东方创远今天之所以有较高的客户忠诚度、有优秀的创新产品，都是靠这样一群人。



## 升级产品和服务关注学习者

**夏巍峰：**伴随 Web1.0 到 2.0 的变化，E-Learning 也从 1.0 发展到了 2.0时代，据悉，东方创远在 2012 年推出了 2.0 的产品和服务。相对于 1.0 来说，升级后的 2.0 产品有哪些新变化？

**王志：**时代发生了跨越，我们的产品也有了全新的感觉，不再是以课程、计划管理为核心的模式，而是更关注学习者，注重人与人的关系、活动、引领到自主发展。从技术路线来说，我们没有选择 2.0 替代 1.0 的思路，也没有选择在 1.0 上增加社区的模式，而是选择包容的模式，提出了全新的架构。1.0 有 1.0 的价值所在，发挥它的课程资源管理和标准化学习管理的特长，做得更精细化。2.0 则是用于构建社会化学习环境，这是一个具备生长能力的、“活”的构造体，可以适应用户的业务多变性、多样性和发展性。两者不能偏废，只有融合，才能让企业已经发生的投资发挥更大的价值。

**夏巍峰：**这样的产品升级是大势所趋，还是基于东方创远自己对企业学习的解读?

**王志:** 肯定是大势所趋。首先是受 Facebook 的影响，这是根本，人际关系的融入将深刻影响学习的方法和进程。此外还有微博的影响，游戏的借鉴，移动技术与设备的发展，这些都将使未来的学习产生巨大的变化。企业学习也需要和大环境相融合，不能割裂。企业学习型组织建设的落地、团队学习理念的落地、知识管理的落地，无不需要我们产品和服务的支持，这些都将最终影响到企业的绩效。现在的关键问题是，我们是专业研究学习技术的，必须保证自己的技术和研究领先于企业的应用人员，要帮他们设计出合适的应用架构并提供有效的方法，以加快企业的应用。因此，在大家还在讨论社会化学习是什么的时候，我们已经在 2012 年为北京电力、西安杨森企业大学、中国石油大学网络教育学院和中国电信提供了基于 SNS 的适用于不同学习内容和要求的社会化学习模式，并提供了相应的主题学习运营服务，从而为 2013 年更广泛地提供社会化学习服务奠定了坚实的基础。

**夏巍峰:** 为什么会选择社会化学习这个方向?

**王志:** 这个还是要从 Facebook 的改变谈起，它的影响力是巨大的，我自己也有这样的亲身体会——作为户外运动爱好者，我经常上绿野户外网。绿野最早就是 BBS，我上去一般就是潜水。但自从有了 SNS 技术，绿野变成了一个社会化的平台以后，我几乎天天访问这个网站，也经常发言。为什么会这样呢？认真观察 SNS，我发现，这个东西之所以能够吸引人上去交流是因为它的交流比较开放和自由。原来的 BBS，权威性太强，感觉只有特别大拿的人才能管理一个版，号令大家似的，其他人的参与度和自由度都很小。SNS 模式就不同，每个人都可以发挥，都可以做自己的主，只要你的某一个话题能够引起大家的共鸣，你就可以变成一个有影响力的人，这对草根的挖掘有非同一般的意义。

所以后来我一直在思考，这样的方式怎样转化到学习上来呢？1.0 时代主要是教学设计，即如何把一个线性知识转变成多分支的学习，如何把老师讲授的内容和过程更准确地呈现出来，让它更容易理解，这是 1.0 时代要重点钻研的事情。但光有这件事还不够，因为虽然研究了很多很好的传递知识的方法，但学员究竟能接受多少是未知的。并且，即使教学设计做得再好，学员也会有疑问。有了疑问怎么解决呢？等待老师集中答疑太晚了。SNS 模式则有了突破性的变化，一个问题随时发布出去之后，利用积分机制和悬赏问答，同时在线的学友就会和你一起来解决这个问题了，从而大大压缩了学习过程，提高了学习效率。

## 基于 SNS 理念生出多个应用

**夏巍峰：**具体来说，你们是如何构建社会化学习社区的呢？

**王志：**以西安杨森为例，我们为他们的新经理启航培训架构了一个基于 SNS 的学习社区。西安杨森为新晋经理人购买了新经理人培训课程、一些管理类课程，同时还有一些线下的面对面的研讨会、主题会。如何把这些串起来？在没有 SNS 之前，只能用 BBS 技术，无非是在 BBS 上加个论坛。但在我们为他们构建的社会化学习型社区中，学员线下上了一门课，上完后要主动到网上签到，自己对自己的学习行为做一个记录，这样，所有的数据汇集到一起，企业对员工的学习情况就有一个基本的了解了。1.0 和 2.0 相比最根本的改变是，1.0 是计划的、被动的学习，2.0 则是一种有计划的、主动的学习行为。另外，我们还给他们做了一个针对销售人员的竞争案例评选活动，同样采用的是这样的模式。我们划分大区，以大区为单位来推荐作品。大家可以在社区中共享资源，分享自己的心得，学到很多东西，对自己的工作马上就有最直接的帮助。但同时我们又引入了竞争机制，并用很形象的方式来表达这种竞争机制——排名不同决定了有的大区是高楼大厦，有的大区是茅草屋子。各大区的总监自己看，一目了然，这样，学习气氛一下就调动起来了。

我们给北京电力做的社区采用的是游戏化学习的模式，有超级玛丽、植物大战僵尸等，把游戏和学习糅合起来，大大提高了学员的学习兴趣。但值得一提的是，在这里边要建立兴趣圈子、交流机制，还有关键的一点就是要建立积分。这个积分一定是一套适合教育的积分，里面要有荣誉度，有能力值等。通过这些尝试，我们发现，与 1.0 相对固定的模式架构不同，基于 SNS 理念可以生出很多应用，根据不同的应用，又可以生出很多系统。但它的根基是 SNS。SNS 带来了人与人之间的交流和互动，这种根本性的革新才是最核心的。

**夏巍峰：**其他一些机构也在提社区化学习，和这些机构相比，你们有哪些优势？

**王志：**虽然很多机构都在做社区化教育，但相形之下，我们和他们之间还是有很多不同的，首先，他们传递的内容还是单向的，这个核心他们都没有改变。你看不管微课网还是 YY，不管是 C2C 还是 B2C，他们所有的课程基本上都是语音视频课程。我们是做课件起家的，有多年为企业提供 E-Learning 服务的积累，因此在内容呈现上可以运用非常多的技术，完全是根据内容的特质来表达并选择它的表现形式。即使是一个简单的册子，譬如学校的新生入学手册，我们都能做成一部漫画书，并且这部漫画书是口袋书，可以打印出来揣在兜里，这样精心设计的内容表达和呈现带来的吸引力不是普通音视频课程所能达到的。

其次，在运营思路和运营概念上，他们和我们是一个课程与一个学习项目的差异。他们走的是店商的路，很简单，就是对一门课进行标价，卖了这门课之后分账。我们不是，我们强调的是学习运营。为什么会有这样的差异呢？根源在于服务对象的不同，我们的服务对象还是落脚在企业，确切来说更偏重先进企业和处在成长阶段的企业。这样的对象和市场范畴决定了我们商业模式跟那些面向广大公众的机构的商业模式有很大的不同。

此外，跟传统的 1.0 时代的解决方案提供商相比，我们的不同就在于我们已经跳出了延续传统服务的思路，是在 1.0 系统之外罩上了一个 SNS 社区，形成了全新的学习门户，带来了真正的学习者家园的体验。在我们看来，不管哪种学习模式，游戏也好，移动学习也罢，从根本上来说，都必须有这样一个 SNS 系统作为支柱，支撑一种学习项目的运营、一种学习过程的管理、一种新的学习评价机制的产生，才能带来真正的学习的变化。它对于帮助企业挖掘学习数据、产生草根明星、帮助企业提升绩效有着根本的价值。



## 建设社会化学习生态圈

**夏巍峰：**作为数字化学习运营服务商，东方创远为哪些用户提供哪些方面的服务？

**王志：**作为一家专注于教育服务理念与技术融合的公司，我们希望我们的技术、我们的创新、我们的创意能够被所有有需要的人和企业用上。一方面我们通过为企业、机构组织提供专项服务，使他们享受到我们的技术，因此我们可以提供社会化学习社区构建、企业学习专区建设、主题学习项目运营、课件定制和 E-Learning 建设咨询五类服务。另一方面，我们通过面向社会的公益的社会化学习平台，也就是我们自主品牌的社会化学习生态圈，让没有条件获得专项服务的企业和个人也能够享受到 E-Learning 带来的快乐和成长。此外，我们也呼吁那些拥有专门的知识内容体系或面向某一专业领域的教育培训服务商与我们合作，大家取长补短，走共享开放之路，共同建设“社会化学习生态圈”。

**夏巍峰：**东方创远提出了“分享创造和应用学习技术的成就感”的口号。这种成就感是怎样体现的？

**王志：**“分享创造和应用学习技术的成就感”，这是我们服务的核心理念，也是我们工作的内驱力。套用一个故事更容易理解——有三个工人在一起建造一个教堂，而三个人对工作的理解完全不同，最高境界的那个人他想到的是教堂建好了，神就安住了，人们就可以和神同在了，人就不再痛苦，就得到解脱了。相类似的，我们每一位员工在理解工作的意义上，有了这个口号，就实在了，同时帮助大家和客户建立起精神层面沟通的桥梁，有了高层次的沟通，工作既快乐又顺畅。以刚刚过去的 2012 年我们为北京电力开发的安规培训课程为例。这个项目我们采用了游戏化学习技术开发课件，同时用社会化学习的模式帮助管理学习过程，受到了上至领导下到员工的一致好评，并获得了北京市电力公司企业文化建设一等奖中的第一名。这个项目难度很大，但是双方一起创造一起攻关，完成了技术的创新，获得了良好的应用，获奖那一刻，大家都异常激动，整个项目的成功没有这样的精神理念支撑是不可想象的。



**夏巍峰：**2012 年年底，东方创远还完成了第一轮融资。公司的哪些方面是投资人最看中的？

**王志：**我们在社会化学习上的创新与实践、团队的坚持，还有核心团队的构成。

**夏巍峰：**经历这样一个融资的过程，您有哪些经验？

**王志：**在融资过程中，大家其实都会有心理落差。怎么解决这个心理落差呢？我觉得借助资本的力量，更多的是要看到希望。我们这个行业有一点好处，那就是专业，即使资本进来，也不是说随便找几个人就能玩转的。他之所以投资还是看中你在行业里面的积淀，所以资本进来也是希望你把这件事做好。

**夏巍峰：**从方方面面来看，可以说东方创远迈上了一个新的台阶。对于今后公司的发展，您有哪些具体的规划？

**王志：**踏踏实实地做社会化学习，继续钻研学习技术，为客户做好主题学习运营服务，建设有特色的专区，并在部分垂直领域和合作伙伴一起为实现资源共享的终极目标谋求发展与飞跃；课件工厂要具备大规模开发能力，同时仍能满足我们“质量和速度并重”的要求；课件要持续创新，今年重点在游戏化学习和移动学习上开发更完善的解决方案。同时，开始建设社会化学习生态圈，主要以帮助提升人的软实力为目标，让更多的人和机构能享受到学习技术的价值。

（潘超/整理）

## □ 人物印象

# 执著梦想　一路向前

潘　超

听东方创远董事长王志讲他的创业经历，最大的感慨是，这是一个绝对的理想主义者。并且，这个理想主义者目标清晰、勇于行动、执著坚守，乐于创新。

大学毕业后，王志就制定了八年后创业的目标。受美国福特汽车公司总经理，也是克莱斯勒汽车公司总经理艾柯卡从推销员到世界顶级企业总经理传奇经历的影响，他先做了多年的销售工作。为了更好地实现自己的创业梦，他先后做了多个岗位的准备工作，甚至包括人力资源工作。

2002年，在自家的客厅里，王志如期创立了自己的公司。一没资金、二没技术、三没客户，一个小作坊式的公司如何找到自己的第一个客户？如何生存？“凭借我有一个创新的头脑”，他把大学作为自己的目标客户，走进大学，跟老师们分享自己的“经纬理论”，经常一讲就是几个小时。功夫不负有心人，王志逐渐有了自己的第一个客户、第二个客户、第三个客户……

“十年来，我们的客户全是凭我们的能力PK下来的。”用最好的质量，最快的速度，东方创远积累了一批“铁杆客户”。据悉，东方创远为联想集团、北京电力、人保财险、中国人民银行、中国建设银行、嘉实基金、西门子中国、中国移动、西安杨森、诺和诺德、雷诺汽车、起亚汽车、石油大学、国家会计学院、中央音乐学院等多个大型国有企事业单位、外资大型企业和院校提供了E-Learning应用服务，客户已经遍布制造业、能源业、金融业、通信业、电子业、教育业等多种行业。

值得一提的是，东方创远服务的客户失败的例子少之又少，并且多数客户都合作了七八年之久。好多客户每过一个阶段都要和王志聚一聚，听他讲讲企业学习的新东西和他的一些新想法，这似乎已成为双方合作过程中的一个惯例。

众所周知，做 E-Learning 是一件辛苦的事情。十年时间，一路走来，其中的艰辛可想而知，尤其王志又是一个感性的人。“公司在一段时间内发展得特别艰难，主要是因为我把钱全投在平台、架构和技术上了，有些技术超前好几年，譬如我们开发了一个让普通人也可以所见即所得做出符合标准的课件的工具，但中间因为没钱了，只好缩小规模完成桌面工具后就暂停了模板和网络协作的开发。”一想到创新的东西就去做，这就是王志的风格。虽然冒险，但也正是因为酷爱创新，这样的激情才成就了今日的东方创远。

“我不喜欢一成不变，喜欢创新，E-Learning 行业满足了我。我喜欢探讨专业问题，喜欢创业的感觉，喜欢面对挑战解决问题的快感，E-Learning 行业满足了我。在事业上我收获了很多，以事业为重的结果就是对亲人、对家人、对朋友总有一丝愧疚，但这或许就是我的使命，人生就是这样充满选择与挑战的体验，只有迎接。”王志说。

# 中欧商业在线　普及中欧管理理念

“很喜欢此类课程，内容不长，但很实用，很科学，也很有趣。谢谢相关人员为我们提供了这么多好的内容”“很好的课程，有利于处理与领导和同事之间的关系”“在工作中经常会遇到压力，本课程很科学、很实用，让我们学会了应对压力的有效方法，在以后的工作中应该有效”……在中欧商业在线网站主页的左下角有一个名为“学员点评”的栏目，流动播放着学员对于公司各门课程的实时点评。

作为一家 E-Learning 课程与学习解决方案提供商，近五年来，中欧商业在线依托中欧国际工商学院的教学和研究资源，把中欧先进的教育理念、新兴的网络技术和优秀的企业学习实践融为一体，在互联网世界延伸中欧的教育理念与品牌，助力中国企业的学习成长和员工发展。

通过《中国远程教育》(资讯)执行主编夏巍峰和中欧商业在线总经理易学君的对话，记者发现，称“中欧商业在线”是“来自商学院的E-Learning专家”确实名不虚传。依托中欧国际工商学院，他们把国际知名教授的权威知识带来中国，他们的课程不是视频的简单播放，而是教学设计的有效体现，他们借鉴商学院的教学经验注重对学员的服务……总之，为在中国普及中欧先进管理理念，中欧商业在线一直在行动。

## 重权威而非时尚

**夏巍峰：**中欧商业在线是源自中欧国际工商学院的在线学习专家。中欧商业在线与中欧国际工商学院之间是一个怎样的关系？

**易学君：**中欧国际工商学院是知名的国际商学院，培养了大量的中高层管理人才。中欧商业在线是中欧出版集团的核心业务，就相当于学校的某一个业务部门。中欧商业在线是中欧国际工商学院绝对控股的一家公司，因此也服务于中欧国际工商学院。

中欧商业在线总经理易学君

**夏巍峰：**在您看来，中欧国际工商学院这个深厚的背景为中欧商业在线带来了哪些价值？

**易学君：**最重要的价值就是在师资方面为我们带来了重量级的教授，这些教授来自中欧、哈佛、耶鲁、IMD、HEC，都是全球一流的商学院。我们的很多课程都是由商学院的教授直接参与制作的。一方面，商学院的教授们会把他们的讲义、脚本、录像跟我们分享；另一方面，在课程设计、撰写和制作过程中，我们也会跟教授保持互动和交流，确保课程内容体现教授的真实观点，阐释的知识点没有偏差。我们特别强调的一点就是课程一定要有权威性，要站得住脚。我们做课件时会精炼教授的知识，使我们的课件成为“浓缩的精华”。我们把握一个原则，那就是它的内容一定是经过大量实证研究的，或在商业领域广为实践的，是理论和实践的经典，我们希望这些知识能够长期指导学员的工作，帮助企业成长，所以我们不选择那些时尚的东西。

**夏巍峰：**反过来说，中欧商业在线又给中欧国际工商学院带来什么？

**易学君：**中欧国际工商学院的战略目标就是要办成立足中国、比肩哈佛与沃顿的全球顶尖商学院。我们现在的教务长就是哈佛商学院的前副院长、伦敦商学院的前院长。在哈佛出版集团的几大块业务中，除了出版，增长最快的一块就是 E-Learning——哈佛商学院在线企业培训课程。哈佛把在线看得很重，因此，中欧也在在线业务上投入了大量的人力、物力、财力。

**夏巍峰：**你们的课程有什么特点？

**易学君：**我们的课程可以称为 Web2.0 版的 E-Learning 课程，就是更多地考虑学习者在学习过程中的人机互动和主动参与性。我们中欧的在线课程力求在形式上活泼生动。首先，你不能让学习者在学习中睡着，课程中无论是让学员点击鼠标、做各种小游戏，还是做小测试，都是根据学习者的精神集中度规律来特意设计的。学习者首先有学习兴趣，然后才能谈到掌握了多少知识，以及这些知识是否能够进入他们的长期记忆，最后才是学习者在有需求的时候把这些知识从长期记忆里调出来，加以应用。

其次，我们主要是遵循西方的苏格拉底启发式教学法：这种教学法的核心是在教学生学习掌握某种概念和知识时，并不是把这种概念和知识直接告诉学生，而是先向学生提出问题，在课程中往往是通过案例观察和分析的形式，让学生反思、回答，再进一步阐述概念和知识。有别于一般的被动“填”式的教学，我们的课程是主动地“取”式的教学。因此学员对知识的记忆非常深刻，这种方法也有利于学生将知识和平时的工作经验进行对照梳理，最终帮助学生将学习到的知识更顺利、更有效地运用到未来的工作中去。为此，我们的课程还专门提供“学以致用”的“行动提示”，所有这一切都是为了让知识转化为真正的工作能力。

## 让“靠谱”的知识好学

**夏巍峰：**跟其他行业内的做此类课程的公司相比，包括时代光华、聚成等等，中欧商业在线的优势是什么？

**易学君：**我觉得第一个优势就是我们做的是靠谱的、好学的东西。所谓“靠谱”就是它能够落到教科书中，知识的来源是权威的。如果你只满足于让学员听着高兴，目的仅此而已，也未尝不可，但我觉得我们可以把目标再提高一些——要有用，至少在很长一段时间内是正确的。与此同时，这个靠谱的东西又不能太枯燥，要轻松活泼。因此，我们通过添加案例、借助计算机的交互手段等方式让靠谱的知识好学。

第二个优势是我们的课程是成体系的。我可以比较负责任地讲，学员上完我们的 Mini-MBA 课程，管理基础知识中该学的人力资源、战略、供应链、市场营销等的知识要点都能学习得到，学完之后再去读专业的管理类杂志，如哈佛商学评论、麻省-斯隆管理评论等，会看得很轻松。归根结底是因为我们的课程给了学员一个体系，而不是像其他供应商的课程不成体系，学员只是在某一个方面有所感悟。掌握了这些基础的管理知识后，就等于学会了通用的“商业语言”。把这一套商业术语体系化地学一遍对学员在工作上的沟通很有好处，从而避免了“此战略非彼战略”，理解偏差情况的发生。上帝为了不让人类建成通天塔，就让每个民族讲一种语言。在一个企业里面，如果管理的语言不能统一，不仅会浪费很多时间，很多事情也是难以做成。

**夏巍峰：**现在互联网上免费的管理类课程也很多，对你们有影响吗？

**易学君：**互联网上的管理类课程更多是视频类的课程，一个讲师站在讲台上讲的那种，对这种课程，我不是很乐观。我把耶鲁的《心理学导论》从头到尾看完一遍之后就觉得，只有具有很强的学习动力和很大的学习毅力才能保证自己完成整个学习而不睡着。问题的关键就在于这类课程没有结合 IT 技术进行再次开发，也缺少针对互联网学习特点的教学设计。

**夏巍峰：**你们的销售方式又是怎样的？

**易学君：**客户的需求不同决定了产品方案的设计各不相同。我们的课程犹如一块块积木，一个模块中的课程相互联系，又独立成课。目前有 300 多个课程“积木”，一般在 45 分钟左右。这些积木可以为客户搭出一个适合新经理人或新入职的员工的课程项目，也可以搭出一个适合中层经理人或想进一步到中欧进行 EMBA 深造的管理者的课程项目。总之，有了这些积木，就像变形金刚一样，可以为客户搭出适合各类人员培训的模型。我们也可根据经理人的通用胜任力模型，为企业定制个性化的学习解决方案。



## Learner Marketing 全方位提升学习体验

**夏巍峰：**据了解，中欧商业在线十分注重研究成人在线学习的特点，注重学员的学习体验和学习效果，通过三个层次的 Learner Marketing 为客户提供标准化精细服务，甚至根据不同客户的需求，设有开学典礼、学员交流等线下活动。为什么要这么做？具体来讲又是怎么做的？

**易学君：**我们发现，E-Learning 在企业推广是否成功更大程度上取决于项目的执行。最开始，大家都把目标放在课件上。课件的确很重要，但不是唯一重要的，同等重要的是项目的执行。要有开学典礼，要有线下活动等等。开学典礼与宗教仪式的原理类似，像美国大学的兄弟会，入会都要有一个仪式，仪式之后才能成为兄弟会的成员。虽然可能会在仪式中经历很多磨难，但也正因为如此才会为成为兄弟会的成员而自豪，这就是一种仪式感。开学典礼也是一样的。E-Learning 学习本身就很分散，开学典礼营造了集体学习的氛围，开学典礼会向学员明确学习的目的、目标、计划、方法等，通过丰富的学习营销手段激发学员的学习兴趣，引起学员的重视。同样，E-Learning 学习不能总是对着电脑自言自语，还要有学员之间的交流，因此要有线下活动。这些都是我们项目管理的手段。Learner Marketing 覆盖了从项目启动、实施和管控，到项目收尾乃至学习效果延续的整个过程，Learner Marketing 整合了有助于学习效果落地、固化的多种创新模式。

**夏巍峰：**项目的执行是放在企业的，你们又控制不了。这个问题怎么解决？

**易学君：**我们在给企业做项目的过程中，总结出了一些经验，并形成了一套我们自己的项目管理方法。如果企业有需求，我们还可以带着他们做一遍，但最好是企业自己能够做起来。

**夏巍峰：**对于你们的课程和线下交流活动，学员反响如何？请您举个实例进行说明。

**易学君：**学员反响第一要看上线率。如果项目执行得好的话，我们 E-Learning的上线率可以达到 80%以上，高的可以达到 90%以上。第二是看学员的考试成绩。2012 年年初我们做了一个客户对课程满意度的调查，满分是 10 分，我们得了 9.3 分，总体而言，学员还是觉得学到东西了。



## 打造让人人都上得起的在线商学院

**夏巍峰：**据悉，中欧商业在线是中国唯一一家有实力能够提供 Mini-MBA 的 E-Learning 供应商。能够提供 Mini-MBA 的关键在于什么？

**易学君：**还是要有一个商学院背景，有雄厚的师资力量，有知识体系的支撑。

**夏巍峰：**中欧商业在线 Mini-MBA 的特点是什么？

**易学君：**Mini-MBA 有点像 MBA 的预科。为什么这样说呢？中欧国际工商学院 EMBA 的学费大概是 50 万左右。很多公司的老总在中欧国际商学院读了 EMBA，在送他的下属来读 EMBA 之前，一般都让这些下属先学我们 Mini-MBA 的课程。只有员工把 Mini-MBA 的课程都学完了，才表示他有智力、有恒心、有毅力读中欧国际商学院的 EMBA。我们 Mini-MBA 体系涵盖了管理学中的大部分知识点。迄今已有超过三千名学员参加了 Mini-MBA 项目。

**夏巍峰：**Mini-MBA 要学习多长时间？适合哪些人群？

**易学君：**Mini-MBA 的一个标准学制大概是 8 个月。适合于有意系统学习通用管理知识的各类人群。既包括初级经理人和高潜员工，也适合于资深主管和中高层管理者选学。

**夏巍峰：**有班级的概念吗？

**易学君：**现在很多是以企业为单位，一家企业的二三十个人组成一个 Mini-MBA 小班级，我们有班主任带着他们把全部课程学完。

**夏巍峰：**学完之后也有证书吗？

**易学君：**是的，发的是中欧出版集团的证书。

**夏巍峰：**据悉，中欧商业在线正在打造让人人都上得起的在线商学院，这个怎么理解？

**易学君：**中欧商业在线致力于传播中欧先进的管理理念和管理方法，除针对企业外，我们还想做一些普及工作，即提高它的性价比，让个人消费者花不多的钱，就能把 Mini-MBA 读一遍。因为毕竟三五十万的学费读一个 MBA，还是一笔很大的开销。

**夏巍峰：**具体进展情况如何？

**易学君：**现在已经开始接受个人报名了，不久会以在线商学院的形式正式推出。消息只是私下发布了一下，就有很多感兴趣的人来报名，所以我们觉得未来的市场还是比较大的。



（潘超/整理）

## □ 人物印象

### 同样都是做决策

潘　超

新闻行业出身，专长于经济和科技的报道，做过《参考消息》和《参考新闻》编辑记者、《哈佛商业评论》的高级编辑，2006 年与人合著的《破冰——从 3 亿到 15 亿的营销奇绩》一书又成为当年的 10 大财经畅销书之一——可以说，在传媒行业，易学君已经很有成就。之所以又转战在线培训行业，用他的话说，完全是兴趣使然。原来，对于教育技术，易学君一直有着浓厚的兴趣，甚至有在家里教 6 岁的小女儿编游戏的壮举。

他曾任《中欧商业评论》杂志的执行主编。对他来说，以前做杂志和现在做在线培训是一对黄金组合，因为既没有丢掉“内容为王”的老本行，又可以利用自己最感兴趣的新技术手段在中国普及中欧先进的管理理念。

企业领导者肩负着为企业运营做出最终决策的职责。当被问及做一个公司的首席运营官和做媒体工作有何不同时，他说：“二者还是蛮相像的。借用稻盛和夫的话说，都是要做决策、做判断，只不过决策的东西不同罢了。至于如何把这个决策做对，很简单，小时候父母都会跟我们讲一些道理，做决策时就想想父母这个时候会建议你怎么做。另一方面，掌握一些管理方面的知识和技能更能锦上添花。”

# 微吼　打造“云中课堂”

2010 年获得瑞士达沃斯世界经济论坛科技先锋提名，2011 年荣获中国科技部科技创新基金，公司成立的两年多时间里，北京微吼时代科技有限公司（以下简称“微吼”）不仅荣誉不断，客户数量更是不断递增，包括 IBM、微软、西门子、惠普、中欧国际工商学院等在内的一大批企业和机构都信任并使用微吼产品。为了弄清微吼为何能够如此快速地发展，《中国远程教育》（资讯）执行主编夏巍峰与微吼首席架构师林彦廷对话，深入了解他们的成长秘诀。

## 500 多家企业使用微吼平台

**夏巍峰：**作为网络研讨和虚拟大会的专业服务提供商，微吼 2010 年才进入直播市场，但短短两年多的时间就有超过 500 家以上的企业信任并使用微吼的产品。请您介绍一下公司这两年的发展历程。

微吼首席架构师林彦廷

**林彦廷：**微吼是 2010 年下半年成立的。当时我们发现在线教育和远程培训的机构都在使用网络会议产品开展业务。但大家熟悉的网络会议存在着许多技术上的瓶颈，在技术平台上是没有办法解决的——因为即使会议规模比较小，却还是要下载安装客户端，导致会议质量无法保证，这就限制了它的很多中高端应用。也就是说，平时一些小于

20人的小规模的在线课程或熟人之间的日常沟通问题不大，但是没有办法做一些大型的、正式的在线培训活动。因为基于互联网的VOIP技术和架构，没有办法支撑。为了解决这些问题，我们开发了全新的微吼虚拟大会平台，突破了传统网络会议的人数极限，即并发数，让规模不再受到限制，几百、上千人，乃至上万人同时参加一个在线直播课程，都没有问题。而且，不需要安装下载客户端，仅通过页面，就可以观看清晰流畅的视频和同步播发的PPT等，并和老师实时互动问答。微吼平台刚一面市就受到了企业和培训教育机构的广泛欢迎，我们为包括IBM、微软、西门子、惠普、中欧国际工商学院、卫生部等建立了虚拟企业大学、在线渠道培训、在线峰会论坛等平台。

**夏巍峰：**你们称自己是富媒体流直播平台厂商，怎样理解“富媒体流”？

**林彦廷：**富媒体流不仅仅局限于单一的媒体形式，而是包括了视频流、声音、动画、影片、Flash，甚至各种PPT、Word、Excel等文档格式的高度交互的互联网传输。

**夏巍峰：**微吼网络会议平台主要用于哪几方面的应用？

**林彦廷：**最主要的应用是在线培训和市场活动。在线培训既包括了企业产品培训、员工培训、渠道培训，也有针对培训机构的在线在职教育、虚拟校园、公开课在线直播等；在市场活动方面则包括了在线研讨会、在线讲座、大型的峰会和论坛。

**夏巍峰：**微吼的产品为用户带来了哪些价值？

**林彦廷：**微吼之前，在线教育领域从未有一种平台或工具让老师和学员能如此轻松地进行授课，而且是如此接近于面对面的培训体验。学员不需要安装任何软件或插件，是微吼“云中课堂”坚持的原则，甚至为此我们不惜牺牲部分互动功能，因为不能要求我们的学员都是IT高手，任何一个课程点击链接即可加入，只要会上网就可以轻松使用。通过传统的网络会议产品，一个老师一堂课只能教20～30名学生，而通过微吼的“云中课堂”平台，一个老师同时可以向10万名全球的学生讲课。在中国，教育资源是一种极端稀缺的资源，而微吼则将有限的教育资源充分放大。

## 用户体验是一个不断提高的门槛

**夏巍峰：**500 多家客户当中，通过微吼平台进行在线培训的，哪一类型的公司相对多一些？

**林彦廷：**目前来看，像 IBM、微软等外企要多一些，因为在线直播课堂的方式在国外已经很普及了，这部分客户群体对最新科技的敏感度最高。除外企以外，国内的大中型企业，各种培训机构也都在采用。

**夏巍峰：**现在很多教育机构做培训采取的都是点播的形式，点播和直播的差别表现在哪些方面？

**林彦廷：**虽然是一字之差，但在培训效果、用户体验方面却有天壤之别，差别巨大。我们对在微吼的"云中课堂"上发生的上千场课程做过评估和分析，发现同样的课程如果是直播的形式，会有 84%的学员参加，但如果是录播的课程，只有 16%的学员观看。在教育领域，特别是在职教育，我们认为直播课程要远比录播课程受欢迎。首先是互动，教育最大的功能是解惑，没有互动就不能算完整的教育。由于是直播，学员和老师同时在线，学员可以随时向老师提问并得到回答。老师也第一时间了解授课效果，了解学员最关心的问题，随时调整讲解重点。其次是学习氛围，学员自己在家学习很容易产生孤独感，缺乏在学校上课那种和同学一起热烈讨论的氛围。而直播课程中，学员看到有众多的同学同时在线上课，看到其他同学的提问，会激发学员的浓厚学习兴趣，相互讨论，相互启发。另外还有一点是我们似乎都过分强调学习的任何时间，即 Anytime，这虽然的确给了学员充分的便利，但我们从实践中发现，很多时候 Anytime＝No time，任何时间等于没有时间。当学员知道这是一个录播课程，全年随时都可以上线观看，他反而缺乏了学习的紧迫感。而直播是限时开课，学员会很自然地自我督促，在老师规定的时间段上线参与。

无论科技如何发达，最佳的教育方式肯定是面授。但毫无疑问，直播课堂一定是最接近面授的用户体验。直播在在线教育领域之所以长期以来没有完全普及，并不是大家不接受这种方式，而是以前的直播技术门槛很高，但随着现在的技术已经完全成熟，直播课堂在我国教育领域越来越受到欢迎，这一趋势在进入 2012 年以来已经是极其明显了。

**夏巍峰：**观察你们的平台后我们发现，微吼的在线虚拟环境非常注重现场感，重视用户体验，事实上这对于在线培训来说是非常重要的，但以前大家对此不怎么关注。

**林彦廷：**我们认为用户体验是一个不断提高的门槛，互动直播仅仅是微吼“云中课堂”平台的功能之一。这个平台还建立了三维虚拟现实环境，提供基于真实场景感受的教学环境。学生可以在虚拟校园中漫步，与校园中的老师同学讨论问题或闲聊，到礼堂参加正在进行的名师讲座，到教室参加学期考试，到图书馆下载老师推荐的资料，到学生档案中心查看自己的考试成绩，到体育馆参加校园招聘会。学生感受到非常熟悉亲切的校园环境，以及一种寓教于乐的用户体验，这就极大增强了客户黏度，提高了学习兴趣。

**夏巍峰：**除三维虚拟场景外，微吼平台还能实现实时互动，并为用户提供观众分析、社交网络等多种服务。观众分析主要包括哪些方面？

**林彦廷：**我们进行在线教育的学校和培训机构都毫无疑问地了解授课的老师，但是否都真正了解我们的学员呢？他们到底是谁，他们在哪儿，他们有什么行业背景，何时是他们最佳的上课时间，他们最喜欢哪些老师、哪些课程，他们最关心什么问题，等等。微吼平台的在线行为分析引擎会回答这些问题，让我们的在线教育机构更加熟悉我们的学生。它会针对学员的在线行为进行记录和分析，形成多维度分析图表。在线教育平台一直都在追求传统现场教育的用户体验，但在了解学员这一点上，微吼的学员在线行为分析却超越了传统的现场教育。因为即使是现场访问学生，或现场填写调查问卷都无法真正得知学生心底真实的想法。但是在线行为是无法编造的，它会真实地记录学员的学习行为，并进行统计分析。如果教育是一种产品，那么学生就是客户。比你的竞争对手更加深度了解你的客户，了解你的学生，就会使得教育培训机构在市场中占据绝佳的有利位置。

**夏巍峰：**微吼称自己是中国虚拟大会、网络直播第一品牌，是中国市场的领导者，能否总结一下你们的领先主要表现在哪几个方面？

**林彦廷：**首先，微吼提供的是基于云计算的服务，在网络服务器部署进行了大量的投资。微吼在中国最好最专业的多线 IDC 机房建立了多个分布式的网络节点，数百台服务器集群式管理。其次，微吼的底层云计算架构非常坚实可靠，因为我们最开始的底层研发是由美国硅谷的核心研发团队来做的，保证了一个高稳定性、高扩展性的网络平台。莫在浮沙建高塔，要建一个百层的高楼，地基一定要打牢。我们对底层架构进行了大量的研发投入，这个底层的东西虽然在初期不容易看到，但随着业务的增长，公司在“长跑”过程中想“发力”的时候，它的作用将发挥得淋漓尽致。还有，微吼云计算网络平台也是最领先拥有覆盖移动互联网，支持 iPad、iPhone、安卓等移动终端设备接入的直播平台。最后，从虚拟现实环境，到现场直播，到移动终端覆盖，到在线行为分析，我们是中国唯一一家全部拥有自主知识产权，提供端对端解决方案的服务商，并获得了科技部科技创新基金和六项软件著作权。

**夏巍峰：**把研发中心设在美国硅谷的初衷是什么？

**林彦廷：**微吼的一位合伙人，是在美国硅谷资深的软件科学家，他在美国领导着一个核心研发团队，进行底层平台的研发。在硅谷可以接触到最新的、最尖端的技术，美国刚刚发布的一些最新技术，如果等待它传到中国可能需要一定的时间，而我们的研发中心就在美国硅谷，第一时间就可以进行分析和研究。

## 坚守在线虚拟活动领域

**夏巍峰：**移动时代已经到来，微吼的富媒体流直播平台实现了覆盖 3G 移动互联网，为 iPad、iPhone、安卓手机提供无缝接入。这块大概是什么时候推出的？



**林彦廷：**从 2012 年开始，我们就在做这方面的技术研发，2013 年年初，正式上线。一方面是考虑到移动时代的到来，另一方面还是基于提升用户体验的考虑，我们不希望给用户接入直播做任何的限制，所以微吼第一代平台支持最主流的 IE 浏览器，第二代平台覆盖了所有的主流浏览器，比如火狐、Google Chrome、360 等等，到第三代就覆盖了不同的移动终端设备——iPad、iPhone、安卓，不需要做任何区分，所有观众用的是统一的直播入口，点击之后，我们的系统平台会自动区分，推送不同的适合观众设备的视频流。

**夏巍峰：**对网络的环境有没有要求？

**林彦廷：**当初就是考虑到中国南北的互联互通问题，我们选用了中国顶级的机房，并且进行不断的测试和优化。我们推送的视频流流量非常小，只要有网络环境或 3G 信号，从 30K 到 300K 带宽都可以流畅观看直播。

**夏巍峰：**您觉得移动学习的方向会是什么？现在很多移动学习资源都做成 APP 形式。

**林彦廷：**对，首先，微吼的平台即使不安装任何 APP 也允许 iPad、iPhone、安卓等手机直接点击链接接入，但是 APP 也确实可以给移动学习的客户提供更好的用户体验。我们愿意展开合作，与其他一些教育机构的APP整合在一起，可以嵌入到公司、培训结构或者企业大学的APP中，作为一个模块添加。但还是那个观点，即它不能只是一些录制课件的单向的点击观看，一定是实时直播课堂，一定是交流互动的学习。

**夏巍峰：**微吼对公司未来的发展有什么样的规划？

**林彦廷：**微吼会专注于打造“云中课堂”，专注于在线教育这一领域，包括远程教育、在线培训、在线市场活动。微吼基于不断优化的云计算平台，将最新科技与中国的在线教育更加紧密融合，为大专院校、培训机构、企业大学提供在线培训解决方案，不断提升用户体验，打造中国在线实时直播课堂的第一品牌。

（潘超/整理）

## □ 人物印象

# EMBA毕业课题激发创业灵感

潘　超

华南理工大学自动化系学士，加拿大Dalhousie大学计算机硕士，中欧国际工商学院EMBA；曾先后在NEC、加拿大DalTech计算机工程学院、法国GemPlus等研究机构和公司任高级研发职位，从事卫星通信、数据通信、计算机实时操作等系统研究，并教授和指导加拿大皇家海军微处理器课程及系统研发，是Cartesian核心路由协议的发明人之一……翻看微吼创始人林彦廷的履历不难发现，他有着很深的技术背景。但如果要说与微吼关系最为直接的经历，还要数在中欧国际工商学院读EMBA那一段，因为微吼的商业计划灵感就来自于他在中欧的毕业课题。

在毕业课题代表中欧商学院入选了在西班牙巴塞罗那举办的全球创新峰会20强后，2010年7月EMBA毕业的林彦廷立即和中欧的同学即如今微吼的总裁裴勇，以及硅谷的合作伙伴一起创立了微吼时代科技公司。总部位于北京，研发中心位于美国硅谷，依托硅谷研发团队，微吼自主研发出基于云计算的在线虚拟活动平台，在中国在线教育领域获得了广泛的应用。

“没有中欧的毕业课题项目就没有微吼商业模式的雏形，可以说微吼诞生于中欧。”林彦廷说。

# 中软　让天下没有学不到的知识

2011年，中国软件与技术服务股份有限公司（以下简称“中软”）成立了3G事业部，专业从事手机软件及相关技术开发。2012年，中软推出了集看、练、测、评、问、督、记、交、享、传十要素为一身的移动学习平台，正式进入教育市场。现在已经和近40家规模较大的培训机构合作，涉及司法、金融、企业管理、营销、公务员、研究生、医疗、英语、小语种、幼儿成长、营养健康等众多领域，注册学员用户近10万人。通过《中国远程教育》（资讯）执行主编夏巍峰对话中国软件与技术服务股份有限公司3G事业部总经理穆雪峰，记者了解到，在推进移动学习平台在教育领域应用的同时，中软还在做一件事，那就是积极推动移动学习联盟的成立，以促进这个行业更健康、更快速地发展起来。可以说，中软正在以不同的方式实现“让天下没有学不到的知识”这一目标。

## 用远程视频教育武装移动终端

**夏巍峰：**作为中国软件行业的翘楚，中国软件与技术服务股份有限公司的实力众所周知。中软的3G事业部是在什么背景下成立的？

**穆雪峰：**中国软件与技术服务股份有限公司是国有控股的上市公司，已经有30多年的发展历史了。一直以来以服务社会、振兴民族自主软件产业为己任，在国家信息化发展建设中做出了许多突出的贡献。3G事业部是在云计算、移动互联网技术方兴未艾之际应运而生，致力于成为卓越的移动互联网视频应用技术服务提供商。在后IT时代大家都开始了“云上谈兵”，传统的光盘软件、系统集成业务等产品销售的商业模式将会被SASS等服务形式取代，客户将越来越倾向于直接购买服务，而不是为了获得某种服务则必须购买相应的软件、硬件及网络。我们的使命是“让天下没有看不见的沟通”。教育行业是当前我们非常重视的一个业务领域，我们要通过中软的教育云服务平台让天下没有学不到的知识。

中国软件与技术服务股份有限公司3G事业部总经理穆雪峰

**夏巍峰：**和其他公司相比，你们做移动学习是不是更具有品牌优势？

**穆雪峰：**我们作为一个移动互联网视频应用技术服务提供商，为什么要和教育联姻呢？我们认为“教育市场、广阔天地、大有作为”。首先，互联网远程教育已经做了多年，用户的使用习惯业已养成，PC向移动终端的搬家变得容易和简单。同时由于移动教育更加快速、更加便捷，这样也会带来更多的潜在用户。其次，手机3G数据通信网络及智能技术的成熟让手机成为学习机变为现实。智能手机可以打电话、发信息，也可以做阅读器、翻译机、游戏机、照相机、播放器等。人们更希望它是一部学习机，阅随心、学随地，现学现用、活学活用。再次，手机、Pad等移动终端或许已经成为人们生活、工作的第一伴侣，如影随形，不离不弃，是人们的“第一秘书”。我们要用远程视频教育来武装这个“秘书”，它的主人就可以“海内存知己，天涯若比邻”，可以“运筹帷幄之中，决胜千里之外”，可以“谈笑有鸿儒，往来无白丁”，可以“掌上千秋史，胸中百万兵”。第四，基于移动互联网的微学习、碎片化、社区化、互动性等学习方式的创新，一方面是对传统面授教学的有益补充，同时完全有可能成为适应当今快节奏生活的主流教育培训模式，是教育培训领域迎来的又一波模式革命的新浪潮。

基于这些对移动学习的认识和理念，凭借“中国软件”这块有着非常强大的品牌优势、号召力和感召力的金字招牌，我们要向所有致力于移动学习事业的厂商学习，大家携手并肩一起努力，共同推动中国移动学习业务的发展壮大。

**夏巍峰：**除品牌优势外，您觉得你们的竞争优势还表现在哪些方面？

**穆雪峰：**首先中软有较强的技术优势，在云计算、基础软件、操作系统、中间件及应用软件等各方面均已经自成体系，完全做到了自主可控。其次，中软在移动学习技术研发方面有先发优势，我们关注移动互联网应用技术比较早，2009年即开始研究和实践。第三，中软的运营资质齐全，拥有广电总局颁发的《手机视听节目许可证》《信息网络传播视听节目许可证》《广播电视节目制作许可证》等。第四，中软有较为广泛的行业客户资源，能为移动学习业务向行业的纵深发展和精耕细作提供市场保障。

## 好看好吃好用的移动学习平台

**夏巍峰：**据悉，你们的移动学习平台功能很强大，并且已经在一些培训机构实现大规模使用。具体情况是怎样的？学员的反映如何？

**穆雪峰：**实事求是地讲，尚谈不上强大，强大的标准是以用户数量进行衡量的，我们正在为此而努力奋斗。我记得夏主编曾经讲过，移动学习在中国2012年是动起来，2013年是热起来，2014年之后是火起来，我非常认同您的观点。移动学习前景大家都普遍看好，但大势还没有形成，目前尚处于非常初级的启动阶段，无论是产品、技术、内容资源、用户习惯、产业规模、行业标准及从事此项业务研究、研发的企业都处在摸索阶段。中软也是在2012年正式进入教育市场的，学员的反馈普遍良好，对移动学习这一新生事物接受得比较快，热情比较高，使用也比较活跃，这一事实更加坚定了我们专注移动学习事业的信念。

**夏巍峰：**和其他移动学习平台相比，你们的平台有哪些独特之处？

**穆雪峰：**前面我谈到了中软有强大的技术优势，我们的移动学习平台技术含金量也比较高。从用户的体验角度要做到精益求精，不仅“UI设计要好看”“课程内容要好吃”“产品本身也要好用”，我们还在视频CV加密解密技术、视频边下载边播放及断点续播、HT Live Streaming (HLS) 视频直播技术、Android和IOS平台的视频压缩录制上传及分享、基于Sip的视频通话、LBS（基于位置的服务）多种方式（文字、语音、视频、图片等）的即时通信功能、Timeline缓存机制、Android和IOS上的手写板、“云”端视频服务技术、网络传输技术（KeyBuffer）、CDN内容分发技术、高清视频编码技术、播放器解码技术等方面有非常多的积累和实践经验。

# 移动学习平台十要素

**夏巍峰：** 除移动学习平台外，你们还开发了政府移动应急、企业信息交流、移动OA办公等多个平台，比较而言，教育领域对平台有哪些特殊需求？

**穆雪峰：** 移动学习平台可以用十个字来概括：看、练、测、评、问、督、记、交、享、传。即视听课件、日常练习、测试水平、问题点评、咨询答疑、督导学习、数据记录、交流互动、知识分享、宣传推广。评价一个移动学习平台的优劣主要是看它是否有利于学员学习能力的提升，是否有利于学员学习成绩的提升，是否有利于教育培训机构教学质量的提升。如果和我们曾经开发的政府移动应急平台、企业视频总机平台及移动OA办公系统等产品做比较，移动学习平台不是一款定制化开发的产品，就像腾讯的即时通信平台、阿里巴巴的电子商务平台、盛大网络的游戏平台一样，它是不断发展变化的。传统的瀑布式开发模式已经不适合于此，需要我们采用敏捷式开发及迭代式开发模式，坚持以客户体验为导向，不仅要满足用户的现实需求，还要超前思考并满足用户的潜在需求。因为移动互联网时代用户的需求变化是每分每秒都在发生的。

**夏巍峰：** 在移动学习平台的整个开发过程中，难点是什么？

**穆雪峰：** 毛泽东讲过：世上无难事，只要肯登攀。讲的是对待困难的态度。我们在移动学习平台的开发过程中经历了很多困难，也积累了很多宝贵经验。我愿意借助《中国远程教育》杂志这个平台，与关心、关注及致力于移动学习事业的朋友们分享和交流。

首先是移动学习平台开发的思路问题，这是一个主观问题。如果你一开始就主张“大而全”，并以此为指导开始产品设计、架构设计、文档设计并组织实施，那么出来的产品十之八九是废品。不是说你的产品不好，而是很多功能到了用户那里应用不上，他没有更多的资源应用这些功能。移动学习业务毕竟是一个新生的事物，我们目前对其认识尚是片段式的、渐进式的，很容易犯“盲人摸象”的错误。其次是网络适配、终端适配等问题，这是由客观环境造成的。中国的网络环境大家都知道比较复杂，各运营商之间、各区域之间发展不平衡，需要我们做大量的不同网络环境的适配工作。“苹果”已经解决了终端标准统一的问题，因为就只是它一家在玩。但支持安卓系统的手机厂商众多，尚无法形成统一的标准，这样需要我们做大量的终端适配的工作。以上工作需要大量的人力、物力和精力。但只要你坚持去做，不断总结经验、教训，能够遵循科学的规律正确地做事就一定能够“谈笑凯歌还”!

## 实施合作共赢战略

**夏巍峰:** 移动学习和线下学习及在线学习之间的关系是怎样的?现在的主次关系会在未来发生转变吗?

**穆雪峰:** 我之前在一家开发寻呼系统及设备的公司工作过，当1999年数字手机开始普及的时候，我们还专门讨论过寻呼是否还能生存?但现实是还没等你结束讨论，市场就告诉你答案了，2000年寻呼基本退出了历史舞台。做寻呼的厂商纷纷开始做SP业务、PDA及手机等产品了。技术进步的历史潮流是无法阻挡的，现代服务业一个重要的判断标准就是IT技术是否大行其中。大家在议论“海底捞”为什么能成功，内行看门道、外行看热闹，我认为“海底捞”成功的法宝有两条:一个是具备现代服务的管理意识和办法;一个就是重视先进的IT技术的引入。“海内存知己，天涯共火锅”，远程视频聚餐系统的推出将颠覆人们传统的聚餐习惯，无外乎有人发出慨叹——人类确实无法阻止海底捞了!

我们做移动学习同样要解放思想、与时俱进。但我不认为移动学习会完全取代线下学习和目前的E-Learning线上学习，海底捞也不能取消它的实体店嘛。移动学习是线下学习的有益补充，未来会结合得越来越紧密、完美，而移动学习和基于互联网的E-Learning学习更像是移动互联网和互联网的关系，仁者见仁、智者见智啦。

**夏巍峰:** 您怎样看待现在移动学习市场的竞争?

**穆雪峰:** 我总的感觉是当前的竞争尚不够激烈和充分，这是由目前移动学习的产业规模所决定的，但“小荷才露尖尖角，早有蜻蜓立上头”，据我所知，不但有很多创业型的公司在努力，也有很多大的软件公司、互联网公司甚至国际巨头公司在悄然进入。中国的市场从来都是群雄逐鹿、百花齐放、百家争鸣的。只有更多的企业参与，只有更多的重量级企业参与，中国移动学习的事业才能得到更好、更快的发展。

**夏巍峰:** 对于公司未来的发展，您有哪些规划?

**穆雪峰**：总的规划是实施合作共赢战略，中软有技术优势、平台优势、行业市场优势，我们愿意把这些优势拿出来真诚地与致力于中国移动学习事业发展的朋友们合作，你可以使用中软的产品和平台为你的学员提供移动学习服务，也可以委托中软进行相关行业的推广和传播。中软也将有选择、有针对性地联合有实力的伙伴共同发起成立移动学习联盟，比如我们和《中国远程教育》杂志能否共同发起成立中国高校移动学习联盟呢？以开放的平台承载中国主流高校、中国移动学习权威研究机构、中国移动学习知名企业以及主流专业媒体，打造中国最具权威和影响力的高校移动学习联盟组织。致力于引领高校移动学习的发展趋势和方向，提升中国大学移动学习的成熟度和建设水平，共同推动中国高校移动学习产业的长远发展。

移动学习事业任重而道远，很高兴与夏主编做了这次对话和交流，最后用一首词表达我对移动学习的理想和情怀，也与您共勉：你我并肩竞风流，壮志为国酬。经年桃李天下，含笑再回首。学随意，信可视，知为谋。微学今古，壮观宇内，夫复何求？

（潘超/整理）



## □ 人物印象

# 直面客户需求

潘　超

初见穆雪峰是在北京某高校，他是去调研高校在移动学习方面的需求的。随后，又在某教育行业论坛的会场见到了他。熟悉之后才知道，和其他领导不同，“跑在外面”是他的常态，而安安稳稳地坐在自己的办公室里则少之又少。原来，销售出身的他一直坚信，很多事情，只有在客户那里才能找到答案。用他的话说，“很多事情在办公室里想不明白，可能在和客户沟通交流过程中，灵光一现，点子就来了”。

正是基于自己的亲身体验，穆雪峰在管理团队时也要求员工要直面客户。在中软3G事业部，研发人员不是听完市场人员转述的市场需求后即开始闭门造车，而是出去跟客户直接接触，直面客户最真实的需求。

中软移动学习平台正是穆雪峰带领自己的团队充分调研、直面客户需求后开发的一款产品。原来中软3G事业部最早要做的是一个用于幼儿园家长和老师沟通交流的平台，即让家长和老师把孩子在家和在幼儿园的表现拍摄成视频上传到平台上，形成孩子的视频成长档案，并于2011年下半年开始往返于各个幼儿园进行调研。在调研的过程中，他们发现，这个平台不应该仅仅局限于沟通交流，还应该承载一些内容，让受教育者得到更大的帮助。如果把它应用于终身学习，作用将更大。因此开始了在社会化培训公司、高校成人教育学院、高职院校的新一轮的调研。

亲身走进各个教育领域，寻找刚性需求，经过长达七八个月的调研，中软才推出了这款移动学习平台。

# 问鼎 快乐学习倡导者

"理念的落后，是我们教育落后的根源!"一直怀有大众教育理想的深圳市问鼎资讯有限公司（以下简称"问鼎"）总经理陈洁如是说，"我们所能想起来的教育理念很难超出'头悬梁、锥刺骨''书山有路勤为径，学海无涯苦作舟'等，如果我们仍然传承这种'苦'的理念，享受创新和学习的乐趣就永无可能!"

作为中国培训咨询领域的先行者，问鼎自1996年成立以来一直在探索学习的本质，那就是如何使个人及组织高效学习，并且创造正面价值。这个探索过程也造就了问鼎从简单的课堂培训开始，逐渐涉及咨询、培训、E-Learning、M-Learning、人才测评等领域。

在与问鼎总经理陈洁的访谈中，"有意义"是她常常提到的一个关键词：做对社会有意义的事，所以选择"人才培养"为问鼎发展的主要方向；做对客户有意义的事，所以坚持为客户创造价值；做对员工有意义的事，所以让员工工作生活更幸福；做对组织及个人学习有意义的事，所以倡导愉悦学习，解除一切束缚学习的苦难枷锁。

## 快乐文化，创造正面价值

**夏巍峰：**我们都知道做企业其实是很不容易的，而您却一直保持一种乐观、一份坦然，这种心境对问鼎的企业文化会有什么样的影响?

**陈洁：**工作时间占用人生的大多数时间，工作不快乐，人生就不快乐，所以问鼎倡导与营造快乐企业文化，问鼎的快乐文化以"信"为内核。

人无信而不立。"企"无"人"则"止"，人是企业的基础。

重视选人，选合适的人营造快乐企业文化。问鼎建立了严格的人才选拔标准，每一个进入问鼎的候选人都会经历三轮的考察，即基本素质、专业技能与价值观考察，价值观考察由我亲自进行，确保不把价值观不符的人招进问鼎，不让错误的价值观影响问鼎。

深圳市问鼎资讯有限公司总经理陈洁

重视用人，推行长处管理和个性化管理，坚持用人所长。在问鼎，任何人都可以随时在其他自己感兴趣的岗位上进行试岗，以发现自己更多的可能性，找到自己真正喜欢的、适合的工作岗位。

家无信而不合。企业就像一个家庭，不仅要求家庭成员“信”，而且整个家庭也要“信”。这种“信”体现在三个方面：

一是家规“信”。一个人的不快乐可能来自于对未知的迷惑与恐惧，即“不信”，要“信”就要透明化。问鼎倡导阳光与公开文化，在员工收入、人才管理及其帮助员工成长方面，公司都有明确的规章制度和精细的实施办法，让每个员工在工作中都能有成就感，能够明确知道自己的成长通道。问鼎每年还会做员工快乐度的调查，并把调查报告提供给每位部门经理，以帮助他们有针对性地改进工作。

二是家长“信”。管理者必须要对员工的人生负责，这是问鼎最基本的管理哲学。在问鼎，管理者必须具有良好的人文关怀精神，要能以正确的行为方式，问鼎特有的价值观理念引导自己的属下，释放下属的潜能，通过悉心的培养，让下属品尝成功的喜悦，养成成功的习惯，积极挖掘他们的长处，并不断使其完善；教育他们在失败中成长，正视自己的不足，视挫折为成长机会，让他们养成坚忍不拔的良好品质。每一位管理者都要为自己的下属制定成长档案，指定成长导师，帮助员工开展“自我发现之旅”，使他们能更好地认识自己。

三是家人“信”。快乐不仅来自于团队的工作合作，还来自于工作之外的团队合作，问鼎专门提供活动基金，使员工能够一起做一些对自己、对社会有价值的事情。你可以参加公司组织的团体健身、娱乐活动，也可以使用属于自己的活动基金与志趣相投的同事活动。同时，问鼎还组建了义工联，做一些对社会有价值的事情，义工联也同时负责问鼎所捐建的五所希望小学的后续的联谊、力所能及的帮助等。

商无信而不达。企业作为社会公民，必须要为社会创造正面的价值，这是问鼎员工工作中必须恪守的行为准则，是问鼎组织价值观的一部分。无论对员工，还是对客户、对合作伙伴，问鼎所有的组织行为、组织决策都要秉持为社会创造正面的价值，坚持廉政经营、诚实守信、达人达己、成就员工。

17 年的发展历程中，在与客户和合作伙伴的商业交往中，问鼎提倡廉政经营，不参与任何商业贿赂，不涉及任何偷税漏税活动，以帮助客户建设健康的企业文化，促进行业的健康发展。问鼎拟定有讲师公约和顾问公约，严格要求各自的行为，致力于传播正面的价值观。问鼎始终要求员工“不以恶小而为之，不以善小而不为”，在日常工作中恪守诚实守信的原则，不夸大产品，不攻击竞争对手，不仅要对社会无害，更要对社会有价值。2005 年，问鼎在公司内部组建了义工联，将热心社会公益作为公司常态行为，2006 年筹建第一所希望小学“广东河源希望小学”，几年来，问鼎共筹建五所希望小学，并号召员工关注有需要的人，乐施援手，不要因为自己力量微薄就放弃关爱社会，让在问鼎工作的每一个员工都深刻意识到自己是一个有社会责任的人。比如我们倡导低碳生活，每次出入办公室要关门，把省下的电费全部捐给希望小学，让学生在冬天有足够的钱取暖，不至于受寒受冻。它的意义不在于奉献了多大的力量，而在于传播爱心和责任，并积极努力地通过自己的行动让更多的人关爱社会。

爱因斯坦说过：“真正的快乐是对生活的乐观，对工作的愉快，对事业的兴奋。”因此，我创造我快乐，我快乐我创造——快乐的人最有创造力！我希望把问鼎创建成优秀的人梦想的工作乐园！



## 快乐学习，探索学习本质

**夏巍峰：**问鼎自成立至今 17 年来，不管是培训、咨询、E-Learning 抑或 M-Learning，其实都是在做教育行业，跟学习有关，为何一直选择这个行业？

**陈洁：**一个人和一个团队根本的快乐还来自于他对本源问题的追问、对原则的坚持、对卓越的追求。我对教育和学习最初的感悟始于十几年前，那时候公司成立不久，我们把生存作为企业发展的第一要义，所以一直忙于发展，疏于思考，当企业真正发展稳定后，自己会不经意地想这样一个问题：这个行业的意义在哪里？我能不能真正为客户创造价值？我曾一度怀疑过自己多年拼搏于这个行业的意义，甚至起了离开的念头。直到有一次参加美国 ASTD 的交流，对我触动很大。我发现：“不是这个行业没有意义，而是我们把它做得没有意义！要让企业发展有意义，我们就要找准目标，不断创新发展。”从美国回来之后，我把公司的目标定义为“成为帮助企业提升经营绩效的行业顾问”。2009年，凝结所有问鼎人智慧的EICT绩效魔方正式注册成功；2011年，我们再次聚焦，把公司定义为“实战型人才培养解决方案供应商”，是提升组织绩效和个人绩效的人才培养专家，并提出以客户为中心的CI-TEAM系统解决方案；2012年，我们提出“愉悦学习观”，以系统改善组织与员工个人学习曲线。至此，问鼎提供的服务越来越能为客户创造真正的价值。

**夏巍峰：**“愉悦学习”这种理念很有意思，您能简单介绍一下怎样才能实现愉悦学习吗？

**陈洁：**我们认为愉悦学习能够进一步改善组织学习曲线，如图1所示。

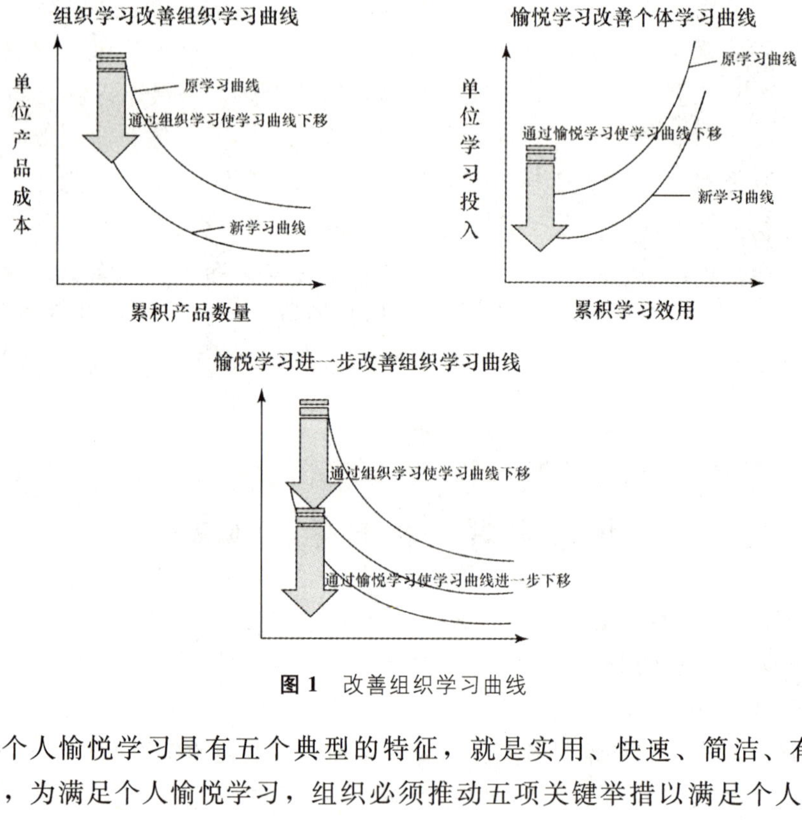


**图1** 改善组织学习曲线

个人愉悦学习具有五个典型的特征，就是实用、快速、简洁、有趣、交互，为满足个人愉悦学习，组织必须推动五项关键举措以满足个人的愉悦学习需求（见图2）。

举措一：规划成长路径

在学习上，知足常乐是谬论，持续成长才是愉悦的根源。持续成长有两层含义，一是个人的持续成长，二是组织的持续成长。持续成长的内容既包含绩效的提升，也包含能力的长进。从组织角度而言，有必要为个人和组织都制定清晰的成长路径，仅从学习培训而言，组织要为员工规划学习路径。

我们选择“H”型架构描绘学习路径图，解决成长规划问题（见图3）。

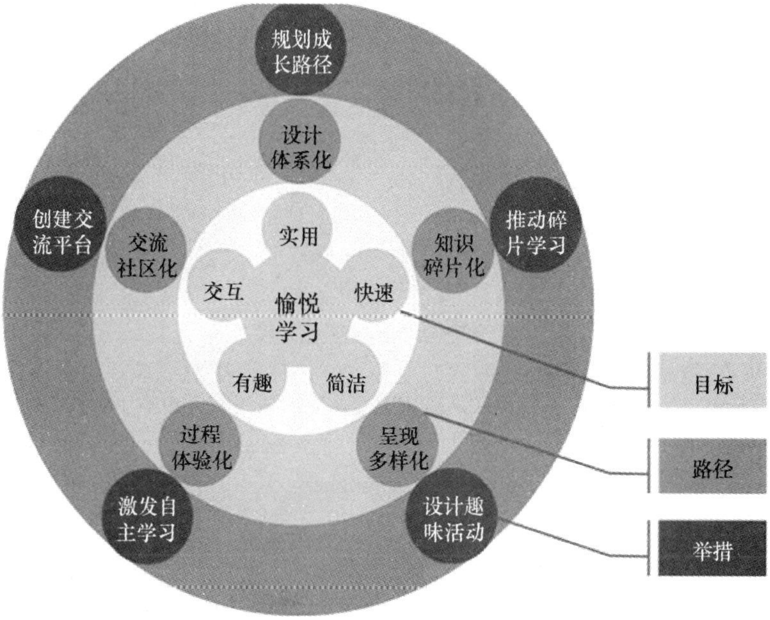


**图2** 问鼎的愉悦学习框架图

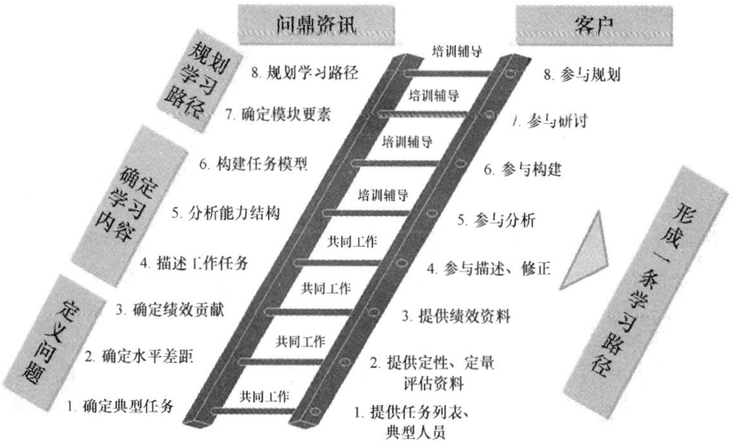


**图3** H型架构

举措二：推动碎片化学习

在面临工学矛盾时，学习的碎片化变得极其重要，碎片化不仅能够缓解工学矛盾，同时也降低了学习难度，减轻了学习压力。问鼎对学习的碎片化借鉴成功互联网的 FOR 模型（见图 4）。

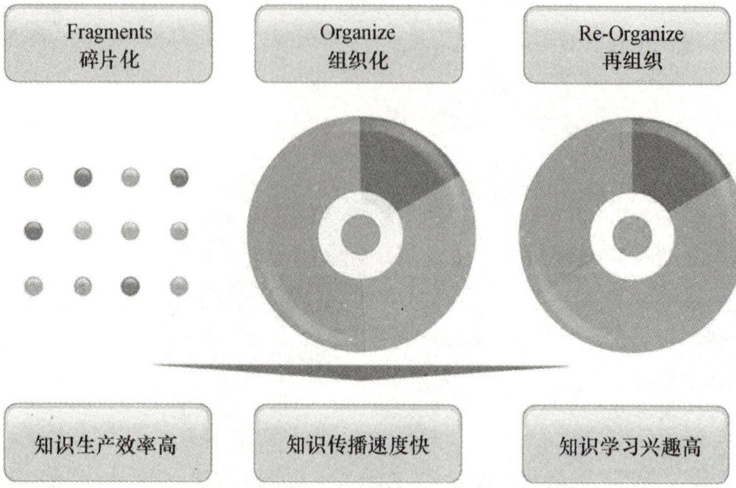


**图 4** FOR 模型

F（碎片化）：碎片化的前提是对学习主体进行细分，并识别其学习需求，进而对知识和技能进行细分，力求与学习主体相匹配。碎片化的过程，就是分解提炼出知识点，并具化成媒体格式（文字、图片、视频等），并通过 E-Learning 课件、短信、彩信等多媒体技术来承载。

O（组织化）：用特定主线（如按学科、时间、地域等）整合知识点，使知识成型并内化。

R（再组织）：增删、替换碎片，形成自己独有的知识技能。

举措三：设计趣味活动

以往，培训管理和学员都要面对庞大的学习规划（针对不同岗位的年度培训计划），我们的建议是：培训项目化，项目活动化。通过组织形形色色的学习活动，激发学习主体的学习兴趣和学习乐趣。

举措四：激发自主学习

研究表明，自主学习（讨论、实践、教授给他人等）与被动学习（听讲、阅读、视听等）相比，前者有更好的学习效果。被动学习的学习内容平均留存率介于 5%～30%，而主动学习则可高达 90%。自主学习不限内容、时间和地点，使得学习更简单、更有效、更快乐。组织要激发员工的自主学习，就要建立以学习主体为中心的学习机制，创建新的学习环境。

举措五：创建交流平台

“独学而无友，则孤陋而寡闻”，古人早已意识到学习交互的重要性。

交互与学习已经相融共生，呈现出三个层次：一是学员新旧概念的交互；二是学员、教师、信息资源三者之间的信息交互；三是学员与媒体界面的操作交互。学习的交互经历过讲授式、问答式，信息交互逐渐呈现出社区化趋势，尤其是社会化网络（SNS）的方兴未艾，促成了社区化学习的兴起。社区化学习建设主要包含四个模块（见图5）：① 社区化学习平台，即采用现代信息通信技术建立的SNS学习社区；② 社区化学习内容，即针对SNS社区的信息交流、学习成长特征开发的内容（既有组织的内容规划，也有用户自发的生成）；③ 社区化学习管理，即对SNS学习社区的运营管理；④ 社区化学习文化，即宣传社区化学习特有的科技、时尚、交流、共享等现代学习精神。同时，社区化学习不仅仅是线上学习，线上学习和线下学习的结合，将使社区化学习有着深厚的土壤。

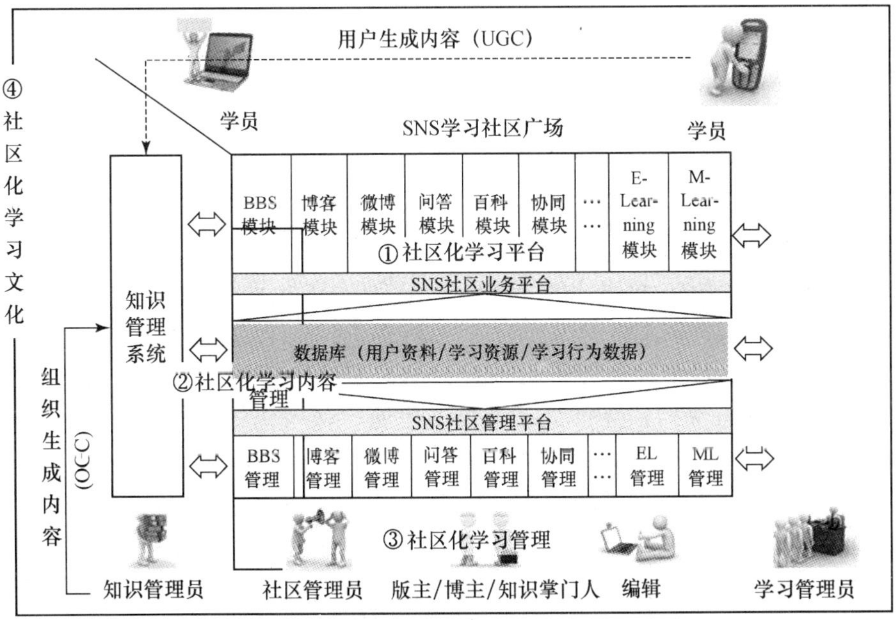


**图5** 社区化学习模块

# 创新不止 至善不息

**夏巍峰：**我看你们公司客户的名单主要集中在中国移动、各大商业银行、国家电网这样的大型企业，据我了解这些企业在选择合作伙伴方面比较挑剔，您觉得他们一直选择和你们合作的原因是什么？

**陈洁：**创新，持续创新。自成立以来，首创咨询式培训、混合式培训，并开发“培训效果转化百宝箱”，将培训扩展为全流程服务；首创“全能助教”和“培训策划师”，强化专业分工，发挥人才的最大效能。问鼎还拥有包括 E-Learning 和 M-Learning 学习系统在内的八项企业管理 IT 系统开发著作权，其中多项已申请国家专利。

**夏巍峰：**那么问鼎是如何创新的？

**陈洁：**一是专业促创新。从企业的发展方向上看，从公司成立到现在一直在追求“专业导向”，因为我们知道，只有专业才是行业发展的根本，才是我们存在的根本。

二是伙伴促创新。在对外方面，我们秉承“价值导向，专业水准，伙伴心态”的组织价值观，无论是现在的企业客户还是将来的个人客户，我们都是以伙伴的心态来对待他们，因为只有双方以伙伴的心态相互合作，才能促进双方价值的实现，促进双方的成长与创新。

三是开放促创新。我们基于“公平公正、自由开放、反权威”这一管理理念，积极倡导快乐文化，并在快乐文化的前提下致力于实现员工的物质和精神的双幸福。强调开放的心态，开放的文化，只有在这种文化下才有可能进行积极的创新。

**夏巍峰：**经历了 17 年的成长和壮大，您对公司未来的发展有哪些规划和设想？

**陈洁：**为学习型社会建设贡献自己的力量，为普通大众提供符合他们需求的学习。未来的社会将是一个数字化的、移动化的社会，新媒体已经取得了很大的成功，新的更加符合人们需求的教育也将会对传统的教育产生较大的冲击。基于这样的设想，问鼎在已经成功的企业人才培养系统解决方案顾问业态的基础上，目前正在孕育第二个业态——教育传媒，我们的 M-Learning 平台与 M-Learning 课件就是非常有价值的产品，不仅能帮助企业解决“工学矛盾”“供需矛盾”，而且将来还能够帮助个人在碎片化的时间里随时随地随需充电，快乐学习，改变自己的人生。

**夏巍峰：**您说的 M-Learning 课件都是自主研发的吗？

**陈洁：**这方面问鼎有得天独厚的优势，公司近千名合作讲师的优秀课程，上百例成功的咨询项目成果，可以资源共享，融会贯通，因此，我们一致坚持自主研发。

同时为了快速响应客户对平台内容的多样化需求，我们成立了课件代理联盟，筛选了一些优质的内容供应商进行合作。

**夏巍峰：**能不能就问鼎的项目案例，介绍一下移动学习能给企业培训带来多大的变化？

**陈洁：**问鼎自 2008 年开始研究 M-Learning，于 2010 年正式推出第一款移动学习管理平台“问鼎掌院 v1.0”，目前已经推出了“问鼎 M-Learning v4.0”。从重庆移动、中国移动通信研究院、广东移动、中国银行深圳分行等几个比较典型的应用案例中，我们认为移动学习为企业培训带来的价值主要有以下几个方面：

其一，学习资源的再利用与重组。

多数企业内部都存在“业务导读”“业务明白纸”“管理彩信”“你问我答”等多种碎片知识，这些内容多用来辅助传统培训，并且随着传统培训的结束而被束之高阁，造成了大量的资源浪费，我们的平台可以将这些资源存储起来，随取随用。不仅如此，碎片知识的另外一个特征就是比较散，而我们的平台则可以把这些资源集中起来。

其二，多样化的学习通道能有效利用碎片时间，提升培训效率。

在上面所说的四个典型案例中，我们发现：用户对 M-Learning 平台的访问持续于早上 6 点到晚上 12 点；并且早上 6 点到 9 点以及晚上 8 点到 12 点对系统的访问频次和在工作时间的访问大致相同，这说明移动学习能够满足员工碎片化学习的需求，从而提升培训效率。

其三，有效缩短了新员工胜任工作的时间，新业务学习掌握时间，降低企业损耗。

对于学习强度比较大的内容，问鼎 M-Learning 平台通过学习模块的课程专题的精华课件学习、“你问我答”互动模块的交流讨论和考试模块的专项练习、错题库，模拟测验应用中心的手机考试等功能便捷地帮助员工回顾复习、巩固知识；减少在实际工作中通过错误来学习的次数与时间，从而降低企业因员工技能不到位而造成的损耗。

其四，记录更真实的学习轨迹，增加学习反馈的针对性。

手机具有更贴身、更便捷的特点，员工在手机学习平台上的访问轨迹能够更真实地反映其主观学习意愿和知识需求。

正是这样一种对快乐和意义的不懈追求，让所有的问鼎人快乐地拼搏着，套用萧伯纳的一首诗：“改变世界的是这样一群人，他们寻找梦想中的乐园，当他们找不到时，他们亲手创造了。”

（罗勇/整理）

# 新学道　高清录播系统专家

北京新学道教育科技有限公司（以下简称“新学道”）是中国远程教育培训行业中的高科技软件产业公司。公司拥有软件开发、运营管理、服务支持等方面的优秀团队和资深专家顾问。公司用设计新颖、简单实用的产品及开放式的服务理念，向客户提供全方位的远程教育解决方案和立体式的跟踪服务。

公司核心团队拥有十多年远程教育技术开发及运营服务的丰富经验。从1999年自主研发第一套三分屏课件录播系统开始，新学道就不断探索远程教育领域的新技术，不断推出服务于行业的新产品，为国家各部委、网络学院、大中型企业及培训机构等众多单位提供了从卫星到互联网的各种远程教育技术支撑平台和运营服务，积累了丰富的运营经验和技术平台开发经验。以下是对新学道总经理吴作潇的访谈。

## 在探索中成长

**夏巍峰：** 新学道早在1999年就设计开发了自己的课件录播软件，并为许多网络学院提供过远程教育学习平台，十多年过去了，新学道肯定有许多故事。

北京新学道教育科技有限公司总经理吴作潇

**吴作潇：** 新学道的前身名为北京中太兴通多媒体技术有限公司，事实上，我们现在的新学道公司是上一个公司的延续，早期的时候我们主要的业务也是录播，后来从视频录播发展到做软件开发，再到2001年做教育超市、数字化学习港，还有远程医疗等，但不管是哪一块业务，基本上都是在从事与远程教育相关的产品和服务。

**夏巍峰：**公司的定位是什么？

**吴作潇：**公司定位于“数字化学习产品和服务的供应商”，近几年远程教育及网络教育发展比较迅速，对数字化学习的产品和高水平服务的需求越来越多。我们现在做的这个事情，是市场比较急需的，这就是我们现在能看到的。我们在教育这个领域做了很多年，走的路很曲折，但是我们一直都在这个领域里，不管是软件、平台、课件还是录播，都是与教育相关的。

**夏巍峰：**为什么一直选择做这一领域，是不是跟目前的市场有关？

**吴作潇：**一直选择这一领域，是因为一是比较喜欢这个行业，二是坚信这个行业能做大。另外，现在的市场对数字化录播产品需求还是很大的。现在中小学都在走信息化之路，都在采购录播系统和大屏幕，而我们的产品能够满足这些中小学校的需求。另外，大学里面有很多教室，这些教室将来可能都需要安装录播系统，这也将成为市场新的需求点。其实不管是大的企业还是机关，只要有培训需求，它们就需要好的录播系统。

**夏巍峰：**这对于你们来说是一个很好的发展机会。

**吴作潇：**对于我们来说，生存和发展是首要考虑的，如何生存得更好是很实际的东西。我们为什么做资源这一板块，是因为不管是录播还是课件制作，相对来说，它是有标准的，是有模板的，而平台则需要给不同的客户做不同的开发和定制，非常麻烦。我们现在的产品主要是录播，录播的流程比较简单，也能随时跟进市场的变化。



## 专注录播，拓展产品外延

**夏巍峰：**你们录播产品的优势体现在哪里？

**吴作潇：**第一，我们录制完可以直接支持移动终端学习，可以支持在线或者离线播放；第二，我们可以通过后期编辑成支持 iPhone、iPad 的课件。而且，录制完成以后还可以直接跨平台播放，比如在安卓平台、windows 平台、IOS 平台直接播放，同时可以生成三种格式、三种码流的课件。第三，我们录制完的课件可以进行搜索，可以搜索到某一个 PPT 包含的内容，这个优势跟平台结合起来非常有用，它可以快速定位到每一个课件里的某一段文字跟某个关键词，非常方便。

**夏巍峰：**新学道的录播系统有互动式录播、全自动录播、云录播和高清录播等，非常专业细致。这几个系统各有什么特色？

**吴作潇：**互动式录播系统是把视频会议功能与录播功能结合在一起的系统，就是在录的同时又可以进行互动。

互动式录播系统建立了一个具有双向视频交互及课件录播功能的互动教学平台，能够满足某一地区所有学校、教育局之间跨地区远程教师培训、远程讨论评估、考场实时监控、网络视频会议、远程教学辅导、精品课程网络直播、远程述职答辩、学术研讨网络会议、考前互动答疑等信息沟通。这个系统能够帮助教育行政部门组织一些优秀教师录制课件、开设同步教学课程，解决当地师资与教育资源的不平衡现象，促进当地教育的均衡发展；通过网络开展教研活动，统一备课、统一教学进度，整体提升当地教育信息化水平和中小学教师在信息技术环境下的教育教学水平，全面提升教学质量。

**夏巍峰：**每台机器的反馈在控制中心都能够收集到吗？

**吴作潇：**对。所以录播系统现在分得比较细。

**夏巍峰：**全自动录播系统有什么特色呢？

**吴作潇：**全自动录播系统是新学道结合国内老师实际的使用习惯，为远程教育与培训部门专门定制开发的一款课堂内容录制、培训内容录播的工具，是市场上目前少数能够集课件录制、编辑、内容控制、学习进度、精品课件加工等为一体的智能化课件制作系统。

我们的全自动录播系统录制的课件与市场同类产品相比，在同等条件下，我们的成本低、质量高、文件小、音质好、画面清晰，能够轻松地将教学中的场景、电脑屏幕内容等录制为一体化的课件。

另外，全自动录播系统与图像识别跟踪系统结合以后，还可以实现摄像头全自动跟踪拍摄主体。在标准教室内可实现纯图像识别跟踪效果，学生无需使用红外手持麦克风或无线发射按钮等辅助设备，只需站立起来即可实现图像识别跟踪。当单个学生起立时，摄像机会以特写方式进行拍摄，当两个以上学生起立时，摄像机会自动缩放到相应倍数，使两个学生都能进入拍摄的画面。

**夏巍峰：**云录播是如何实现的？是通过互联网控制？

**吴作潇：**以前的录播都是单机版，现在我们做的录播都是网络版的。现在有的公司也推出了网络版的录播，但是只能在局域网上使用，不能通过广域网，而我们的产品是能够通过广域网来控制实现的云录播系统。举个例子，有几栋教学楼，课堂里面的教师都在上课，要同时把所有教师的课程全部录制下来，这在以前是不可能实现的。

现在，我们只要设立一个控制中心，在每个教室安装摄像头，通过广域网或者局域网链接到教室里，其他的事情都不用管，教师开始上课，在控制中心按下按钮就可以直接录制，课堂上的视频和声音在控制中心都能够看到听到，如果个别教师需要临时暂停录制，我们只要按下相应的暂停就可以。另外，在录制前我们可以直接批处理任务，比如上午 8 点钟，50 个教室同时上课，我按一个按钮就行。课件录制完成以后，我们的系统还可以将文件云存储到指定地方。

**夏巍峰：**对这几栋教学楼视频录制的控制，是由你们的管理人员在操作，还是学校的教师？

**吴作潇：**是学校的教师，举个例子，A 市教委管辖着很多中学，有一中、二中、三中、四中、五中等，一中可以控制一中所有的教室的录制，二中可以控制二中所有的教室的录制，其他中学也一样。所有的控制中心、包括每个教室的视频都可以传到教委的大屏幕上，教委的大屏幕能看，但不能去改动，只有控制中心的人可以去管理，包括我们公司的技术人员上去做调整。这不是说让教委去监看，我们可以把这个东西拓展一下外延，比如说北京四中的教师讲课很好，而北京四中在郊区建立了分校，师资肯定不如本校，我们可以把北京四中本校的课堂直播到分校，不但市教委可以观看，分校的学生也能进行学习。

**夏巍峰：**如果实现了云录播，在硬件方面是不是要重新购买安装？

**吴作潇：**我们现在的产品是软件加硬件的模式，产品解决的问题很明确：云录播和云平台，云存储方式有很多种，至于存储到什么地方，用什么东西存，客户可以自己选择。

**夏巍峰：**现在许多视频厂家都号称高清录播，相比之下，你们的高清录播系统有什么特色？

**吴作潇：**其他同类公司是把多码流录制成一个混合的视频流，而新学道可以为用户提供同时录制并生成高、中、低三种不同码流的视频文件，以适应不同带宽下的网络传输，同时也能够把单独的高清数字画面（高码流视频）文件作为资料存储。

**夏巍峰：**互动式录播、全自动录播、云录播、高清录播等应用的范围是不是不一样？

**吴作潇：**其实说不一样也一样，只是稍微有些侧重，比如说互动录播在中小学应用比较多，全自动录播在企业和大学应用比较多。

# 先进技术破行业瓶颈

**夏巍峰：**使用你们的录播系统，是不是要先进行专业化的培训？

**吴作潇：**基本上稍微培训一下就可以，人都不喜欢复杂的东西，越是简单的产品越能得到用户的认可。

**夏巍峰：**你们录播的课件可以在移动终端上直接播放，不用转换吗？

**吴作潇：**不用。我们只要在录制前设置相应的参数，录制出来就能够实现在移动终端上使用了，能做到这一项技术的公司并不多，我们甚至可以直接录制 Flv 格式的视频，不需要人工利用第三方软件转换，我们现在还可以直接录上 AVI、WMV、MP4 等视频格式。

**夏巍峰：**现在很多网络学院都在启动移动学习的项目，但是目前有一大问题是对原有的课件改造起来非常麻烦。

**吴作潇：**我们的技术能解决这一问题，我们可以把原有的课程导入我们的系统来进行转换。说到技术，我们在这方面的优势还是非常明显的。视频技术发展到今天已经进入了高清时代，现在很多公司都以“高清”作为产品的一大卖点，但是，如果要录 1080P 高清模式的话，所产生的数据是非常巨大的，武汉大学录的视频公开课以每秒三十几兆的效果来录制，一堂课大概七十多 G，效果可以说接近完美，但是在网上传输起来几乎是不可能实现的。而我们的录播系统，现在可以做到“低码流也能录高清”，我们的产品可以用每秒 800K 的效果进行录制，成品可以达到每秒 7 兆，甚至 9 兆的效果，用肉眼是分辨不出是不是伪高清的。

现在，需求与带宽的支持是有差距的，很多客户买的设备都是几十万的高清摄像机，用的各种录播系统是高清的，采集卡、编码器用的也是高清的，什么都是高清，导致的结果是制作出来的课件非常大，课件太大在网上就传输不了或者传输的效果就不好。那么有没有一种产品，录的效果很好，又能在网上以高清效果传输呢？我们的产品就能实现。

**夏巍峰：**您说的这些技术都是你们自己研发的？

**吴作潇：**对，我们自己研发的。我们公司的核心技术还是资源制作这一领域，我们是以录播为主，录播完成以后，我们可以根据客户的不同需求进行编辑，做成不同档次的课件。所以我们是以录播作为一个切入点，把资源和制作链接在一起。

**夏巍峰：**你们现在在杭州和北京设立了两个课件制作基地？

**吴作潇：**因为我们的客户有很多课件制作的需求。现在真正做课件的公司并不多，而企业和学校对课件的需求量都非常大。我们今后想以录播作为敲门砖，在全国培养几个基地专门来制作课件。在杭州，我们跟浙江大学合作了一个基地，就是专门来制作课件的；在北京，我们的基地也在不断补充人员。

**夏巍峰：**您觉得现在公司做这件事情的价值在哪儿？

**吴作潇：**其实，我们这个团队这么多年来都在远程教育事业里面探索，我们做的很多产品都比较超前。

**夏巍峰：**除了自主创新，公司有没有引进国外的先进技术？

**吴作潇：**高清视频虚拟演播系统是新学道公司从美国引进的先进技术，是专门为国内教育培训定制的一款专门用于录制高清视频公开课的系统。它是目前世界上少有的高清便携式、多功能实时制作和流媒体实时发布的远程教育系统。

**夏巍峰：**高清视频虚拟演播系统有哪些技术是国内所需求的？

**吴作潇：**举几个简单的例子，这一系统可以实现 3 路摄像机接口同步输入输出，能够实现纯净实时抠像，并且带有高级阻溢和除噪功能；能提供近 20 种虚拟场景种类和近 100 个镜头的虚拟场景，每个相似的场景都可以更改定位和叠加特效；提供了近 500 种字幕模板供现场字幕使用，并且可以实时修改并使用模板。

支持高标清混编非编系统，支持索尼、松下、JVC 等多产品、多型号摄像机原码流采集。支持多格式视频编码及压缩、支持批处理、支持多任务功能，所有视频格式的文件几乎都能输出。

**夏巍峰：**您说的这个虚拟演播，是不是我在这里讲课，我的背景可以是长城，也可以是草原？您说的这些技术在国内没有吗？

**吴作潇：**对，这些技术如果只是某一个功能肯定是有的，但是能够同时达到上面列举的这些功能的产品目前几乎没有。虚拟演播室的应用前景非常好，效果和真实的场景差不多。

## 实用性产品获市场肯定

**夏巍峰：**这个录播系统主要服务于学校、企业，还是培训机构？

**吴作潇：**目前来说，我们的产品在人员聚集的地方都有使用价值，比如说，中石化招标课件制作项目，竞标的时候很多大公司都去了，但是中石化最后选择了我们。其实我们最核心的竞争力是我们制作出来的课件确实有特点，从最普通课件、中端课件，再到更高层的交互式课件，甚至精品课件，我们的软件都能快速制作出来，而且不同层次的课件我们都有一套方案来实施，可以根据不同的培训内容或培训对象，选择合适的资源解决方案。

**夏巍峰：**这个产品在学校里面有一些应用案例吗？

**吴作潇：**我们的客户很多，教育部国家精品课程资源中心、中央电大、国家教育行政学院、武汉理工大学、中国地质大学、天津电大、华南理工大学等，他们都在使用，而且反馈都不错。

**夏巍峰：**除了学校，企业用得多吗？

**吴作潇：**还是那句话，有培训需求，就有录播需求。现在，不管是大型的国有企业，还是一些发展中的中小型公司，都非常注重员工技能和综合素质的提升，可以说，每一个成功的企业，员工的学习培训都必不可少，很多企业甚至还设有用于员工学习培训的专项资金。因此，我们的客户也不少，比如说：中国石化、国美电器、煤炭安监培训中心、西安杨森等，这些公司都是我们的客户。



**夏巍峰：**现在你们产品的采购对象主要是企业还是学校？

**吴作潇：**现在中小学的客户在不断增加。其实在录播行业里，目前最大的用户群可以分为两类，第一类是各大部委和大型企业，第二类是中小学。

**夏巍峰：**你们有这么好的技术，有这么多年服务客户的经验，在这么多厂商里面，怎样让别人知道你们的产品？

**吴作潇：**我们现在正在着手建立一支比较大的网络营销队伍，另外，我们也在发展一些合作伙伴，找一些大的合作伙伴。

**夏巍峰：**对那些即将购买录播系统的学校和企业，您有怎样的建议？

**吴作潇：**我认为，对于即将购买录播系统的企业和学校，有必要了解所购买的产品是否具备以下几个特点：第一，录播系统应具备支持移动课件制作的功能，因为录播的内容最终要以课件制作的形式来展现，而未来课件的发展趋势是能够支持移动终端学习。这是必然的发展趋势，谁都挡不住。

第二，录播系统应该能够支持交互式的课件，交互式的课件目前是大家最认同的，知识不能一味灌输，交互的效果是最好的。

第三，录播系统还应该具备制作微课件的功能，微课件其实就是把内容分为一个一个知识点，录播的软件必须可以按照知识点来录制，可以方便拆分、组合应用，这也是为了方便未来的移动学习。

（罗勇/整理）

## □ 人物印象

# 简单最好

罗 勇

有人说，温州人是东方的犹太人，个个精明过人，全民皆商；也有人说，温州人勤劳能干，勇于创新，敢为天下先。在采访吴作潇总经理的几个小时里，记者总结出他成功的一个秘诀：追求简单。

“我认识一些朋友，他们甚至连普通话都不会说，但为什么能成功，除了很能吃苦，进入行业比较早以外，我发现他们都有一个共同点：做的事情很简单，而简单的东西往往是比较有成效的。”这是吴作潇在介绍新学道产品时无意间说出来的一句话，后来，记者惊讶地发现在采访中，他一共说了15次简单。

这些“简单”，有用来形容产品的、形容公司管理的，也有用来形容市场需求情况的。而他本人给我的印象也很简单实在，他不会花过多时间去思考公司的愿景使命，他认为分红持股对员工来说不过是画饼充饥；他更不会用华丽的形容词去描绘公司的产品，他只认同产品越易用越简单越好，公司能够生存发展下去才是根本。

宋代禅宗无门禅师曾如此写道：“春有百花秋有月，夏有凉风冬有雪。若无闲事挂心头，便是人间好时节。”顺其自然，简单最好。与其说吴作潇追求简单的品格是追求产品的完美，不如说追求简单是他在商海沉浮中对人生的思考和领悟。

# 尖峰合讯　与客户共同成长

在过去的几年中，尖峰合讯以“天道酬勤”为信条，一直在勤奋做事，为包括电信、政府、制造、电力、金融、保险等在内的多个行业的近百家企业成功导入 E-Learning。近来他们集中力量修炼内功：在人才方面，吸引那些在 E-Learning 行业有着丰富经验的牛人加入尖峰合讯；在产品方面，重构老产品、研发新产品，形成了稳定、高效、完整的产品线；在服务方面，建立了系统上线推广的方法论和理论体系。通过《中国远程教育》（资讯）执行主编夏巍峰与北京尖峰合讯科技有限公司副总裁魏振永的对话，记者了解到，尖峰合讯是一家极其务实的企业，一路走来之所以能够成功，与他们“做一个客户就让他真正成为我们的客户”的出发点是密不可分的。在低头做事多年、公司的方方面面都做好准备之后，尖峰合讯准备再次起航，向着更高的层次、更新的方向冲刺。

## 只有客户成功了我们才能成功

**夏巍峰：**过去的几年中，尖峰合讯一路辛勤耕耘，成果颇丰，但你们一直都很低调。首先请您为我们讲述一下尖峰合讯的发展历程。

**魏振永：**尖峰合讯成立于 2002 年，但成立之初我们并没有涉足 E-Learning行业，直到 2004 年才开始重视软件，在发现客户有在线培训的需求后开始做 E-Learning。但这个阶段我们的推广方式很简单，就是通过老客户的口口相传。2006 年，我们改变这种简单的推广方式，更新了自己的网站，做一些广告，着重推我们的 E-Learning 业务。一步步走过来，现在我们的业务聚焦两块——系统集成和 E-Learning，客户也已经近百家，横跨电信、政府、制造、电力、金融、保险等多个行业。

**夏巍峰：**尖峰合讯为何能取得今日的成绩？

**魏振永：** 首先我们本着“以客户满意为中心，与客户共同成长”的理念，坚持认真对待每一个客户，帮助客户走向成功，只有这样才能让一个客户变成两个、三个，甚至更多。当然 E-Learning 项目的成败取决于很多因素，并不完全取决于实施厂商，但对实施厂商的选择是项目能否成功的基石，我们作为基石希望能为客户撑起高楼大厦，对我们来说，项目安装部署结束后并不是项目的结尾，而是项目的真正开始。项目上线后，我们还需要再为客户出把力，和客户一起探讨：如何让 E-Learning 系统真正使用起来，如何让 E-Learning 扎根于员工心中，如何让E-Learning成为企业发展的原动力？最终让 E-Learning 在企业中生根、发芽、开花、结果。为此，我们成立了一个系统上线推广小组，他们的工作就是专门去搜集、研究国内外各个客户的成功实施推广经验，到现在我们已经形成了一套完整的方法论和理论体系。这些内容对我们的客户完全免费开放，客户可以从中学习，当然也为我们提供了很多宝贵的意见。像目前很多知识一样，大家之间彼此学习、共同进步，我们的很多知识、很多理念，都是从客户那里学来的。随着客户的增多，日积月累我们获得的成果也越来越多，因此也想把它们做一些总结，再还给客户。

北京尖峰合讯科技有限公司副总裁魏振永

**夏巍峰：** 您刚才谈到了尖峰合讯注重“与客户共同成长”这个理念。那么，您觉得在 E-Learning 行业里，厂商跟客户的关系与其他行业厂商跟客户的关系有什么不同？

**魏振永：** 相对来说，其他行业做起来更成熟一些，比如说，对于做 OA 的厂商来说，他们的客户对上报、审批这些流程都很清楚，而在 E-Learning 行业，很多客户可能只是知道大家都在做 E-Learning，但并不清楚具体要怎么做，甚至连 E-Learning 的服务对象都界定不清。我们就曾经碰到这样的客户，他们认为 E-Learning 是服务企业中高层的，上来就想先办一个领导干部的培训班。我们必须告诉他，E-Learning 所面对的主要是基层，中层可以渗透一些，高层暂时还采用传统的面授方式比较好。领导干部的培训班可以在网上做，但最好还是先从基层开始为好。与客户共同成长的意思是：我们自己如果要想获得成功，必须首先让我们的客户成功，只有他们成功了，我们才能真正走向成功，只有客户成长了，我们才能成长。

为此，我们不但要把客户扶上马，而且还要送一程。所谓送一程就是辅助客户进行 E-Learning 系统推广使用，并献计献策。比如我们有个客户马上要利用远程培训系统举办一次几万人的考试，这对他们来说是一个不小的挑战。我们就派人过去，和客户一起商量这个考试应该如何组织、如何实施、如何确保成功，万一发生意外情况如何处理等等。

除了帮助客户运营 E-Learning 系统外，如果客户用得好的话，会希望这个系统每年都有一个提升，这时，我们也会和客户一起探讨，双方共同规划，要做哪些升级、哪些完善、哪些补充。像我们的一个客户的 E-Learning系统在运营一年之后，我们和客户一起做了一个二期，把线上线下培训都整合进去，同时增强客户交流。二期升级的亮点之一就是我们做了一个 SNS。之所以做 SNS，是因为客户的培训对象都比较年轻，以手机促销员为主。对于年轻人来说，他们会觉得单纯的线上学习比较枯燥，没有什么沟通的渠道。我们所做的 SNS 跟新浪的微博十分类似，完全可以在手机上交互、加好友、加关注等等，从而形成内部的学习圈子，同时，这个 SNS 还和新浪微博对接，以扩大影响力。而在三期我们又和客户一起做了移动学习升级，系统中所有功能，包括通知公告、课件学习、考试、培训管理等都可以在手机、平板电脑上使用，真正做到了随时随地地学习。



**夏巍峰：** 刚才您提到帮助客户运营 E-Learning 系统的工作，就相当于你们为客户做的增值服务，这种服务是收费的还是免费的？

**魏振永：** 目前都是免费的。还是那句话：我们自己如果要想获得成功，我们必须首先让我们的客户成功，只有他们成功了，我们才能真正走向成功，只有客户成长了，我们才能成长。

## 修炼内功凸显差异化

**夏巍峰：** 最近尖峰合讯在金融和保险行业势头强劲，据说接连实施了多家银行和保险企业的 E-Learning？

**魏振永：** 对，金融和保险行业是近几年逐步做起来的。其实不论金融和保险业还是其他什么行业，要想在行业中做点事都需要艰辛努力，需要塌下心来认真了解、分析行业的特点、行业的需求，然后提出具有行业特色的解决方案，这样客户发现你确实是花了心思的，确实是想做点事，只有这样才能逐步打动客户，开拓行业市场。还有就是在做每一个项目时，要不计较一时的得失，同客户一起将项目做成，并通过项目更加深入了解行业的需求、特点，完善行业解决方案，也能逐步积累自己在行业中的口碑，有了好的口碑后，做起事来就比较简单了。

**夏巍峰：**你们跟客户接触的时候，他们的需求都很明确吗？如果不明确，你们是怎么挖掘他们的需求的？

**魏振永：**我们所面对的客户大致分为几类，第一类客户不太懂E-Learning，我们会告诉客户先不要考虑太多，第一步要做的就是熟悉E-Learning、了解E-Learning、尝试使用E-Learning。具体做法是让客户第一步先使用我们的E-Learning标准产品，至于针对这个客户，平台需要做哪些改进和提升，等客户用过一段时间之后，客户对E-Learning有了了解，也从实际使用过程中发现了问题，这样双方沟通起来就比较简单了。如果大家上来就谈需求，我相信谈几天几夜也确定不下来。第二类是懂E-Learning的客户。其实我们接了很多“二手单子”，即客户先是用别人的平台，但由于一些原因客户想重新打造系统，随后找到我们。我们很喜欢这类客户，因为他们不仅对E-Learning比较了解，而且也知道在过去的实施中存在哪些问题，因此做起事来很快就能聚焦，项目的实施也会很顺利。第三类是对E-Learning有着很深的了解，有着自己独特见解的客户，面对这类客户，我们往往能够学到很多东西，可以同客户一起探讨系统的规划，会产生很多创新的东西。

**夏巍峰：**尖峰合讯最近发布了“智能化考试系统IEXAM”，为什么选择做考试系统？是看中它的市场机会，还是客户的需求？

**魏振永：**主要还是客户的需求，客户需要什么，我们就要提供什么。现在国内的培训很多都是以考带学、以考促学，平台要想用得好，与考试是密切相关的。并且从目前来看，很多企业的考试需求越来越强烈，原来可能只是举办一个班几百人的考试，现在有的在搞全员考试。我们有个客户，他们每个月、每个季度都有考试，每门课的后面跟一个考试，几门课学完之后还要有一个综合考试。金融行业也不例外，基本上每年都要搞两三次大规模考试，因为他们很多人都要持证上岗，有证书的地方就有考试。

**夏巍峰：**这款产品有哪些独特的设计和功能？相比市面上的其他考试系统有哪些提升和改进？

**魏振永：**首先这款产品我们是花费很大的精力进行准备研发的，在进行具体开发前，我们进行了充分的调研和设计，我们利用一个月的时间认真分析国内外考试系统的优缺点，然后再利用一个月总结了这十年来我们遇到的各个客户，他们对考试系统都有什么样的需求，最后利用一个月初步定下考试系统的整体设计。在这个过程中，我们也聘请了公司外的行业专家帮我们进行调整、审核。

所谓智能化，首先，我们把搜索引擎技术纳入其中，有了它，我们就能处理很多事情了。比如，相似试题的判断，不是通过题干、试题等，而是通过搜索引擎技术进行分词、语义判断等多种条件判断出两大题的相似性；再比如，利用搜索引擎技术，我们也能够实现主观题“协助阅卷”的功能，所谓协助阅卷是指：主观题答完之后，系统能够对答案进行分词、拆词、语义判断，再跟标准答案做对比，然后给出建议得分。同时这个系统还有很多细节化的东西，比如说难度，它是动态的，我们会有自己的一套算法在里面，而不只是一个正确率的概念。比如说每个考试结束后，我们都有多纬度的分析，包括年龄层面的、性别层面的、部门层面的等等。在这套考试系统的研发过程中，我们可能产生两个发明专利，现已经向国家知识产权局进行了申请登记。从系统在客户的真实使用中看，系统的稳定性、支持大并发上，都取得了很好的成绩，总之，从方方面面来看，我认为这是一套非常出色的系统。



**夏巍峰：**现在好多考试系统的功能特别复杂。这样做是为了体现考试系统的功能强大吗？这些功能真的都能用得到吗？

**魏振永：**我们做产品的时候，优先要考虑的就是稳定性、可靠性，第二是高性能、易用性，这两点也是客户最关注的。至于说功能多一个少一个，客户不会太关注，而且实现起来也没什么困难。

**夏巍峰：**面对这些越来越复杂的系统，估计要学会也得花不少时间？

**魏振永：**谈到这一点，我觉得这几年 E-Learning 发展有一个误区，那就是大家在拼功能，比拼我的功能比你多多少。其实大家真的可以进行市场细化、对某个行业某个领域的需求进行认真研究，从而打造不同行业的各有特色的产品。

**夏巍峰：**对 E-Learning 厂商来说，当大家的产品功能越来越相似时，要比拼什么呢？

**魏振永：**我觉得是拼整体实力，拼服务。现在实施一个 E-Learning 项目之前，客户都要先做一个功能测试，再做一个性能测试。不能光凭厂商说自己的平台支持一万人、两万人，客户通常会组织性能测试和功能测试。几个环节走下来，客户基本上会把整个公司的产品、性能，甚至是综合实力都了解了。至于在实施 E-Learning 过程中的服务态度，客户肯定会选择一个自己放心的公司。

## 发展分支机构提供本地化服务

**夏巍峰：** 随着技术、业务的发展，尖峰合讯又在国内多个地方建立了分支机构，为什么？具体都有哪些？

**魏振永：** 我们在上海、广州、沈阳、昆明建立了我们的分公司。在长沙、重庆、郑州、福州建立了办事处。建立分支机构主要是出于两方面的考虑，第一是客户的需求，第二是降低成本。客户希望我们能够提供本地化的服务，我们希望在快速响应客户的同时降低我们的实施成本。因此我们在不同的地方建立了很多分支机构，以便提供本地化或者就近的服务。

**夏巍峰：** 和北上广等中心城市相比，您感觉二、三线城市的在线培训需求怎样？

**魏振永：** 北上广这些中心城市基本上都是大企业、大项目。二、三线城市的项目不是很大，但做起来，会产生很多个。省份不同，产生项目的多少也是各不相同的。



## 做好准备进军资源领域

**夏巍峰：** 现在新技术发展非常快，您刚才也提到在实施多个项目时，你们运用了 SNS。您怎样看待这些新技术在 E-Learning 行业中的运用？尖峰合讯有什么技术上、人才上的储备么？

**魏振永：** 最近，基本上每个项目我们都会推 SNS，但不同的企业反馈也不一样。有的企业就认为这个东西太好了。现在我们还把 SNS、文档分享、知识问答、搜索引擎技术整合起来，开发出了知识分享系统。在这个系统中，你可以去交流，可以去发布、去订阅、去分享，下一步还会实现用户自定义知识点以及在互联网抓取相关内容，进一步拓宽知识获取渠道。

**夏巍峰：** 您觉得社交网是 E-Learning 今后的一个发展趋势吗？

**魏振永：** 将来肯定是一种互动的学习，单一课件学习，实在是太枯燥了。

**夏巍峰：** 新技术势必带来行业的变革，在这样的情况下，跟以前相比，客户选择系统时应该有哪些新的注意事项？

**魏振永：**我觉得客户选择平台的时候，第一，一定要考虑好平台的扩展性，一些东西你现在可以不上，但要保证将来想上的话能够上，不能出现平台不能支持的情况。第二，客户越来越看中平台的易用性，即平台的功能不一定要多强大，但一定要人性化，好上手。譬如，一个功能不要让用户点击鼠标超过三次；譬如，学习一个课件不能反复安装插件。要保证员工想找什么课立刻就能找到，想学什么立刻就能学，想交流立刻就能交流。第三，平台要稳定，响应要快速。

**夏巍峰：**对于公司的未来发展，您有哪些规划，有哪些布局？

**魏振永：**经过这么多年的发展，从平台到自己对行业的理解，再到对产品的感受，我们觉得确实有必要重构一部分产品的功能。因此，今年我们对平台做了进一步的完善，基本做到在功能和其他一些方面都与其他厂商有一些差异。接下来，我们会进入资源领域，去做一些开发，去找外边的资源厂商合作。与此同时，我们也会在咨询方面做进一步的提升。

（潘超/整理）



## □ 人物印象

### 零距离 E-Learning

潘　超

技术出身的魏振永，几年来一直在业务最前线冲锋陷阵，说起E-Learning实施那些事，可谓是滔滔不绝。通过接触，记者发现，他带领着自己的团队，不仅把客户公司的 E-Learning 实施做得红红火火，还借鉴合作伙伴优秀的培训理念和做法，充分利用新技术，做尖峰合讯特色的企业学习。不得不说，同 E-Learning，魏振永有着零距离、全方位的接触。

以“既然实施 E-Learning，自己就要先用起来”的想法为出发点，尖峰合讯做了一系列工作。与其他公司相比，尖峰合讯的 E-Learning 具有三大特色：一、从最基本的商务礼仪到项目实施经验都有专门的培训。更为重要的是，所有的培训课程都是由尖峰合讯员工自己录制的。他们规定项目经理每季度至少录两门课，项目总监每季度至少录一门课，作为公司的掌门人，魏振永也不例外，同样要参与这项工作，跟大家做知识分享。据悉，至今他已经做了近二十门课程。二、课程短小精悍，不是面面俱到的长篇大论，而是针对某一个问题的解决办法或注意事项，实用性强但学习起来不会占用员工很多时间。三、为了更好地让员工把所学知识与工作相结合，在具体组织上，尖峰合讯让员工到什么级别学什么课程，而不是眉毛胡子一把抓，一股脑地把课程推给员工。

对任何一个企业来说，知识积累都非常重要。魏振永告诉记者："我们还做了一件事，那就是公司做任何一个项目，项目验收合格之后，项目经理要做的第一件事就是跟大家分享在这个项目中有什么收获、有什么E-Learning先进的应用、有什么新概念提出来等，讲完之后，再形成课件放在 E-Learning 平台上。"正因为注重知识积累，目前，尖峰合讯已经自己录制了两百门课程用于员工培训。

尖峰合讯用自己的实践证明，不是只有一千人以上的公司才需要实施E-Learning，即使是像他们一样仅有百人规模的公司，只要做培训，就可以上 E-Learning。

# 黑快马　推动微时代革命下的学校应用

黑快马股份有限公司（以下简称“黑快马”）是近年来颇为活跃的互联网应用服务企业。由于看好移动购物的前景，黑快马突破了过去软件服务的模式，推出了互动式APP网络工具，并在去年于台湾举行了“前进APP新经济大会”，锁定台湾庞大的连锁店、零售业市场，让APP应用和价格均平民化，已获得市场的高度认同。

这是家富有创造力和拼搏气质的公司，《中国远程教育》（资讯）执行副主编李桂云邀请到公司董事长兼总经理李经康先生，谈谈他心目中的这个时代，以及APP应用能够如何为学校服务。

## 学校也要跟上“微时代”节奏

**李桂云：** 移动终端已经成为一个时代的特征，这个时代消费者的心理和行为特征与过去有何异同？

**李经康：** 每个人使用手机时，阅读手机的时间都很短，阅读的信息也很短。很少有人在手机上看一部很长的电影，一般也就在一两分钟左右，微电影也不会超过10分钟，而如果缩到30秒那叫广告。

黑快马股份有限公司董事长兼总经理李经康

此外，我们过去刷卡是因为金额大，金额小一般就不刷卡。但是iPhone颠覆了这个习惯，它把刷卡下限降到了0.99美金，形成了微消费、微购物……

这些都叫“微”。算上微小说、

微学习等各种微，这已经形成了一个微时代。各种微主要来自第三荧幕——移动设备。

微时代人们的心理和行为特征与过去不同。在电视上播放30秒广告，大家都可以习惯，但在手机上放30秒广告，人们就很难接受。在这个时代，需要新的营销手法。

这些微都很短暂，如此，营销人员要在这种微小的时空里做营销主题是很难的。因为在媒体上做营销，信息是一次性传输给受众的，不能让受众零碎地看各种片段，因此现在的信息固然越来越"微"、越来越片段化，但在结构上仍然必须完整，必须是连贯的一串。APP应用就是一种能够很好适应这个时代特征的营销模式，它的盛行也证明了这一点。

基于这样的原因，黑快马从去年开始，从网站的服务系统向手持设备延伸。

**李桂云：**教育领域一直以来都是相对保守的领域，它有自己的规则。您觉得APP模式适合应用于学校吗？

**李经康：**学校也是需要使用APP的。这跟时代有关系。在台湾，学生用5000以下台币就可以买到智能型手机了，大家的使用习惯都已经开始APP化了，如果学校要通过手持设备与学生沟通，那就不能不研究APP。这一步被称为"决战第三荧幕"，整个社会都在抢占第三荧幕，研究怎样与第三荧幕沟通。过去传播媒介使用纸本，后来有了广播电视，有了网站，现在人们又开始青睐APP这一新的载体。市场上的商业模式已经跟进了，学校也该跟进了。



## 学校利用APP应用模式能做什么

**李桂云：**APP这种模式可以为学校提供什么价值？能举一些具体的例子吗？

**李经康：**可以。比如，有人要去一所大学图书馆的会议室开会，而大学内部何其广大，道路四通八达，建筑林立，开会者要找到一间会议室得费很大工夫。此时他可以取出手机或平板电脑，下载学校的APP，软件会提供LBS（Location Based Service，基于位置的服务），直接将人指引到想要去的位置。

黑快马已经为此开发出了专用APP产品。在产品的目录中，LBS定位只是其中之一。用户为了 LBS 功能，会将整个 APP 下载到手机上，如此，学校就可以直接与这只手机沟通了，可以主动将信息推送到这个终端上。这种推送有两种，一是 LBS 推送，二是网络推送。当终端持有者进入学校 LBS 范围，比如受邀参会者走进学校，要寻找图书馆和会议室在哪里时，学校便可以启动 LBS 推送定位信息了。

同时，学校可以通过 APP，发送报名表到这个手机上，参会者直接填完之后发回学校，进入数据库。这种推送叫做网络推送，它与短信有本质区别，用户可以通过 APP 传送各种信息，如直接向家人发送自己的地理定位，家人收到后在 APP 上点一下，导航便可以直接把他们带过来，不用手动打开地图，不用自己动手输入导航信息，连车上的 GPS 都不用打开。这在文字短信、多媒体短信的世界里是无法想象的。

如果学校要发动参会者捐款，APP 上同样预置了这一功能。在 APP 的后台，黑快马已经给参会者的信用卡、银行、学校之间搭好了通道，学校通过 APP 对每个终端发出捐款呼唤后，用户可以很方便地在 APP 上输入数额，直接捐款。

如今，每种东西都可能拥有一个 QR 码（Quick Response Code，二维码），通过手机 APP 扫描这个黑白交织的方块之后，便可以直接弹出相应的信息，这个信息可以是网址，可以是菜单，可以是海报，可以是专门设计的网页……利用二维码提供各种便捷服务的公司也越来越多，黑快马别出心裁地将其整合在为学校提供的 APP 服务中。

我们前面一直在谈论的那位参会者，他总算可以享受到一点儿福利了——当他在手机上收到会议邀请，决定要来参会，点下“我要参会”按钮时，“叮”的一声，手机屏幕跳出一个独有的 QR 码，他凭这个 QR 码，可以在会场得到一份额外奉送的哈根达斯。这类细小但是贴心的服务，可以为会议和学校增添额外的吸引力。

对于学校的学生或打算考进来的学生们，QR 码同样可以提供很大的便利。

招生宣传现场，各种学校的旗帜横幅、广告招贴令人眼花缭乱，孩子们每经过一个摊位，便要领取一份宣传材料，不必走出多远，手上就塞满了各种花花绿绿的袋子和纸张。很多人都有过这种体验，逛半条繁华街道，双手就被各种广告材料占满了，恨不得全部扔进垃圾箱去。

但是黑快马让事情变得方便很多：使用黑快马的 APP 服务，每家学校都可以用自己的宣传资料生成相应的 QR 码，把它印在醒目处。孩子如果带着手机，他经过学校的各摊位时，就不必去拿那些杂乱又沉重的纸质材料了，只要把手机摄像头对着那些二维码拍一下，手机上的APP就会自动识别、拣选一切，把该学校的一切相关介绍资料都下载下来，留待他在回去的车上，吹着空调、喝着饮料，慢慢翻看。如果服务器上的资料有更新，手机上也会自动更新。

此外，在必要的特殊情况下，学校也可以通过APP，随时实时监视某个终端和其所在现场，包括24小时的录音录像，并与管理者的警报系统相连接。

通过APP，学校可以直接针对终端，在图书借阅、捐款、会议、招生等几乎所有领域多做很多文章。换言之，在招生办学竞争越来越激烈的时代趋势下，学校可以多出整套新的营销手段和渠道，对增加学校的吸引力和社会影响力作用不言而喻。当然，APP只是一种载体、一种工具、一种模式，是否使用这一工具和载体，仍由学校自己决定。

**李桂云：**这种模式与传统的网络应用相比，如与电子邮件，有何本质区别？APP可以实现主动推送服务，但是在广告和垃圾邮件泛滥的今天，如何避免骚扰嫌疑？

**李经康：**邮件以人为沟通对象，而在移动时代，APP的沟通对象本质上并不是人，而是终端设备，可以设计成只有当设备进入学校范围内时APP才开始运行，手机才会收到推送信息，以免打扰到机主的日常生活。



**李桂云：**黑快马面向学校的APP产品目前可以提供哪些种类的服务？

**李经康：**目前黑快马的APP产品，可以为学校提供行路、学校介绍、推送、LBS、校友捐款、图书借阅等几种大服务。预计一年后，会整合进很多更加微小细致的服务，比如前面提到的研讨会报名表。

**李桂云：**你们对学校市场是从什么角度切入的？

**李经康：**我们从营销的角度切入，然后根据需求开始延伸。目前APP有五大服务：生活、学习、工具、游戏、娱乐；目前黑快马针对学校APP产品的开发主要是在工具层面，比如图书借阅，对学习服务还没有涉及太深。第六大服务是商务，这也是整个黑快马公司浸淫最深的方面。

## 全球的APP工程师都还在学校里

**李桂云：**此前，黑快马在中国大陆开发网络应用市场的努力也有一段时间了，发展情况如何？现在对APP应用市场又有何预期？

**李经康：**我必须承认，黑快马一直想进入大陆市场推广与网络应用相关的服务，但是很难进来。因为对于大陆的学校，网络服务这件事听起来了无新意，再多的新技术、新功能也缺乏吸引力，公司的所有努力都是事倍功半。而 APP 模式颠覆了传统的“网络服务”概念，令我们有了抢占先机的可能。

目前 APP 主要基于安卓和 IOS，而全球的 APP 工程师都还在学校——当然不是大学，而是各类培训机构。绝大多数人做 APP 都是自己写出来上传换钱、换名声，还没进入商业化。换言之，目前绝大多数 APP 开发者，都是为自己服务，而非为市场服务，这就意味着企业很难找到 APP 工程师。

而黑快马不一样，它是内部研发转型，自己培养了 APP 工程师，走在了绝大多数企业前面。按照经验，当两年后公司新培养的 APP 工程师们满足了市场需求时，市场中的领先企业也基本确定下来了。两年后，当学校的思维普遍转变，开始主动寻找 APP 产品时，他们将会发现，黑快马早已提供成熟的产品了，这一步优势的确定，便会决定黑快马相当长时间内的领先地位。

**李桂云：**大陆的教育市场反应相对迟钝，教育领域的 APP 市场似乎还没有觉醒。APP 市场的需求是否都需要企业去主动培育？



**李经康：**这在不同地区是不一样的。大陆教育市场对 APP 的需求可能还没有蓬勃发展，但是我在中国台湾已经赚钱了。我在台湾推广，并不需要做太多理念的普及工作，学校往往是一看产品就决定要了，因为他们已经看到这一产品在招生上的价值。台湾的招生市场竞争比较激烈，而我的 APP 产品可以让学校和老师的优势很方便很鲜明地直接展现在学生眼前。

今年是 APP 潮流开始的第二年，APP 在 iPhone3 上才开始出现，但当时除了游戏，它并没有多大影响，是在安卓与 iPhone4 的组合推动下才形成影响力。这是一个科技创新的过程，也是人们习惯和思维更新的过程。我判断，这个普及过程需要三年，也许现在还有不少人不太明了 APP 为何物，但到明年这个时候，普及就会完成，人们将会习惯于 APP 的模式。

黑快马的 APP 服务刚刚开始推广一个月，台湾已经至少有了六所大专院校接受此服务。

**李桂云：**您觉得在合作中，学校最看重你们企业的什么方面？

**李经康：**黑快马相当敢于在新技术研发上投资，比如我们已经在研发体感技术了。我们拥有很多专利，在 APP 方面我们就申请了三个专利。虽然这些专利在中国大陆不能直接用，但是美国可以追认中国台湾的专利，大陆又可以追认美国的，这方面不存在障碍。

## 在大陆会先推服务再卖产品

**李桂云：** 黑快马公司针对教育市场主要提供哪些产品？

**李经康：** 全台湾有163所大专院校，黑快马的服务对象超过100所，是该领域市场占有率最高的公司，而黑快马公司提供的产品包括课程地图、就业媒合、校友系统、教师评价、学生评价等16种之多。

**李桂云：** 你们对中国大陆的APP市场有何战略规划？

**李经康：** 我们计划从2012年年底开始在大陆市场发展APP模式。为了避免在中国大陆客户的观念中与传统网站混淆，我们不会试图直接售卖那16种产品，我们会先推广前面提到的那些APP服务模式，经由服务，让市场逐渐接受我们的数据库，而后推广产品，观念上的阻碍就会小得多。

与在台湾不同，在大陆，我们将会通过代理商推广我们的服务，虽然目前还没有找到合适的代理商，但我们相信彼此可以配合得很好，我们并不一定要自己掌握客户。

**李桂云：** 你们会根据客户的要求定制产品和服务吗？

**李经康：** 会。所有的产品和服务之所以能够越来越优秀，都是来自与客户的沟通。我们最初提出的只是初步方案，开始互动后才会开始修改，这与传统的网站服务不同。传统的面向个人电脑的网站服务，必须一开始就将各种规格细节全部谈清楚，而APP不需要，它可以直接投入使用，后面所有的修改只需在服务器上更新，客户端就直接随之更新了，也不需要任何更新通知。因此，在APP上的开发，可以逐步完善。

## 转型APP让黑快马真正成为第一

**李桂云：** 为什么黑快马一年前会决定转型？这家公司包括您个人，为什么会对APP时代乃至新技术如此敏感？

**李经康：** 2012年5月份，我很矫情地写了一封信给一年前的自己，告诉他：去年你做对了一件事，就是要求全体转型做APP，这件事让我们在台湾的地位变成第一了。

虽然过去我们在网站服务领域也是第一，但那个第一是没有多少光芒的，就算第一也显不出什么特别之处。但是现在这个第一，让所有的客户群都相信，与黑快马站在一起是正确的，因为他们看到，黑快马是敢追前沿的。

那为什么我对新技术这么敏感呢？

我就是敏感，我就是知道事情会往这个方向变化了，我不知道我为什么知道。

**李桂云：**您觉得中国台湾与大陆的APP市场特点有何区别？

**李经康：**大陆的网络应用做得很好，但是程序应用方面就落后一些，因为大陆的通信服务商直接跳过了3G去做4G，中间缺了一段，而APP潮流正好出现在3G时代，APP应用深入发展需要网络环境支撑，大陆在这一步难免力不从心，导致APP很多，但APP应用很少。而台湾一直跟着全球节奏发展，这方面一步步没有缺失。

**李桂云：**大陆的市场环境很复杂，您对黑快马在大陆教育市场的发展有信心吗？

**李经康：**说到这个，我一直有一种感觉，大陆太大了，大到每个地区几乎都可以当作一个单独的环境看待。因此如果我要推广一种东西，我不会去想它在整个大陆能不能用，我更多会去想它在这个地区能不能用、在那个地区能不能用。在台湾，我会直接考虑整个台湾的市场，但在大陆，我会首先选择网络环境较好、学校信息化意识较强的地区去做，基本上首先会以大城市为主。做到这一步我是有信心的。

（王铁军/整理）

# 展视互动　引领网络课堂新风尚

北京展视互动科技有限公司 Gensee 是中国首家覆盖全球的高可靠的、超大规模的多媒体网络直播、视频会议和远程培训平台提供商，也是一家迅速成长的创新型高科技公司。

Gensee 展视互动自主研发了多款基于云计算技术的多媒体网络互动产品，并在远程教育领域取得了颠覆性的成果。Gensee 拥有一个覆盖全球的网络互动产品运营平台，向数十个国家的用户提供标准的 SAAS 服务，平台可支持超大规模用户同时使用，最大用户并发数处于全球领先。在运营中，公司产品以其稳定的质量水准、超强的网络适应性、电信级别的稳定性带给众多用户以超乎想象的体验。先进的技术支持加上贴心的服务，使公司成为 IBM、联想、交通银行、华图教育、人大网院、清大世纪、万国学校、阿里巴巴、创新工场等知名企业的合作伙伴。

作为行业创新的先驱者，Gensee 展视互动正推动着网络教育的变革，并以雄厚的技术和完善的服务开创了远程教育新的蓝海。

## 决胜视频新蓝海

**夏巍峰：**展视互动的团队原来从事的是视频会议，是什么因素促使你们进军远程教育行业？

**杨丹：**我们做了十年的视频会议，从中发现视频会议在远程培训上有很多的应用，而视频是我们的强项。我们看到大部分视频会议的产品无法支持大量用户同时使用，视频会议基本上局限于内部会议使用，可实际上有许多大型的企业和院校在视频会议领域都有广泛的需求，所以我们想到如果能够设计出满足大量人员同时使用的视频产品，市场可能会给我们一次机会。

北京展视互动科技有限公司总裁杨丹

发现了市场的需求，我们就开始着手研发新产品。目前，我们产品的应用主要有网络活动、视频会议和远程教育三个方面。

**夏巍峰：**这三个方面的应用在教育上如何实现？

**杨丹：**以培训机构为例，它首要的工作是招生，教育机构可以使用Gensee网络直播来扩大招生的影响力，增加报名人数进而增大收入；其次是培训，利用Gensee远程教育系统可以进行实时网络培训，避免了因地域、空间和时间带来的各种困扰；而Gensee网络会议产品则可以方便各地培训机构之间召开内部会议。

**夏巍峰：**你们的竞争优势在哪里？

**杨丹：**我们的优势就是产品和服务本身，以我们的远程教育系统为例，它包含四大部分：实时课堂、视频点播、课件制作和学习管理系统。我们现在在远程教育的解决方案中，四个部分实际上已经基本满足了客户的需求，当然我们的长项是在实时课堂。

**夏巍峰：**您说的实时课堂是不是可以理解为网络直播？

**杨丹：**可以这样认为，传统的远程教育主要是拍一段录像，或者做一段视频放到网上然后去点播，这很难达到一个好的效果，对于学生来讲是被动学习。人们大部分知识的获得不是靠“我说你听”的形式，而是在边学边问的互动过程中获取的。传统的点播系统应用很好，可以随时随地，但是它的效果较差。真正的教学系统一定不能忽略实时互动，而我们的实时课堂就能做到这点。

**夏巍峰：**实时课堂还有哪些竞争优势？

**杨丹：**除了提升学习的效果，它还解决了规模的问题。名师资源非常有限，过去一个名师每年要讲上百场讲座，他们每天都在飞机上飞，都是航空公司的金卡会员，但是他们仍然讲不完所有的课，因为名师们没办法兼顾效果和规模。但我们的产品可以支撑几千人甚至几万人同时实时听课，而且学员不是单一地听课，在听课的过程中还可以通过助教逐一回答学员的问题，系统能够收集学员的问题，教师和助教队伍可以及时给学员反馈。

我认为教育行业涉及的面非常大，机会非常多，但不是一家公司都能做全，这个市场上需要更多的分工。展视互动是一家擅长视频技术领域的公司，我们能为远程教育提供一个最好的技术和服务平台，这是我们的优势。我们也希望这个行业有更多的供应商，大家可以共同努力，能够为教育市场做更多的贡献，我相信这个市场的前景是非常美好的。

**夏巍峰：**你们的远程教育平台主要运用在哪方面的企业，都是培训公司在使用？

**杨丹：**我们的远程教育平台可以应用于各行各业，除了众多企业的内部培训外还有很多教育机构，包括普教、高教、培训机构等都有我们的客户，但最多的还是在培训机构内部。我们的培训机构类合作伙伴开展的培训覆盖范围很广，包括公务员、考研、财务、金融、英语、IT 培训等等。

**夏巍峰：**合作的教育机构现在大概有多少家了？

**杨丹：**差不多有近百家吧。

## 人性化服务满足企业个性化需求

**夏巍峰：**你们现在的合作模式是采取销售产品还是做平台的支持服务？

**杨丹：**两种方式都有，可以是租用，我们来提供平台的服务，也可以是直接购买我们的平台。从花费的情况来讲，租用是最划算的，我们的客户中，租用的方式占 90%以上，因为租用是最方便、最省钱的模式。

**夏巍峰：**从教育机构来说，租用是经常性的使用，还是需要的时候才会用？

**杨丹：**教育机构基本上都是频繁使用，所以提供给他们的一般都是类似包年的服务，一整年在相同的配置下，不限时使用，每天都可以用，因为他们的课程比较多，上午、下午甚至晚上都有课，所以这种包年的方式是一个固定的费用，对他们来说更省钱，而不是按场次或者按流量来计费的。

**夏巍峰：**如果使用规模比较大，费用方面也没有变化？

**杨丹：**我们的费用与学员的规模是有关的，比如说我们支持一百人的课堂和一千人的课堂，价格肯定会有差别。但是我们也有一些灵活的做法，比如说我们的客户购买了三百个学员的包年套餐，他平时基本上都是三百人同时在线学习就足够了，但是一年中还会有几场三千人的招生课，或者偶尔可能会有一些学员较多的特殊课，我们签约的时候会与客户充分沟通，客户可以选择购买三百人的包年服务再外加几场大课的套餐，我们的方式很灵活，对客户来说也很实惠。

**夏巍峰：**租用服务用得最多的可能是教育机构，有企业采用这种方式吗？

**杨丹：**除了教育机构以外，我们还有一个很大的市场就是企业培训，我们做了许多企业培训的业务，比如交通银行和中国烟草全国的远程教育系统。交通银行原来也购买有远程教育平台，那个平台只能支持五百人同时在线学习，现在已经远远不能满足它的要求，现在的要求是扩展到五千人，目前来讲市面上没有合适的产品能满足它，所以我们的平台基本上是唯一能满足它要求的产品。

**夏巍峰：**交通银行今年换了你们的平台？

**杨丹：**对，在5月份的时候。

**夏巍峰：**它也是采取租用的服务吗？

**杨丹：**不是，它是购买平台。因为它是内网，所以它需要自己搭建平台。

**夏巍峰：**如果是租用的服务，资源是放在谁的服务器上？

**杨丹：**在我们的服务器上，但是展现形式都是在客户的网站上。

**夏巍峰：**客户能放心把资源放在你们的服务器上吗？



**杨丹：**我们有安全机制，我们为客户提供了承诺和保障。当然如果客户实在不想把资源放到我们的服务器，也可以放在客户自己的服务器上，我们来帮助客户托管，这个不是技术问题。

**夏巍峰：**现在不少大企业和培训机构，不管是视频点播还是课件制作，它们自己都已经有了，你们有什么办法让它们来接受你们的产品？

**杨丹：**我们的产品不是包打天下，我们给企业和教育机构提供这样一个完整的解决方案，但是我们最强的是实时课堂，这是毫无疑问的。对于大型企业，比如说交通银行，它早就有了自己的学习平台，而且做得很好。所以它的学员管理、课程管理、考试管理等系统全部用的是原来的系统，我们可以通过API接口跟它做集成，把它需要的实时课堂和视频点播加进它的平台就可以了。

**夏巍峰：**这是说你们的平台具有的四个功能可以随意拆分组合，不会存在与其他系统不兼容的问题？

**杨丹：**对，这在技术上不算问题，我们通过API来做接口，就能够实现。

**夏巍峰：**功能拆分以后，这些工具是销售还是租用？比如说课件制作工具。

**杨丹：**这些工具都是完全免费的。实际上这些应用是我们给客户配套的，是配合其他功能来使用的。

比如说点播系统，里面的内容从哪里来，当然可以从实时课堂录制下来，但是也有一部分得通过课件制作来补充，所以我们的工具是免费的，实时课堂同样也是这样，客户制作完课件以后，可以放到实时课堂中做实时插播。所以我们产品的四个功能是配套的，可以满足客户不同的应用需求。

**夏巍峰：**课件制作出来后是怎样的表现形式？

**杨丹：**我们这个课件制作工具非常实用，比如说它可以把视频和PPT合成一个三分频，也可以把一个视频进行剪辑和转换格式后当作点播的资源。

**夏巍峰：**这些制作出来的课件，占用带宽大吗？

**杨丹：**视频是带宽最大的开销，我们有十年做视频的经验，所以我们在视频编解码压缩技术方面有优势，我们所有的课件，在同样清晰度的视频中，我们的带宽肯定是开销最小的。



## 实时课堂实现高效学习

**夏巍峰：**你们有好的视频压缩技术，但是大规模同时在线学习带来的各种难题也不小，如果凭借增加服务器，肯定不具备优势。从技术上你们是如何实现的？

**杨丹：**我们的产品要实现稳定可靠，这非常重要。第一，我们有十年的技术积累，能够使我们具备这样的能力。第二，要支持大规模视频直播需要在系统架构上重新设计，在架构上有突破才能有改变。第三，科技的竞争归根结底是人才的竞争，公司聘请了大量专业人才，拥有博士、硕士学位的技术人员占公司研发团队的比例超过50%，其中研发骨干都是国内外从事过多年开发工作的资深专家。

**夏巍峰：**在实时课堂里，最重要的环节就是实时互动，你们网络课堂的互动是怎么体现的？

**杨丹：**互动其实有多种，我们把它分为两类：一类学生以收听收看为主，有文字互动，有投票问卷、抽奖等形式的互动。还有一类就是完全的互动，就是听音频、看视频、听演讲时，完全的互动就像传统的面授一样，只是这个课堂搬到了网络上。

从互动的程度来讲，我们可以支持完全的互动，这取决于我们的客户需要怎样的互动，因为完全互动并不一定适用于所有的学员。我们会根据不同客户面对的学员群，为他们提供不同的选择。我们的客户有一些培训可能是多会场，甚至会场是异地，主讲人也是来自不同的地方，像这样的培训我们能实现实时直播，也能进行互动。

**夏巍峰：** 你们的客户是以远程教育去做它们培训方式的一种补充，还是作为一种主要形式？

**杨丹：** 我们这两类客户都有，一类纯网教，它们最需要技术平台的支持，还有一类是传统面授为主的教育机构，但是它们现在非常清楚远程教育和网络教育是大势所趋，所以它们在这一块业务上都有很大的投入。

比如说华图教育，它们的面授做得非常好，但是网络教育这一块的业务也发展迅速，所以它们有自己专门的网校。我认为，未来网络教育会在很大程度上替代原来传统的面授，当然我相信面授这个市场一定存在，但是网络教育这个市场会越来越大。

**夏巍峰：** 你们这个平台更多地强调实时课堂，那点播系统的价值在哪里？



**杨丹：** 点播仍然有它的价值，因为点播是随时随地，非常方便，但是仅靠点播系统实现不了好的学习效果，因为点播缺乏互动。我看过国外的一些统计，目前，在国外实时课堂大概占10%，点播大概占90%，实时课堂的比例在不断上升。

举我们自己的例子，公司现在发展很快，有很多新员工加入，我们很难为每一个新进员工做培训，所以我们公司自己有一个学习管理平台，新员工进来以后，我们会给他一个账号，把公司积累下来的这些培训录像让他们去看一遍，这就是点播。

员工看完视频，而且人数积累到一定的量后，我们就安排实时课堂。因为员工看完视频内容会有很多困惑，我们通过实时课堂做答疑培训来解答员工的困惑，这样我们花的时间少了很多。而且，这几十个小时的培训录像员工可以找时间慢慢看，但是如果从头讲一遍是不现实的。

**夏巍峰：** 你们实时课堂这个系统跟行业内其他的产品之间有什么差别，优势在哪儿？

**杨丹：** 首先，我们的实时课堂能够解决大规模的问题，单个课堂可以支撑数万人同时在线，原来的传统视频会议上限大约只有一千人，我们在上个月给一个教育机构做测试，测试一台服务器能否支撑三千人，多台服务器能不能支持上万人，他们找了几十个网吧，近万台机器来实际测试，五六家视频会议厂家中我们是唯一能够实现客户要求的。

第二个优势是我们的应用很简单，因为像其他视频会议产品都要去装客户端，装客户端有很大的麻烦，有的电脑安装了防火墙、杀毒软件等会导致软件安装不上，装上客户端以后还要做音视频调试，不然影响效果，而我们的产品什么都不用，只要把链接告诉学员，点击上就可以使用。

第三个优势是我们有统计分析，远程教育未来发展好不好，关键在于学习效果。如果我们的远程教育能够非常接近面授的效果，前景就会更光明。我们对学员的学习效果进行了跟踪，学员什么时候来什么时候走，对整个课程的兴趣程度是多少，上课时是不是认真关注，这些我们在后台都知道。老师在上课的时候我们可以通过一些互动，看看大家接受能力怎样，如果90%的学员都答对了，那老师讲的内容就比较好，对此我们都有统计分析。这些分析对于老师和培训机构都很有用。

## 专注铸就精品

**夏巍峰：**因为有市场需求，一些大的公司，他们可能也会推出像展视互动这样的产品，你们怎样保证产品在行业里的领先位置？

**杨丹：**传统的视频厂商可能会进行技术创新进入这个行业，像微软这样的大公司或者互联网企业也可能进来，但是，我不惧怕大公司，因为大公司永远不会有我们这么专注，所以我们能够做得更好。

我们比它们进入这个市场的时间早，我们对市场的理解能力肯定会更强，我们知道客户需要什么。另外，我们有本地化服务支持能力，比如说中国有敏感词过滤，在国外根本不可能想到这些，所以这种功能它们也许永远也不会去开发，而我们会去做，因为这个是中国的特色，是市场决定的。

**夏巍峰：**做好市场定位非常重要。

**杨丹：**对，我们会保持对市场的敏锐度，不断去创新，我们会不断成长，壮大到有更强的实力去服务于市场。目前来讲，我们还很小，但是我觉得未来我们肯定会成为一家知名的大企业。

**夏巍峰：**一些传统的机构，它们在技术上稍微有所欠缺，技术方面的投入也比较少，但是它们有一定的资源，你们是否会与它们合作？

**杨丹：**这可以理解为术业有专攻，很多做教育的人，他们对技术的了解相对差一些，我们是做技术的，虽然我们在教育方面的运用还不够广，但是我们知道教育是一个很大的市场，我们看到很多教育机构要么融资，要么上市，发展非常快，当然也有很多机构倒闭了，但总的来讲这个市场有很大的潜力。我们永远不可能自己去做教育机构，但如果我们可以与一些教育机构做一些运营分成，我觉得是一个很好的方式。

（罗勇/整理）

## □ 人物印象

# 幸福源于工作

罗　勇

“幸福存在于一个人真正的工作中”，这是杨丹在新浪微博上的自我介绍。在采访过程中，他给我们道出了这句话的真谛。

“幸福是做自己喜欢的、有价值的事情并有能力去实现它。我现在非常喜欢我的工作，因为它是有价值的，虽然我现在离目标还有距离，但是我会努力，不管结果怎样，我都无怨无悔。”这就是杨丹对幸福的理解。

杨丹热爱他的事业，所以他对工作非常投入，几次约见，他要么在开会，要么在外地出差，非常忙碌。然而，繁忙的事务并没有影响他的学习，作为一个刚进入教育行业三年的企业家，在与他交谈的过程中，我们惊叹于他对教育行业的理解，许多前瞻性的观点并不亚于一个教育专家。

正是由于他对工作充满热情，对行业深入研究，在他的带领下，展视互动得到了健康快速的发展。虽然公司刚刚进入教育行业不久，过硬的产品还是在市场上站稳了脚跟，并很快得到了许多国内外大企业和教育机构的认可。面对越来越激烈的行业竞争，杨丹显得很坦然。他说：“我们不害怕竞争，因为我们专注。”

高尔基说过：“工作愉快，人生便是天堂；工作痛苦，人生便是地狱。”快乐与幸福其实很简单，如果我们也能像杨丹这样，洋溢在每一天勤奋工作所收获的喜悦中，沉浸在全心投入工作所带来的精神充实与创造成果的满足中，那幸福距离我们每个人都不遥远。

# 知金教育　探求跨界融合与创新发展

2007年2月，知金教育集团获得教育部颁发准许开展“现代远程教育公共服务体系”建设试点项目的批复文件。在五年多的时间里，知金教育获得快速发展，成长为集远程高等学历教育、职业化教育、技能化教育于一体的综合性教育服务机构。其业务已覆盖远程高等学历教育、职业素质培训、职业资格认证考试，在多个领域为继续教育提供跨界平台和服务，并在北京、上海、广东、山东设立了十几家数字化校外学习中心，通过院校服务、行业企业服务、学员服务三大体系的支持服务，力求让国内外各类教育项目成功落地运营，同时整合国内外相关资源，提供相关增值服务，增加学员的依附黏性。

面对信息技术的高速发展、教育模式及新生代人们学习方式的迅速变化，知金教育日前提出了“现代远程教育公共服务体系的跨界融合与创新发展”的新思路新概念。为了诠释这一远程教育公共服务体系如何跨界融合与创新发展，《中国远程教育》（资讯）执行主编夏巍峰与知金教育集团副董事长兼总裁袁江先生进行了对话。

## 服务是特色更是创新点

**夏巍峰：**首先祝贺您上任知金教育集团副董事长兼总裁。知金教育作为教育部批准的三家公共服务体系之一，承载了现代远程教育行业的期望。知金教育到今天已走过五年多的历程，您认为，知金教育是否实现了教育部当初批准公共服务体系试点项目所赋予的任务？

**袁江：**这是一个尖锐的话题。当时教育部批复知金教育建立公共服务体系的文件中说到了四项任务，分别是建平台，整合教育资源，面向行业，与高校合作建立公共服务体系。事实上，知金教育从成立以来一直在踏踏实实地做这四件事，基本完成了教育部交给我们的任务。但是真正以高标准要求，我认为还差得很远，要做到社会进步所需要的高质量的现代公共服务体系，知金教育还必须做很多改变和改造，让自己做得更好。

知金教育集团副董事长兼总裁袁江

**夏巍峰：**在教育部批准的三家公共服务体系中，与其他两家相比，这些年你们的亮点和特色在哪里？做出了哪些不同于它们的创新？有什么样的成果？

**袁江：**对于另外两家公共服务体系，因为我接手工作的时间比较短，还没有系统地去研究和分析，对人家不便妄加评论。知金教育有一些员工分别来自奥鹏或者弘成，对这两家公司的历史和特点都比较了解，我们在尊重对方取得的成绩的同时，也非常重视它们带来的好经验。目前知金教育在企业架构、发展方向、资源优势等方面与其他两家公司存在很大的差异，知金教育目前仍然是比较单一的民营资本，从规模和历史积累上还尚显单薄，但是知金教育的小体量也正好让我们可以通过更加灵活的机制，将自己的特色优势发挥出来。



我们的特色是注重做好服务本身，这是最关键的。一切从服务开始，发展从服务开始，方向还是服务。一路走下来，我们没有跟别人合资，没有介入更深的教学环节，特别尊重办学主体的主权，始终在服务上做文章。开始的服务无外乎招生、学务、考务、教务，包括把学生活动组织起来，让学生有归属感，增强文化方面的熏陶，增加学习的积极性。

我们的服务力求做到规范化、标准化，并始终在员工中贯彻服务精神，对他们进行相关教育和培训。在服务中，我们认识到服务不应该仅仅局限于以上这些，还应该有所扩展、有所创新。所以我们在服务中加入很多内容，比如在招生之前为学生做一个职场胜任能力方面的测评，让他们了解自己在哪方面有特长，然后鼓励他们在长项上发展，进而选好与自己职业规划方向相匹配的专业。我们称这种做法为“知人＋善任”，实际是以学员深入了解自身、扬长避短的方式，让他们知道应该在哪些方面如何更好地去提升自己，使学习的目标和方向更加明确，效率更高。

在学历教育的学习过程中，我们还加入一些非学历教育的元素，比如：经人力和社会保障部授权的职业资格考试和培训项目，与科技部合作开展创新方法的培训项目，还在一些高校的校内合作开展了卓越工程师培养项目，在一些重点大学针对大二以上的学生开展了就业创业训练项目等，这样学生在读一个学位的同时可以再获得一些职业证书、职业资格和职业方法，对他们未来的就业和职业生涯又是一个支撑。这种学历和非学历的衔接和融合，拓宽了服务的平台，还可以增加学历教育本身的吸引力。

## 推动教育与企业跨界融合

**夏巍峰：**知金教育一向提出坚持行业化发展方向，在这方面进行了哪些探索，取得了什么样的进展？

**袁江：**行业化发展我们一直在坚持，过去在煤矿、医疗、金融、制造等行业做过一些星星点点的事，但是不成体系。我们现在正在重新理清思路，研究行业和企业需要什么？我们又能提供什么？

知金教育的优势是具有组合社会各种资源的能力，再把组合起来的资源拿来做成有针对性的产品，服务于行业企业和更多的学员。我们的教育资源大部分来自高校，而知金教育背后有那么多网院，它们都希望在更广泛的领域拓展空间，我们要研究如何用好它们的资源，把优质的教育资源运送到企业中间去。因此我们要创造需求，体现资源的价值所在，这也是公共服务体系的服务内容之一。

其实，社会上还有许多专业培训资源，有许多做得很好的培训机构，它们大多苦于找不到市场，所以我们首先要把各种各样的资源充分调动起来，用联盟的形式发挥各自服务机构的主动性，同时用联盟的形式和各个行业企业签订服务协议。

总之，知金教育要把分散于各个机构的教育资源、技术资源、社会资源组合起来，把这三大资源比较合理地搭配在一起，在社会化的教育和市场化的运作中间，既保证它们充分发挥各自的优势功能，又保证它们获得应有的权利。这是一个社会公共服务体系在公开、公平、公正的情况下应该承担的责任。

**夏巍峰：**你们最近提出“教育与企业跨界融合”的理念。这个理念提出是基于何种考虑？有什么样的基础？提出“跨界融合”，是我们教育行业的一厢情愿，还是企业需求使然？

**袁江：**教育和企业的跨界融合，其实这种需求双方都有，而且需求非常强烈，但是因为处于不同的领域，彼此之间往往沟通不畅，是有阻隔的。

高校提供的内容，企业不需要；企业需要的资源，高校又没有。这种意愿上的情投意合和实际中的沟通碰壁比比皆是，最后大家就没了兴致。

而我们提出的融合，按照孔子的说法就是“有教无类”。人人都需要学习，不分种族，不分高低贵贱，不分男女老幼，也不分职业，从这个意义上来讲学习本来应该是无界的。但随着经济的发展、社会的进步，社会分工越来越细，社会管理也越来越细，自然而然就有了分工、分权和分割，所以“界”是客观存在的，有界才需要去跨。

怎么跨？现在跨的方式很热闹，学校在往外跨，企业在往里跨。一些学校希望做大而全，既办教学也办科研，还要办产业，叫产学研相结合。顶级名牌高校确实有这种能力，像清华、北大，它们可以在某些方面超越于现在的体制做跨界的事业，各个方面都会支持它们。这种学校比较特殊，可中国教育的问题并不是几个名牌高校就能解决的。企业方面认为，既然学校培养不出企业所需要的人才，那么只能企业自己培养，所以企业也办研究所、办大学。办这些事情巨型企业做起来容易些，如中石油、中石化、宝钢等，但是教育的历史和现实告诉我们，办大学需要投资，还需要有师资，需要有大师，需要有教育思想，需要有教育人的本事，需要有自己的所长，这些东西不是仅仅有钱就能建起来的。



名牌高校和巨型企业都在以自己的方式往外跨，以至于让所有的企业和学校都认为跨界就应该这么去跨。大家没有意识到需要把社会的有效资源进行一种合理科学的组合，也没有意识到个别高校和企业的做法并不代表整个社会前进的方向，一窝蜂地去做，结果会造成社会资源的巨大浪费。

解决社会问题必须从社会发展的角度去分析。我认为学校应该把自己的产品需求化，企业应该把自己的产业规范化，然后有一批按照“公开、公平、公正”的原则，具有规范化、专业化水平的教育服务公司为他们提供衔接服务，把各种各样的教育资源、技术资源、社会资源结合起来，形成一定的运转模式，这才是学习型社会的真正需求，才是真正的发展方向。

**夏巍峰：**公共服务体系在教育与企业跨界融合方面，可以发挥什么样的作用？

**袁江：**我们是组织者，同时更是教学过程的服务者。

2011 年我们参与了共青团广东省委组织发起的“圆梦计划”，通过整合各种社会资源帮助新生代产业工人圆上大学的梦想；2012 年在山东临沂，我们又在市委组织部门领导下做了强化基层党员队伍素质建设的“强基工程”项目。这些项目都组合了各种各样的资源，广东团省委和临沂市委组织部在项目中联系了很多企业和基层党组织，帮助我们搭建平台，起到了积极的推动作用。特别是“圆梦计划”，广东团省委的目的是解决新生代产业工人的技能和素质提升问题，也是为了打通新生代产业工人成长的上升空间，帮助农民工掌握现代科学知识，让这一人群在社会中找到尊重和认可。通过学习，稳定了这一人群的思想，进而也为当地的维稳创造了条件。我们通过参与“圆梦计划”的具体工作，更深刻地体会到我们对推动社会和谐和进步的作用，也从中收获了很多经验。首先在形成项目的时候要考虑到社会需求，所以我们现在和组织部、工会，以及共青团系统联系比较密切。我们感觉到，当群团组织和社会管理部门有激情做某件事情时，他们会帮你与各级政府部门做协调工作，其效果不是简单的公司运作可以达到的。在各个部门的协调下，我们可以更专注于发挥服务的专业性，做好每一个环节。我们的工作也得到了他们的肯定，因为高校不会和他们说得这么详细，这恰恰是服务机构应该做的事。

**夏巍峰：**刚才提到教育和企业的融合，那么从公共服务体系的角度，您期望教育行业或者企业做哪些调整，或者从心态上做哪些转变？

**袁江：**从根本上来说，服务机构更多的是按照资源方和需求方双方的要求去做，而不能过多地要求资源方和需求方做更多的调整。如果我们服务得好，资源提供方和需求方都会有合作的愿望和需求。我们深知，服务性的公司，绝无号令天下的那一天，做好服务就是天大的事。



## 四大车轮和新的经营方针保证创新发展

**夏巍峰：**公共服务体系发展到目前这个阶段，也暴露出一些新问题。如一家公共服务体系，服务多家甚至几十家高校网院，如何保证每家网院的特色，以及如何保证服务公平？

**袁江：**关于合作院校太多能不能做好差异化服务的问题，实际上我们要求一个学习中心不能服务太多的院校，只能服务两三个专业和层次相对互补的院校。按照这种规模去做，对每一届学生我们基本上都可以做好服务。

另外，我们希望院校多宣传自己，包括自己开设的专业，课程建设情况，院校的优势、历史等等。我们发现凡是注重宣传和介绍的院校，在招生数量上就会有所体现。如果院校不注重自我介绍，我们不能随便说，这是学校的权利；我们必须如实反映院校的情况，这是我们要守住的一条线。最近在中国地质大学年中总结上，知金教育广州学习中心被高校评为先进学习中心，学校领导还特别肯定了知金教育广州的宣传墙很让人感动，墙上详细介绍了高校特色资源和文化历史沿革，可以让学生产生强烈的荣誉感和自豪感。其实这也是高校给我们支持的结果。

对于知金教育自身，宣传我们的服务也是很重要的，但也要客观。不实夸大的宣传只能热闹一时，不会长久，我们必须注重自己的形象和口碑。这些年知金教育在招生过程中相当一部分是老生带新生，老生把口碑传出去，介绍给自己的亲友或者老乡，老带新的数量不断增加，这是极自然的现象，口碑出去了，规模就维持稳定了，而且会越来越好。

**夏巍峰：**随着行业的不断发展，远程教育公共服务体系的核心竞争力靠的是什么？

**袁江：**所有的事情都要归到服务上来，要不断地完善服务。如果公共服务体系不把服务作为根本的话，就会被取代。

**夏巍峰：**在您领导下的知金教育，未来的规划和目标是什么？

**袁江：**公司现在有四大业务板块作为支撑，我们称为靠四大车轮往前走。

第一，传统学历教育。学历教育的刚性需求仍然存在，虽然增长幅度不大，甚至还会有一些萎缩，但我们判断学历教育的需求未来还会存在。目前有些高校已经在尝试用远程教育手段改造现有函授和夜大，甚至解决一部分高自考的问题。随着科技的普及和发展，今后整个成人教育都借助远程教育手段的可能性也是存在的。所以我认为，远程学历教育并不像有的人所分析的那样会立即衰落下去，以后不存在了，没那么悲观。我们认为远程学历教育面临的是不断进步和进化的问题，会有更好的技术和更好的服务去改造它，而不是被更替和淘汰。



第二，非学历教育。目前的社会需求量非常大，且不说儿童或者老年人，只看最具有学习能力、最具有创造能力的中间人群段：从 20 到 50 岁这几十年的大量的非学历教育需求，就足够我们付出大量的努力和工作。

第三，技术。我们非常注重技术平台的建设发展，包括现在提出的泛在教育平台概念。

第四，国际教育。国外教育发展得很快，对中国整个的教育水平和培训水平都有影响，有很多东西值得我们借鉴。

这就是我们的四大车轮，在发展的过程中我们提出了新的经营方针：技术创新和理念创新并举，学历教育和非学历教育互融，线上教育和线下教育互补，国内教育和国际教育并行。我们现阶段要进行网络教育业务的结构改造、构架改造和功能改造，要求负责经营的领导层本着“务实、纳新、兼容、进取”的理念去推进企业发展，我相信，知金教育的明天会做得更好！

（吕瑶/整理）

## □ 人物印象

# 知性领导者

吕 瑶

从大学教师到信托投资公司高管，相继从事过证券投资管理，生物技术市场开发，不良资产处置，现代种植业的经营与开发，大型水电项目建设，农村金融领域的开发与实践……袁江的职业生涯十分丰富，但走了一圈，又回到了起点，尽管他并不认为最初的六年教师经历对现在知金教育副董事长兼总裁的职位有何影响，我们还是能从他的言谈举止、擅长思辨中看到一些教师这个特定人群的影子。他的思维严谨，言语风趣，处处闪烁着智慧的火花，假如他现在仍然是一名教师，必定是一位深受学生欢迎的老师。

“我现在对书特别渴望，只要有关远程教育这个领域的书、杂志、资料都看。”他拍着面前一摞摞的书刊说。

袁江表示，尽管从事过很多行业，他仍然感觉到教育行业有着特殊性，如果不深入钻研就会隔行如隔山。他发现远程教育这个领域很奇特，当初作为局外人从外面看时，觉得它很大，进来后又感觉这个领域很小，可待久了再往远处看，又觉得前景很宽广。他认为，在今天这个信息技术高速发展的时代，网络教育明显代表和体现了时代前进的步伐，其本身的前景充满了希望。

谈起公共服务体系的作用和任务，袁江认为看似复杂，其实又很简单，就是“做服务”。

对于知金教育今后的发展，袁江透露，知金教育领导层认为公司已经成立五年，需要进行一个认真的规划。所以这一段时间他除了在整体的战略发展方向上为知金教育掌舵，同时还与经营班子一道，围绕知金教育现阶段的新目标，对公司进行结构上的完善和调整，带领知金教育全体员工在教育服务领域探索一条新路，走上新的阶段。他计划，2012 年重新搭建知金教育下一个五年的结构，明后年在搭建好结构的基础上形成一个稳定的机制，再推动公司发展上一个新台阶。

# 麦课在线　隧道那端的亮光

北京麦课在线是国内率先推广通识教育的企业，它的创办者刘义光更是一位传奇人物，北京远程教育圈里闻名的理想主义者。麦课在线发展至今不过十余人，是个“精品工作坊”式的小企业，但浓厚的理想色彩令其在教育界颇受尊重。

小企业代表着这个社会最活泼，但往往也是活得最困难的一部分力量，他们有着更加纯净的梦想，有着更加火热的激情，但船小难抗风险，国家已经许诺对微小企业进行多方扶持，但离真正落实兑现并不容易，这令他们可能遇到更多困难。

俗话说“秀才造反十年不成”，那么文人经商又会如何？特别是当这个文人还想用自己高尚的理想果实卖到钱时。

麦课在线帮人开发过英语、经贸等课程，近年则全情投入于通识教育。刘义光虽然已不再年轻，但他与麦课在线这些年来的经历与体验，特别是他对理想的修正，大约会与相当大一批年轻创业者发生共鸣。

## 机会多创业少

**夏巍峰：**现在远程教育行业内的创业气氛比过去更浓一些了。不过今天早上我在想，如果让我去重新创业，还是得鼓起很大的勇气。您现在这样的年龄，抛弃过去很不错的工作和待遇再创业，思想上有没有过纠结？处在这样年轻化的创业氛围中，压力大吗？

**刘义光：**有朋友跟我说过，从小就发现我对很多东西不太在意。我确实从小就不太执著于什么现实追求，从来没有特别想过要去挣钱或求名。当年离开网院自己创业，脑子里其实也没什么复杂的想法。

做医学网络教育的那段年月里，我向陈丽老师等一些专家老师学习了不少专业知识，知道了远程教育是怎么回事，又去看了英国开放大学，看了澳大利亚的远程教育等等，我就想，远程教育绝不仅仅是现在这么小范围的应用，它还可以做很多事。特别是2004年，我参加AAOU大会，会议提出“人人享有优质的教育”的理念，这让我印象深刻。当时我想，咱们自己可能做不了那么大的事业，实现不了那么远大的理想，但是通过网络教育，让每个人都有可能接触到好的学习资源，还是没问题的。做麦课学习网，就是在这种想法下开始的。

北京麦课在线教育技术有限责任公司总裁刘义光

其实说到头，放弃好工作好待遇，以及为此纠结什么的，往往自己并没有去想，而是别人说的。当然，自己真投入进去之后，就发现事情不是当初想的那么简单快速了。

**夏巍峰**：根据您对这个行业的理解，您觉得目前创业的机会多不多?

**刘义光**：机会很多，但我看其他行业的创业很火，而这个行业中的创业相比之下还是不多，或者说将创新转化为实际产品和市场的不多。

网络教育是教育的一场革命，是根本性的变革，传统的教育模式、方法、组织、形式等都将发生根本的变化，长远来看其中都是机遇。网络技术信息技术带来的实际创新应用，在生活中已经很多，比如我们现在一部手机在手，出差查地点、查路线、找人都能解决；又如微博这种东西，这些在过去是不可想象的，都是非常巨大的创新甚至革命。但是这些在教育中的应用却仍然很浅薄，其中潜藏的诸多机遇目前并没有充分爆发出来。

## 隧道那端的亮光

**夏巍峰**：您投入自己的创业理想至今，更多的是迷茫还是已经看见了前景?

**刘义光**：我自己的感觉，一投入创业，就像进了一条隧道，很长很深，迷茫中磕磕绊绊，摸索前进，但是走着走着就看到亮了。

这个过程中，人会反思，会修正原先的想法和心态。原来想让人人享有优质资源，后来就发现这个理想即使降一格也太高太大了，茫茫不可测。现在我觉得自己终于找到了着力点，那就是通识教育。

对通识教育做过探索之后发现，这和我自己原来的想象还是比较吻合的。比如最初我开办麦课时，就想做音乐、食品、营养健康、心理等这种素质提升的课程资源，到现在研究发现，原来这些在国外已经成体系了，就叫做通识教育。通识教育背后有很深刻的理论支撑，但这个概念在国内却不太为人了解，连有关的专家都不太多。

**夏巍峰：**您的意思是，当初做课程只是凭借一种感觉，后来才找到理论依据？

**刘义光：**是的，找到理论支撑后，我们才据此形成了自己符合现代中国发展需要的课程体系。

因为完整做一件事必须能解决问题。现在中国高等教育的问题是咱们的课程体系里专业课的比例过大。教育毕竟是要促进人的发展的，而人的发展有两个部分，一是核心能力素质，二是专业能力素质。我们现在上大学，解决的主要是专业能力素质，而核心能力素质被忽视了。所谓核心能力素质，包括一些通用的知识、技能，以及价值观、自我认知等等，这其实是人的核心，这正是通识教育所要解决的。



虽然我们的课程体系现在还没有完全建成，但找到了这个理论支撑，我们更有力量了。

**夏巍峰：**整个课程体系的开发进度如何？

**刘义光：**我们的整个网络通识课程体系目前包括七个分支，当前正在做艺术美学这一分支，十多门课已将近完成，这十门课前后花了三年多时间，而随着整个开发进程，整个体系的大纲也在逐步完善，此间我们的团队也经历过更新重组。

而一门课的开发，最慢的时候曾经花过一年时间，现在快些了。

**夏巍峰：**您说现在看见亮光了，是指你们的体系开始被市场接受了？

**刘义光：**这些课程放在市场中检验，结果也经历了一个变化的过程。2006年时，这些课程的接受度确实不高，各学校都觉得课时很紧张，专业课都加不进去了，哪有时间和精力再去安排这些非专业课。九成以上的客户都不理解。要特别感谢重大网院第一家采购了麦课的“音乐赏析”课程！

近几年来，情况变化很大。高校中大量的专业课都在调整、压缩，越来越多的人开始接受通识教育或类似的观念，认识到应该为学生辟出一部分课时，让他们可以个性化地选择自己喜欢的非专业课程。有的学校将其归于公共课。有的单位看过体系和课程之后，立刻就拍板要求全部买下，问题是我们现在还没有全部建完。这时的情况慢慢开始变成我们建设的进度跟不上客户的需求了。这也就是我说的，看见亮光了。

**夏巍峰：**但是现在市场上的课程价格并不高。

**刘义光：**这也是我们所苦恼的。虽然通识课程的内容得到了客户的承认，但是市场上充斥着太多廉价课程，比如几千块钱一门，这已经在客户心中形成了既有概念。而我们每门课的开发都要花费巨大精力，这种价格确实有些难以接受。

## 理想未变，困惑尚存

**夏巍峰：**您当初的理想是让更多人享有优质教育资源，这个理想没变吧？现在您已经做了这么多课程，有什么办法让更多人学到吗？

**刘义光：**理想没变。但是自己做出来的东西要让更多人学到，这确实很难。说起来有很多线索，因为社会诸多领域都需要通识课程，而我们自认为做得也不错，但具体该如何切入市场，这仍然是我们的困惑。

目前，国内网院绝大多数都很认同我们的工作和成果，其中很多家都在与我们商谈引进，同时在大公司大集团的内部培训方面也已有了一些成功案例。但是下一步该如何推广？这个社会中，真正需要这些课程的人，大多数既不是高校也不是大集团公司的，具体如何推广到他们手中，这点我还在困惑。

**夏巍峰：**据了解，你们的网络通识课程引入高校时，会根据高校的教学平台设计和教学要求做些改造，往往需要严格控制学习流程。但这种课程的学习与专业课程应当不太一样，严格的过程控制是否会打击学习者的积极性？

**刘义光：**学校是要评价学习过程的，这是学历教育体系下通行的规则，虽然网络通识教育确实不该变成一种严格的训练，但在目前的现实中，只能暂时顺从规则的要求。

## 在现实中实现理想

**夏巍峰：** 像您这样富有理想色彩的人，创业过程中最大的痛苦来自哪里？

**刘义光：** 在解决了理念和定位问题后，最大的困难在于效率，在于团队。首先，人员能不能跟得上咱们想象的节奏，同时想做的事能否找到合适的人；其次，能否把这些人有效地组织运行起来。

我原来的理想是让人人都享有优质学习资源，于是马上弄了个学习网，想马上就让所有人都知道，去学习。那时的理想可能有点空想了。那时每天只管做产品，只管扩张，不搞管理，也不知道去看账上还有多少钱，突然有一天发现快要发不出工资了，这时才被拉回现实，开始从头学习关注财务、关注人员等等。

而做这样的网络通识课程，一般人也是比较费劲的。我们在隧道里摸索，摔过不少跟头，停工、返工、浪费都不少，如跟我一样的人要做同样的事，大约也要经过同样的过程。



**夏巍峰：** 创业至今，有没有什么心得，可以给行业中的创业同仁以参考？

**刘义光：** 我从自己的经验出发，大致得了三个法门。

一是持续改进。有了一个总目标，就起步前进，每天都改进一点。我的微博开了直播，每天都要记录一点当天做的事，就是这个意思。

二是均衡发展。团队、顾客、产品、管理四个要素哪个也不能缺，必须保证均衡，不能只顾一头。

三是重点突破，自己的重点要做好。然后再形成一些自己的特色。

最近一年，我最大的收获是核心团队组建起来了，大家对事业形成了共同的认识，这是我们未来发展的基础。

## “五好”课程与行业时运

**夏巍峰：** 与市场上其他课程相比，你们自己觉得最大的优势何在？

**刘义光：**我们最大的优势是在设计，以及内容的选取。比如有一门课叫做“摄影艺术赏析”，这门课已经在国美投入使用，他们一位老师告诉我，他在给员工上课之前，自己先看了一遍，课程对几张照片的讲解，其中贯穿的价值观对他的震撼很大，甚至对一些事物的看法都发生了变化。又如“中国美术”这门课中讲敦煌壁画，有一幅画讲摩诃萨埵那太子舍身饲虎，这幅壁画的解说同样影响了很多人，包括我自己。

这些课程，无论是讲照片还是讲美术，都不仅仅是讲它们画得多么精美，拍摄技巧多么高超，而是将其放置于一个背景情境中，放置于故事中，凸显其中的思想、观念、精神。好比“茶文化”这门课，能讲茶的好老师很少，我们费了很大力气才找到一个合适的老师。这门课从界面设计到操作到讲解，包括其中的学习活动设计，都努力融会着茶的精神：和、敬、清、寂。

我们相信，这样的设计，已经可以与市场上大多数普通的欣赏课程鲜明地区别开来。

此外，我曾经提过，好课件要做到“五好”，即好界面、好操作、好内容、好活动、好分享。这些要素，在网络通识课程的设计中都实现了。精心设计的界面，比如色彩搭配、背景音乐选择，可以让学习者轻易沉浸入学习情境中去。界面上的操作也是经过斟酌设计的，确保学习者能够自然地开始学习过程，这是“好操作”。好内容前面讲过。课程中设计着各种学习活动和游戏，我们想尽办法让它们既花样繁多，又轻松有趣，其风格节奏还不能与整个课程的基调相冲突，这是“好活动”。同时在课程中也设计了简便好用的学习成果分享的功能，学习者可以得到反馈，这是“好分享”。

**夏巍峰：**其实，这些通识课程中的知识如今很容易就能从网上找到，虽然无法做到如此完整，但是学习者仍然可以得到大量相关资料，包括各种讲座，并自行学习。在这样的情况下，你们的课程有何本质提升？

**刘义光：**网络世界中的知识确实丰富多样，但问题在于选择。个人面对那么多零乱的知识，怎么选择呢？那些没有整合的素材，没有搭配起来的图文动画，以及教学设计，学习者要花费多少脑筋和精力才能自行梳理出一个条理来呢？我们对内容的提取，对知识的筛选，对各要素的整合，应该才是本质的增值所在。

**夏巍峰：**你们这种“精品工作坊”的定位，要建设一个颇为庞大的课程体系，随着量的上升，你们如何保持“精品”的水准不下降？

**刘义光：**这就要靠管理了，这也是像我这样的人创业摸索成长的一个方面。最早时我们的伙伴只有几个人，现在已经成长到十几个人了。目前正在进一步梳理流程、制定规范、培训队伍，以及完善技术手段，以再次提升整个队伍的质量。

**夏巍峰：**你对业内网络课件开发的整体现状有何评价？我们这个行业在这方面还需要解决什么问题？

**刘义光：**比较好的现象是各个单位都在下工夫改进自己原来的课程，因为这个时代发展太快，几年前的课件已经不太符合现在的需求了。这时如果能够促进一下大家对课程的认识，会对加快课程更新的进程有所帮助。

我们一直在思考，网络教育的主要问题是什么。其实现在看来，网络教育一直有两个传统问题没有解决，也就是“教什么”和“怎么教”的问题。前者是课程体系，后者是教学效果和效率问题。网络课程开发的关键大约就在于能否帮助解决这两个传统问题，这方面国内的研究探索还很零散。

我说“五好”课程，可能还是比较肤浅的认识，我很期待有人能够更加系统深入地进行研究和总结。现在这个阶段，是这个行业应该真正开始内涵建设，练出真功夫，开始发力的时候了。



（王铁军/整理）

# 新为　智慧云平台大有可为

深圳市新为软件有限公司（以下简称“新为”）成立于2003年，十年来，秉承一切以客户价值为皈依的经营理念，不断缔造完美。新为今年重磅推出了智慧云平台，不到三个月，就得到了行业的广泛认可，合作伙伴和用户飞速增长。而新为也在悄悄从一家技术型企业转向服务型企业。不久前，《中国远程教育》（资讯）执行主编夏巍峰与新为董事长兼总裁袁红兵就智慧云平台及公司的转型升级进行了对话。

## 创新驱动企业转型升级

**夏巍峰：**2003年以来新为主要是通过卖传统的软件许可证这种方式来经营，目前为什么会提出由技术型企业向服务型企业转型？

**袁红兵：**转型的原因有外部和内部的因素。外部因素是我们需要更好地满足新为客户的应用需求。客户对我们软件各个方面功能都很满意，但他们需要很多优质的课件资源，我们也曾经帮助客户找课程提供商，但是，过程很麻烦，而且不一定适用。新为是一家技术型的公司，我们有开发软件的能力，但是开发课程不是我们的强项。所以为了更好地服务客户，我们必须创新，这是从市场和客户层面来讲。

深圳市新为软件有限公司董事长兼总裁袁红兵

另外一个方面，从新为自身的经营发展来讲，传统的许可证销售方式做到一定规模以后增长变慢。软件许可证的销售必须不断去发掘新客户，而且往往只是一次性的收入，这样不利于企业长期的研发投入、创新和发展。新为有这么多高价值的客户，如何在服务好客户的同时，让公司的营收得到提升，实现可持续发展？这使得我们在产品和商业模式上必须有创新。

**夏巍峰：**您觉得新为从技术公司转变成一个互联网服务公司，对行业有什么意义？

**袁红兵：**这是一个非常自然的过程，也是大势所趋，因为E-Learning应用非常特别，它属于管理软件的范畴，但是它又具有互联网的天然属性。E-Learning之所以越来越热，非常重要的原因是：教育遇上互联网。技术与服务结合在一起，才能发挥它最大的价值。对于客户来讲，永远希望在第一时间能够用到最好的产品；从E-Learning未来发展来讲，它会让参与的各方厂商、客户更有效率，更专注地去创新和学习。

**夏巍峰：**新为做了近十年软件销售的模式，现在要转型是不是比较痛苦？

**袁红兵：**企业开始转型之前，我们做了很多准备工作，相对比较顺利，但也暴露出我们准备不充分的地方。尤其是对于新为所有的员工来说，我们的思维方式是有惯性的，我们原来是卖软件的企业，现在要卖服务，虽然有了新的技术支撑，但是改变观念还需要一个过程。过去的这三个月，我们在磕磕碰碰当中完成了初步的转型，可喜的是新为的全体员工非常认同这种发展模式，认可这个目标，有这个意愿，因此我相信这种转变会逐步得到更好的发展。



**夏巍峰：**公司的新产品有着怎样的定位？

**袁红兵：**我们希望将来能为每一家企业建一个适合他们的企业网络学院，不同行业、不同规模的企业都可以有自己的学院，都有适合他们的学习资源。让企业内部任何一名员工在自己企业的网络大学上就能学习到全中国乃至全世界最好的课程，这是我们智慧云平台产品要达到的目标。

**夏巍峰：**为什么叫智慧云平台？

**袁红兵：**新为的智慧云平台不是新为一家企业在提供服务，我们和很多培训机构、厂商和大学建立了合作关系，一起向客户提供服务。合作伙伴的资源不一定在新为的服务器上，而是在它们各自的服务器群里，后台是一个云的架构。同时，平台之上传输的都是好的课程，那些名师、专业人士所讲的东西本身就是一种智慧。

此外，在智慧云平台课程方面，我们现在已经有智能的分类和搜索机制，而且这个分类在不断提高精细化程度，最终要匹配到岗位，匹配到专业。课程供应商前期的调研，加上我们资源规划研究部门的审核和用户的反馈，三个层面的筛选确保课程做到高度精准。当然知识点做得很精细化需要很多的时间与精力，我们有很好的反馈机制，用户看了课程后，如果感觉知识有点偏差，可以提出建议，我们会把这些建议快速反馈给合作伙伴和内部的运维部门，不断去完善课程的精细化程度。

## 与伙伴携手发展

**夏巍峰：**对课件供应商来说，这个模式对他们是否有利？

**袁红兵：**这种模式在当前的环境下非常有利。当前课程开发商发展企业客户的速度很慢，可能一个月只能开拓一家新客户，而且是卖许可证，是一次性收入。同时，课件开发商又必须不断去拓展市场，否则课程做出来后，投资不能得到回收保障。另外，市场竞争也很激烈，大家也有不少相似课程，如果不能在广大的用户中建立品牌，对未来的发展不利。跟新为合作以后，新为的四千多家客户立即也变成了合作伙伴的客户，采用按需付费方式后，虽然对于每个学员来讲课程的单价变得更加便宜，但是用户量大，我们现在有近八百万的用户，只要里面有1%的人学习，那每年一门精品课程就可以创造几十万元的收益。

**夏巍峰：**学习一门课程，现在成本可能大大降低了？

**袁红兵：**如果按照新为智慧云平台现有几百家课程提供商的总体定价来看，一些通用的课程我们最低可以低到每人课几块钱，专业一些的课程平均在十块钱左右。

**夏巍峰：**与同行业相比，你们具有哪些优势？

**袁红兵：**新为企业 E-Learning 产品的传统优势一直是全面完善的学习发展与管理功能，及强大的技术支撑。新产品推出后又增加了一项优势，就是能够同时向客户提供丰富的课程资源。实际上，客户的需求非常广泛，很多中型以上企业有数百个岗位，一般课程提供商无法满足客户如此精细化的需求。比如说，一个开发工程师的岗位，他可能需要微软的课程，需要 Oracle 的课程，需要 Apple（IOS）的开发课程。相比较其他的 E-Learning SAAS 服务提供商，我们的优势在于，他们只能提供自己开发的或有限合作的课程资源，而新为的智慧云平台开放架构已吸引了不同专业领域的数百家课程提供商的加盟，最新最好的课程每周都在增长，我们能够为不同行业、不同规模及不同岗位的学员提供更加精准的配课方案。

**夏巍峰：**您刚才说到需要足够好的资源，新为有什么优势可以吸引课件提供商跟您合作？

**袁红兵：**智慧云平台推出三个月来，我们已经有两百多家合作伙伴，大家跟我们合作有几点原因：第一点，新为之前做软件，积累了大批优质的客户，我们新为的客户实际上是他们的潜在客户，那么通过与新为的合作，他的课程不需要做广告就能让客户看见。

比如说，某家课程供应商今天跟新为合作，明天早上新为的客户在内部的企业网络大学里就可以看到他的课程，就可能产生购买的行为，这对合作伙伴来讲是非常有吸引力的。第二，新为做 E-Learning 软件已经有很多年，技术很成熟。第三，我们知道合作伙伴顾虑什么，目前大家对知识产权越来越重视，但保护做得不是特别好，那么好的课程资源，开发商很担心会流失到网络，这样他们长期的收益就无法保障。新为为此研发了原创课程保护技术，这个技术可以让合作伙伴的课程放在自家的服务器或者平台里，他自己来管理、保护。



## 让技术转化为效益

**夏巍峰：**您刚才说，原创课件是开发商自己保存在他们的服务器上，这样会不会导致带宽成本越来越高？

**袁红兵：**真正搞网络运营的人都很清楚，网络学习运营的带宽成本是非常大的投入。比如说，一门 200K 码流的课件，十个人学习的流量是 2M，一万个人就 2000M。这个费用非常高，一年为此要付几百万元。对此，新为采用创新的 WBT 课件 P2P 传输技术，这是我们原创的技术，拥有多项发明专利。我们在课件国际标准之上加了一层让复杂的课件以 P2P 的方式进行传输的技术，这样会大幅降低课程提供商的运营成本。现在我们的合作伙伴，要满足几十万用户的应用规模，只需要支付不到原先十分之一的带宽成本。

**夏巍峰：**虽然从技术型的公司转向服务型的公司，但是从智慧云平台来看，新为的技术人员还是占有很大的比重。

**袁红兵：**新为一直是一个技术导向的公司，目前技术人员在新为总体的结构里面占 65%以上，核心技术团队都有比较丰富的互联网运营经验。从设计上来讲，新为的智慧云平台能支持上亿用户群的应用；从基础的架构上讲，新为和国内大型的互联网公司是在同一个水准上的。

我们软件平台的扩展能力非常强，不管客户需要什么样的平台部署，具备什么样的员工规模，需要什么样的网络结构，新为都有最佳的解决方案。向互联网服务商转型，技术仍然非常重要，因为技术是保证运营的有力支撑，这一点也是新为最有优势的地方。举个例子，国美为什么选择使用新为的平台，很重要的原因就是我们的技术能力，能够保证几十万员工的学习和考试，并且能够显著降低服务器和带宽的投入。

**夏巍峰：**保证这个新系统和新模式正常运行的关键点在哪里？

**袁红兵：**我认为做好两个方面很重要。一方面，我们需要不断吸收更多优质的合作伙伴，不断有更好更新的学习资源能够持续去满足客户日益增长的需求。同时我们需要做好精品课程的提炼和推荐工作，让我们的客户能够即时享受最好的学习服务。

另一方面，我们从传统的软件销售模式直接转向互联网服务，我们需要不断加大核心技术的研发力度，比如在安全性、性能的提升方面，我们都已有持续优化的目标。现在，我们整个系统强调互联网运营式的管理，就是要为客户提供最快速、最满意的响应速度。

**夏巍峰：**推出现在的智慧云平台，新为的运行成本是不是增加了？收益从哪里来？

**袁红兵：**在保证公司有稳定健康的现金流的前提之下，为了促进这种新模式的发展，新为把更多的利润留给了资源合作伙伴和区域销售合作伙伴。当然，新为也是有收益的，这与技术的创新有密切的关系。比如说，原先，大量的课程内容需要占用庞大的服务器资源，投资会非常大，而现在只需要核心的服务器群和结点服务器就能满足需求，新为的利润实际是通过技术创新转化而来的。

**夏巍峰：**有没有推出基于移动平台的解决方案？

**袁红兵：**我们已经在研发，预期在下半年发布，我们内部已经在安卓和微软系统上测试过，iOS 平台正在做技术预研，可能稍迟一点，我们希望下半年能够提供给我们的客户。其实，技术上没有太大的问题，问题还是在于资源，目前适合移动平台的课件很有限，而 iPad 暂不支持 FLASH 格式，很多课程就不能在上面运用，这也是一个障碍。所以，很多课程必须专门做成手机版的，我们的平台会保持跟市场需求一致。

**夏巍峰：**在移动平台上的应用，客户有这方面的反馈吗？

**袁红兵：**客户也分成很多类型，有些客户是特别喜欢创新的，这种客户比较少，他们希望享受到最新的技术，会去推动技术的创新。但是，随着 E-Learning 市场慢慢成熟，大部分客户还是比较注重实用性，现在有少部分客户希望能够应用移动平台，但那还只是一种尝试的心态，我们预期未来两年移动学习的需求会大幅增长。

## 让每家企业都有自己的网络学院

**夏巍峰：**现在的模式跟以前相比差异是什么？

**袁红兵：**对我们的老客户来讲，他们应用我们的平台很多年了，用得很好，这些客户也能享受到我们新产品带来的便捷和实用。

对于我们的新客户，现在使用新为的服务，就是一体化解决方案，一个非常好的管理平台，有丰富的课程资源，有精准的岗位课程筛选体系，并且投资成本较低，不需要投资硬件、网络带宽、购买课程等。而且，新为的平台是开放的，不是简单的运营服务公司，我们的课程每天都在持续更新。新为智慧云平台从 2013 年年初正式推向市场以来，已经有四千多门精品课程，并且我们每周都有几家新的合作伙伴、优秀的培训机构或大学与我们签署合作协议，现在每个月至少能上线几百门课程。对客户来讲，市场上，培训公司和机构有哪些最新最好的东西，只要用新为智慧云平台，都能及时使用。



**夏巍峰：**您说的投资成本很稳定，是否可以解读为降低成本？降低成本在哪些方面能够体现？

**袁红兵：**以 1000 个用户的网络学院为例，第一，节省了平台的成本，以前是购买许可证的方式，投资服务器可能就需要近 10 万元，带宽每年 20 万元，然后软件平台平均一次性投入也是 20 万到 30 万元，这是国内的正常水准。这些只是平台的基础投入，还没有出成果之前，可能 60 万元就花出去了，投资大而且还存在风险。现在，硬件、服务器、软件平台不用买，带宽不用租，课程也不用开发制作，不用购买，只需支付一定的使用费，所以，我们的智慧云平台基本上就是让客户零成本投入。我们的理念是：让客户只为成果买单，让每家企业都有自己的网络学院。

**夏巍峰：**现在的模式就是不用去购买平台，资源方面不使用就不需要投入？

**袁红兵：**是的，资源是按需付费。比如说，我是一个财务岗位，需要学最好的财务课程，我只要付我一个人学习这些课程的钱，这个时候对企业的投资改变就非常大，企业可能一年几百块钱就能满足一个岗位上所有员工的岗位培训。而且，通过智慧云平台国内外专业测评厂商提供的岗位测评产品，能让学员可以看到本人实际水平与岗位要求之间的能力差距，让员工学习更具有针对性，真正学到应该学习的知识。

**夏巍峰：**新的产品增加了测评功能？

**袁红兵：**目前我们在跟国内外最好的测评公司进行合作，员工登录平台，经过测试后，能清楚看出本人能力素质项与岗位是否存在差距，差距情况如何？专业的建议是什么？可以学习哪些课程去提升？测评的结果能够清楚表现出来。网络学习非常重要的一点就是为员工提供个性化的学习解决方案。要个性化学习，必须有好的资源来支撑，必须有适合于不同岗位学习的资源，才可能做到个性化。新为的智慧云现在已能向企业客户提供针对不同岗位的整体的个性化学习解决方案。

测评功能对员工确实很有帮助，我们内部所有员工都定期做测试，许多员工测评之后，对自己所在岗位的要求，对自己的优势弱点都会看得更清晰、更准确。对于企业客户来讲，参考测评结果去安排员工学习的目的性、针对性就非常强了。

目标激励是促进学习效果提升的方法中最为有效的，参与的员工有了学习目标，明确了岗位能力差距，自发学习的主动性和积极性会更高。课程方面，我们的平台是开放的，那么员工就可以从我们的课程供应商这里找到适合他的课程，比如说，同一个课程有清华版也有北大版，讲的侧重点不一样，员工可以有针对性地选择，提升学习的效果。

**夏巍峰：**这个智慧云平台适合所有企业吗？

**袁红兵：**新为的产品解决方案有适应不同行业、不同规模和不同应用需求的版本，这一方面新为有很多成功的经验。具体到新为的智慧云平台产品，就当前阶段来看，超大型企业或者管理成熟度非常高的企业相对应用得比较少，它们还是愿意选择采购新为的软件平台进行个性化的配置，因为它们在培训资源方面有长期的积累，人才管理与人才开发方面也有自己独特的东西。而对于绝大多数成长型企业，智慧云平台是一个非常好的服务，它们比较容易接受这种方式。

**夏巍峰：**对于老客户，现在是否可以把它的资源放在这个新平台上来学习？

**袁红兵：**对于新为的老客户而言，智慧云平台的推出，是一项非常棒，也是期待已久的服务。老客户内部部署的学习平台通过快速升级后，会自动连接到智慧云平台，在不浪费已有投资的情况下，按需选择智慧云平台的精品课程用于员工培训，极其便利，性价比也非常高。

## 智慧云平台大有可为

**夏巍峰：**你们现在是既提供了平台又提供了内容，智慧云平台在行业内的竞争力如何？

**袁红兵：**第一，新为和内容提供商是天然的伙伴，新为一直把自己定位在一个做平台的公司，是服务平台，我们不开发课件，新为是内容提供商一个大的销售渠道，所以我们之间不存在竞争。第二，其他的平台厂商与我们之间是有些竞争关系的，我们相信新为的开放模式会有很强的竞争力，过去这么多年，在我们没有提供课程解决方案的情况下，有这么多客户都选择了新为，这也证明我们的平台技术和服务能力是很强的；今天，新为是与数百家专业的教育培训厂商一起向客户提供整体服务，我相信我们能够为客户创造更多价值。

**夏巍峰：**您对准备应用 E-Learning 的企业应该怎样选择供应商，怎样选择平台，有没有一些建议？

**袁红兵：**我觉得企业应用好 E-Learning 要注意几个方面，第一，企业自身的定位，开展 E-Learning 的目标必须符合企业自身发展的状况，合适的才是最好的。第二，循序渐进，先把核心岗位的学习体系建立起来，把基本的评估体系建立起来，然后再把人才发展体系、岗位晋升体系等逐步做起来，最终形成自己的完整的人才培养模式和周期性的人才盘点机制。第三，选择平台，应该考虑新为智慧云平台这样的产品。

我们这个智慧云平台的基础就是来源于过去九年中四千多家客户的实践，我们深刻地体会到客户建设 E-Learning 有哪些痛处，比如投资成本、资源建设、实施周期以及应用效果等方面的问题，我们的智慧云平台产品和商业模式就是为了能最好地帮助客户解决这些问题而设计的，让企业“零投资、低成本，即刻拥有随需应变的企业网络学院”，是新为智慧云平台产品的核心定位。

（罗勇/整理）

# 用友新道　做教育，走新道

作为亚太地区最大的管理软件和服务提供商，用友的知名不仅靠管理软件和服务产业龙头地位，20多年投身中国教育服务取得的成就在中国企业界也独树一帜。如今，为光大管理与信息化人才培养及服务院校教育成果，用友投资设立全资控股子公司——用友新道科技有限公司（以下简称“用友新道”）专注教育服务业，开辟现代服务业的教育服务新道。

从《中国远程教育》（资讯）执行主编夏巍峰与用友集团高级副总裁、用友新道总裁郭延生的对话中不难发现，用友投资教育服务业必将帮助中国院校走出实践育人新道。他们开发的实训教学平台，已经突破了学生的实习、实训模式；面向学生进行复合型人才培养与就业服务，将帮助学生大幅提升就业质量；把院校老师带入企业进行实务研修，必将缩短院校教育与产业间的距离；他们为企业和院校搭建起互动平台，让企业和院校牵手，促成一个既有企业、又有院校参与的网状校企合作联盟，让人才育达成为可能！“无暇怀旧，拥抱变化”，在大变革时代，我们欣喜地看到，用友新道的想法和做法确实与众不同，用友新道名副其实。他们用实际行动证明，企业是中国教育的重要参与者与投资者，有想法、敢作为的企业一定会为中国教育改革做出重要贡献。

## 企业是中国继续教育的特殊主体

**夏巍峰：**在2012年4月底国家行政学院组织的全国主管教育副市长研修班上，您作为企业代表做了《发展企业　探索继续教育新道》的主题演讲，请您介绍一下当时的情况以及您的体会感受。

**郭延生：**这次研修班由教育部主办，相关领导高度重视，作为企业代表，特别是通过民选出来的企业代表，能够参加这样高规格的活动，并在

用友集团高级副总裁、用友新道总裁郭延生

台上介绍我们的一些粗浅做法，非常荣幸。跟来自全国各地主管教育的三十多位副市长交流，我个人感觉也很有收获。第一，作为企业代表，用友开展员工继续教育的做法获得了市长们的高度认可，这对我们是一个鼓舞。第二，组织全国的教育主管副市长来参加这样一个研讨和培训，也是教育部加大力度推广继续教育工作的一个措施和抓手。在交流过程中，我们把“企业是继续教育的重要参与者与投资者，也是中国继续教育的特殊主体”这样一个意思表述给各位市长，引起强烈共鸣。过去，大家一谈继续教育，一般都会把全国各类大、中专院校作为主体，并依靠这些学校来推动继续教育事业。但从最近教育部的几次会上我们欣喜地看到，国家已经开始把行业、企业纳入到继续教育核心主体的范围当中，让企业、院校和行业主导部门共同来推进继续教育工作。作为中国继续教育一个重要的特殊主体，企业应承担起重要使命。而继续教育已经不再把企业排除在外，可以说，企业在继续教育事业中发挥重要作用的春天到来了。



**夏巍峰：**教育部《关于加快发展继续教育的若干意见》现在已经完成了向社会公开征求意见工作。您认为这个意见对于继续教育办学或者说服务体系建设有什么意义？行业主导部门、企业又应该如何发挥自己的作用？

**郭延生：**应该说这个文件发得非常及时，国家在全民教育方面有了更高的指导纲领。过去，教育部主管得比较多的是以院校为核心的教育，包括幼儿教育、义务教育、高等教育，虽然各大学都相继设立继续教育学院，但总体来讲，实施主体还是相对狭窄，所能辐射的人群也不够大，所以主管部门的关注力度也不如对学历教育的关注力度大。今天，将实施主体范围拓宽，我相信这将极大促进继续教育事业的发展。

以用友为例，用友集团有13000多名正式员工，加上从事用友软件营销、推广、开发合作伙伴的员工有30000多人，每天有150多万家客户的近千万人在使用用友软件管理业务，从某种意义上来讲，我们的社会责任是巨大的。如何把这个社会责任承担好、发挥好呢？在发展企业、提高经济效益的同时，我们每年都通过捐钱、捐物支持灾区重建等方式来承担社会责任，但如果只把做慈善定义为承担社会责任，我觉得是不准确的。一个企业承担社会责任最核心的发力点，除了产业发展、提供社会就业以外，还应把员工再教育以及对客户提供培训列入社会价值贡献的重要组成部分。怎样发挥这个价值呢？第一，要把自己所做的事分享给社会，让更多的人关注企业员工的再教育，让我们的经验为其他企业所借鉴，给其他企业一些建议，让大家都少走些弯路。第二，在进行自己员工持续再教育的同时，把合作伙伴和客户的培训全部纳入进来，那么，我们就不仅仅是在持续地创造经济价值，还能够发挥更大的社会价值，所以我觉得把我们继续教育的做法向我们的合作伙伴和客户延伸是非常必要的。第三，在传播经验的同时，让更多的企业和院校建立起更广泛的合作关系，我们认为这是更有意义的一件事情。即通过架起桥梁，让企业的用人需求能够在院校中直接落地，让院校教育积极响应企业需求。这样，学校教育和继续教育将不再是割裂的，二者就能融合起来，一方面把学校教育向继续教育延伸，更多地站在企业用人的需求去安排教学，另一方面把继续教育向学校教育延伸，从而提升中国院校教育本身的质量，这样的教育才更有持续性。



## 发挥自身优势专注教育服务

**夏巍峰：**用友新道是用友的一家子公司，成立这个公司的规划是什么？通过这一年的探索，它的意义又在哪里？

**郭延生：**我觉得用友新道成立时有这样一些基础。第一，用友本身在持续发展，在发展过程中确实需要引进大量的人才。一方面，我们把外面优秀的人才吸引进来以后要缩短他们在用友的适应周期；另一方面，对于引进的人才，要想融入到这个产业中来，我们也必须给员工做强化的培训。第二，用友体系内原有的员工也有一个持续发展的问题，我们要对他们进行持续的培养才能满足客户持续对我们提出的能力要求。第三，企业信息化慢慢发展成为信息化企业，在这个进程中，企业对人才提出了更多的新需求，而院校又很难满足这些需求，即信息化企业人才和院校教育培养出的人才之间有一点点断层，这个断层谁来弥补？在没人弥补的时候，我们的客户就不仅仅要我们提供解决方案，还向我们提出一些人才的需求，因此，用友的人才大批流向我们的客户。在这种情况下，用友能做的就是扩展自己的员工入口，通过我们自己人才的培养，让社会人到我们这里来迅速上岗适用，服务于客户，在客户需要人的时候，再到客户那里发挥更大的作用。这一点是用友新道创立的一个重要的背景。第四，就是我们自己过去在员工培训、培养方面确实也摸索出来一些经验，这些经验也有必要向社会普及、分享，然后发挥它的价值。第五，过去跟院校合作的很多年中，我们也积累了很多合作经验，比较了解院校教育，同时也希望院校教育能更多地为企业着想，而我们恰好可以从中架起一座桥梁。

正是基于上述几个背景，以“建设与实践高品质人才培养体系，提升个人及组织能力与绩效”为使命，我们组建了致力于中国管理与信息化人才培养与服务的用友新道。当然，还有一个大背景就是在工业化和信息化融合之后，教育信息化成为大势所趋，教育本身需要信息化来支撑，信息化教育培养出来的人才能满足信息化企业的用人需求。我们觉得有必要参与到这样一个大融合浪潮当中去，发挥自己的优势。譬如作为中国最资深的IT企业，用友专注于信息化产业发展的优势；譬如用友的客户资源优势，我们的客户里中国五百强企业不少于50%，因此有着很强的资源动员能力；譬如在过去多年服务院校教育的过程中，用友也累积了一大批既懂教育又懂企业的人才。



## 与院校合作缩短院校与产业间的距离

**夏巍峰：**您也提到用友新道跟院校之间的合作，这种合作主要有哪些形式？

**郭延生：**跟院校的合作我们更多的是提炼企业员工继续教育的一些需求，把它向前延伸到学历教育。合作形式主要有三个——第一是面向院校主管层，帮助院校提升未来院校经营的抗风险能力，这种能力建设主要是通过IT手段来改变教学方法，或者说是改变教育手段。如果我们从教育理论、教育技术、教育方法三个层面来剖析教育的话，教育理论方面院校更强；教育技术方面，院校对教育技术的研究应该加快向企业看齐；教育方法方面，多年来，院校在教育方法上突破力度不大，相对而言，企业在教育方法的突破上走得更快一些。因此，我认为有必要把企业和院校两者融合一下，用企业界的教育技术和教育方法来推进教育界最优势的教育理论的落地。所以，我们给院校提供的第一项服务就是综合教学实训解决方案，通过这样的方案，让院校教育更加面向企业和企业的用人需求，让大学毕业生一毕业就能成为合格的劳动力。

第二是通过我们在企业的摸索，把企业员工培训的方式转向服务院校的老师，帮助这些老师应用新的教育技术，改变教学方法，我们称之为师资研修。院校老师比较多的还停留在教育理论层面，即使有很多科研课题支撑，但这些科研在我们企业看来，还是脱离产业发展的，我们希望院校的老师能够真正融入到产业中去，并且我们认为帮助老师了解产业是一件很有意义的事情。具体方法就是通过帮助老师走进企业，参与我们的企业运营实践，了解产业发展脉络和企业发展脉络，把所见、所闻、所感融会贯通，变成新的教学内容。此外，我们也希望通过让老师走进企业来研究中国企业的最佳管理实践，把这些最佳管理实践提炼出来，向社会传播。所以说，我们的师资研修已经不仅仅是教会老师新的教学技术和教学方法，更重要的是让老师从过去纯写论文、做科研，转向研究中国的产业、研究中国企业最佳管理实践，然后把最佳管理实践变成教学案例，让学生更早更好地认识中国企业、了解中国企业、欣赏中国产业发展。这样，中国的教育一定会发生巨大的变化。所以也可以把师资研修称为面向院校教师的继续教育。

第三是面向我们企业真正的岗位用人需求，帮助企业与院校合作，培养出企业所需的理解业务、掌握工具、擅长沟通的复合型人才。

**夏巍峰：**跟院校的这三块合作目前取得了怎样的进展？

**郭延生：**我们的合作院校已经达到1600所左右，包括本科院校、高等职业院校和中等职业院校，以经管类和信管类为主。我们和1600所院校的合作层次及合作内容也不是一模一样的，有的是和院校共同承担国家重大科研课题开发，有的是相关实训产品开发，有的是直接用我们的课程教学，有的是合作开设某个专业，还有的是合作进行硕士教育……合作层次有高有低，合作范围有宽有窄。在师资研修方面，虽然很早以前就在做，但更多的是培训老师学会新的教育技术，运用新的教学方法，相对来讲处于一个初级阶段。从去年开始，我们开始加大这方面的力度，现在和未来，我们更多是跟老师共同去研究产业、研发一些新的教育产品，引领中国教育走向一个跟产业背景相结合的新方向。今年，我们也跟一些省市的教育厅合作，作为当地师资培训主办单位，承办当地中职和高职院校的师资培训。此外，我们还跟清华、同济等大学共同开办全国性的师资培训班；还有就是搭建起一座桥梁，让中国一些优秀企业的内部培训机构和院校开展合作，企业培训老师走进院校当老师，帮助院校教授实践课程，院校老师走进企业，承担企业员工培训任务。在第三个层面，每年接受我们实训课程训练的学生已经超过了60万人，同时我们也为学生提供实习、就业服务，并连续八年组织了全国大学生沙盘模拟经营大赛。

**夏巍峰：**现在的教师培训机构也很多，跟它们相比，你们的竞争优势在哪儿？

**郭延生：**我们最大的竞争优势就是我们有客户，并且清楚地知道哪个客户在哪个产业方向上做得最好。让这些企业跟我们一起去帮助院校老师走近产业，用产业实践反哺教育，这不是所有机构都具备的能力和资源。我们了解到，目前国内多数教师培训机构还只是用教育机构本身的师资队伍，教育者教教育者、老师教老师占绝大部分，真正以产业界、企业界老师为主体来培训老师的非常少。所以，我觉得我们跟这些传统的教师培训机构最大的差异就是，我们完全是面向产业发展、面向社会进步的培养，而不仅仅是传授新理论和新知识。

**夏巍峰：**作为一个企业，不管是教师培训还是跟院校的合作，如果没有教育主管部门的文件支持的话，相对来讲还是比较难的。你们是怎么突破这个问题的？

**郭延生：**我想这个问题主要是三个层面，你自身确实非常认可你这个行业或者说这份工作，一旦认可就会报以热情，持续地去钻研、推进这件事。而经过你的持续努力，一定会得到社会的认可，这是第一。第二，一定要获得院校支持，一方面要满足院校对老师重塑的需求，另一方面，院校还要认可你的能力，这样，院校才会把这项工作委托给你。第三，如果你做得很有成效，我相信教育主管部门一定会支持。当然我们也会持续地跟教育主管部门领导汇报我们的工作。从现在的情况来看，我们这种直接从微观落地的方式本身已经有了实效。完全符合教育部所倡导的方向，我们相信只要以产业化的方式去做，一定会越做越专业，越做越强。

## 曲线搭建校企合作联盟

**夏巍峰：**您曾经提到，用友新道要发起一个既有企业、又有院校参与的校企合作联盟，形成真正的校企网状合作新模式。现在这个想法有什么样的进展？

**郭延生：**这个想法没有任何的改变，还是非常坚定的，但要想把这件事做起来没那么简单。校企合作联盟本身，第一，要把一部分真正优秀的企业团结起来；第二，要把一部分院校团结起来；第三，要获得教育主管部门的认可；第四，还要有一个团队把这个联盟真正运作起来并落到实处，形成社会价值。从这四个层面来看，我们最早的想法和出发点相对比较单纯，当时是希望由教育部或者由教育部相关的直属机构来牵头，我们和一部分企业、院校来共同发起，先把联盟成立起来，然后再逐渐发展。但从推进过程来看，企业的热情相对来讲高一些，而院校的响应度并非如我们所想。当然由教育部牵头最好，但在教育部没有牵头的情况下，我认为我们倒不如先务实地做一些事情。譬如，前段时间我们在上海组织了一个重要的活动，就是把用友在上海的100家客户的人力资源主管请过来，同时又请了50多所学校的院系主任，通过世界咖啡的方式，把这些人全部打散，让企业的用人主管和学校的育人主管坐在一起，互相交流、结对。我们的目的就是给大家搭建一座桥梁，先让大家感受一下校企合作联盟本身的意义，感受一下校企网状合作新模式的意义，从而改变过去传统的点对点的校企合作。当时现场气氛非常热烈，老师和企业的交流非常融洽，也都非常认可我们搭建的这个平台。通过这样的活动，我们就拥有了一些资源，这个资源就是愿意参与到校企合作联盟的老师们和一大批愿意接受最新培养方式培养出来的学生去实践的企业，把他们聚合在一起，搭建一个区域性平台，再逐渐地在不同的区域复制，就能形成全国性的校企合作联盟。从最开始提出创意时的自上向下推广改为现在的先做区域性联盟，再做全国性联盟，这就是我们现在的思路。在上海成功举办这样的活动之后，我们又在北京、广东陆续推广这样的活动，都取得了很好的效果。

**夏巍峰：**这个联盟对你们用友新道有什么意义呢？

**郭延生：**通过帮助客户解决用人问题来缩短他们人才再培养周期，也避免它们挖我们的人，从这方面来讲是有眼前意义；从长远看符合用友新道承担更大社会责任，发挥更大社会价值的初衷。此外，我们是做教育服务业，需要更多的落地者来支持我们，比如说我们新的育人理念叫做“实践育人、IT支撑、师资研修”，也是我们的三个主导业务。以实践育人为例，如果没有企业的支持，即便院校培养完了，学生也没地儿实习、实践。通过让更多的企业参与到校企合作联盟中来，就可以帮院校拓宽人才出口，就能够帮助院校找到更多的企业来安排学生实习。

# 把用友新道做成教育品牌

**夏巍峰：**很多大企业也在关注你们的模式，您觉得这个模式有可复制性吗？

**郭延生：**局部有，但不会太全面。当前，中国有很多优秀的企业因为自己有最佳管理理念都想进入到企业培训领域，甚至咨询领域，但隔行如隔山，所以我不赞同所有的企业都模仿用友进入我们这样一个领域，这个领域需要专业公司和专业技能。之所以说我们的模式是不完全可复制的，主要因为是我们聚集了大批优秀的既懂教育又懂企业的双懂人才。因为中国这种人才本来就非常少，要想把这些人聚拢起来不是一件容易的事情，需要多年的积累。

**夏巍峰：**用友新道有上市的时间规划吗？对于下一步的工作，有着怎样的目标？

**郭延生：**作为一个科技型教育服务公司，如果说这个方向我们选对了，产业又发展得好，我们不排除上市的可能，或者说要力争上市，因为上市以后我们可以把教育服务这个事业做得更长久、更专业、更有效。但确切的时间表，目前还没有。至于下一步的工作目标，首先，我们希望在未来三到五年内发展成为中国最有影响力的科技型教育服务企业。“无暇怀旧、拥抱变化”，要想拥抱变化就得走出新道，这也是我们当时取名新道的初衷。所以未来我们希望能在教育部的直接领导下，走出教育新道，让新道教育成为一个耳熟能详的教育品牌。其次，从业务角度，我们希望在未来的三年里，用友新道用“聚焦、简单、复制”六个字来引导，专注于教育服务业，聚焦“实践育人、IT 支撑、师资研修”，把企业搬进校园，帮助院校缩短和产业的距离，让学校培养出的人才更符合产业的需求，把学生培养成金手指。

（潘超/整理）

# 师度教育　让天下教师拥有自己的学校

北京师度鸿基教育科技有限责任公司（以下简称“师度教育”）是一家专注于利用互联网信息技术，为不同领域、不同层次、不同类型的教师、学生和家长提供专业化教学、管理、学习、交流的网络平台，以及相关支持服务的高科技企业。目前，师度教育正在设计、研发的网络教学、管理和服务平台集成了在线教学、教学管理、课程制作、在线备课、题库和资源库、课堂管理、在线交易、在线助教等多种系统功能，能够满足教师日常的教学、科研和管理需要，该平台将成为国内理念先进、功能完善、性能强大、覆盖多种教育形式的综合性教师服务平台。

师度教育致力于成为国内最好的数字化、网络化教育服务提供商，公司核心团队具有十几年网络化教学和管理的实践经验，洞悉教师在教学工作各个环节中的实际需要，创造性地将这些需要转化为平台化、专业化的各项系统功能服务。

“视教师为伙伴，伙伴间相互支持，与伙伴共同成功”是师度教育始终坚持的企业价值观，在为教师不断提供优质服务的道路上，师度教育也期待着和伙伴们共同成长，实现“One Teacher，One School”——“一位教师，一所学校”的美好理想。以下是对北京师度鸿基教育科技有限公司董事长郝成义的访谈。

## 创新的 BBC 发展模式

**夏巍峰：**据我了解，您是一名大学教授，您怎么想到创立这样一家公司呢？是把研究成果社会化，还是发现了教育培训平台的这片蓝海？

**郝成义：**如果把一个学校理解为一个 B（企业）、把学生理解为 C（消费者）的话，从教育本身这个角度来看，其实在过去十多年我们做了一个

北京师度鸿基教育科技有限公司董事长郝成义

所谓的B2C。记得2005年，我拿到了国家优秀教学成果奖。拿到奖以后，我慢慢静下来考虑，下一步该干什么？当时感觉网络教育工作再继续做下去的话也就那样了，不管从技术角度，还是从所谓的商业模式角度，从1997年开始的B2C模式经历了近十年的发展，在此基础上再去完善、创新的话，难度越来越大。另外如果没有国家政策的扶持，B2C模式不一定能经得住市场的考验，万一哪天政策变了，这个模式的发展也就会变得很困难。现在我们做的这个事情，大家叫B2B，而我们称它为BBC，与英国广播公司的名称相同，我们是B，我们的客户也是B，客户可以是培训机构，也可以是教师，然后通过我们的客户B来服务C。这是一种崭新的模式，还没人做。我们对这个模式做了大量的分析、研究，认为它是可行的。也就是基于这样的判断，我和我的伙伴们创办了“师度教育”，用我们自己开发的教育服务平台来实践我们的新模式。

**夏巍峰：**您从哪几个方面感觉到BBC模式的生命力？

**郝成义：**其实就是市场的需求。最大的困难，就是如何根据用户的需求设计教育服务平台的整体架构和具体功能，使得它既能满足现在又能符合未来教育服务的需要。好在我们过去十几年一直在做网络教育，这无疑为我们现在做的工作奠定了比较好的基础。平台做出来后，真正的检验就是市场。从这段时间市场上反馈的信息，和最近一两个月用户的使用情况来讲，我觉得比刚开始想象的结果要好得多。

**夏巍峰：**您现在设计的这个平台是不是与教育成果奖的思路相仿？师度教育创建到现在，面临哪些挑战？

**郝成义：**有相通的地方，但是大思路不太一样。当时那个平台的定位很清楚，就是如何通过平台，更好地为学生服务，学院文化的核心就是“以学生为中心”，平台构造和运营都是围绕“以学生为中心”来进行的，这是当初的一个做法。现在的做法完全不一样了，因为我们现在的核心理念是“以教师为中心”，我们的直接用户是教师，虽然分为机构版与个人版，但是机构版最后的直接用户还是教师。现在的平台与教育成果奖不同，但并不矛盾，原来是直接为学员服务，现在通过教师为学员服务，受益的还是学员。

**夏巍峰：**互联网的飞速发展，给人们的日常生活带来了巨大便利，现在通过互联网学习的人越来越多，师度教育旨在打造好第二代网络教学平台，为什么说是第二代？它的特色和优势在哪里？

**郝成义：**第一代网络教学平台，交互性没那么强，以点播方式为主，另外它属于非云平台。第二代网络教学平台一个最大的特点是基于云技术，而且它可以实现实时的教学和非实时的点播相结合，这两个特点并不是说一代平台绝对没用到，但是第二代平台已经把这两个特点常态化了。据我了解，目前做在线培训的企业绝大部分还是在使用点播平台。过去在大学里做网络教育，我也是一直在采用点播方式。点播方式有个好处，可以实现标准化、自动化、工业化的生产，可以在短时间里生产出很多课程，然后放到平台上去就行了，但是互联网的交互优势没有被充分地发挥出来。另外之所以称它为第二代网络教学平台，也可以认为它是教学平台的平台。过去的网络教育平台，是直接为学生服务，学生来消费。我们现在做的这个平台，是要把它提供给用户，让它成为用户的平台，然后用户通过这个平台为消费者服务，实际上是建立平台的平台。这一点当然离不开云技术，我想这也是将来发展的趋势。



## OTOS构想实现教师办学梦

**夏巍峰：**师度教育自主研发的“教师个人云培训平台”和“培训机构云培训平台”是基于什么理念来设计的，主要功能是什么？

**郝成义：**我们现在做的平台有两个，一个是针对教师个人，一个是面向培训机构。这两个平台从设计的思路上，有一些关联的地方，也有一些区别。比如说教师个人平台，从理念来讲是通过我们这个平台达到的一个效果，就是“一位教师就是一所学校”。这就是我们现在网址OTOS的含义：one teacher，one school，这也是我当初做这件事情的未来理想。我曾与很多老师谈过当老师的理想，他们很多人的回答都是：“将来有一所自己的学校就好了。”我也曾经有过办一所学校的梦想，但后来发现自己的能力是很有限的，比如说一个真正的民办教育机构，注册资本就需要好几千万，还要有很大的办学场地和楼房，这些条件个人是很难具备的，恰好互联网的发展提供了这么一个条件，所以后来我就想利用互联网技术，把现实的东西虚拟化，在网上办学校，而且不光是让自己有所学校，可以让天下的老师，每个人都有一所属于自己的学校。他们可以充分利用这一舞台，一方面展示自己的教学水平，另一方面还可以体验运作一个学校的感受。

这个平台做出来以后，当时的设计目标基本上都实现了。比如说作为教师用户，不需要花一分钱就可以用上它。再比如说，实际操作也非常快捷，不到一分钟时间，就可以得到一所属于自己的学校。另外，老师运用这个平台，可以提供双重的教学服务：作为一个校内老师，他可以利用这个平台，对校内的学生进行一些延伸性的教学服务，如给学生补课、辅导、答疑，也可以让学生做作业。同时，老师可以利用这个平台，把自己积累的知识和技能共享给全社会，如可以面向社会做课程辅导、讲座等，从而实现自己的价值最大化。

在平台的设计上，我们也做了很多研究和探索。比如，一个学校是由三大要素组成的：一个就是人，我们称为角色，第二个就是环境，第三个是行为。任何一个现实中的学校，都是这三个要素的结合体。办学要有环境，要有人，人根据不同的作用可以细分为很多种，但是核心就是老师和学生，当然对于我国目前教育的现状来讲，要考虑家长的作用，特别是中小学，因此我们的平台设计时包括了三大角色，这三大角色在这个平台里都是关联互动的，都是通过配合来完成相应的教学过程。



从结构上讲，教师个人平台由四个系统组成。第一是业务系统，比如说教学的准备、教学过程的实施、教学之后的测评等。第二是信息管理系统，老师利用这个平台，不仅能教学，还可以对办学所涉及的一些流程进行信息化管理，比如说要面向社会做教学服务，那么就可以利用这个平台进行信息发布、学生的报名、缴费等的操作。第三是网站系统，网站系统包括网站内容发布、管理和社区交互等。第四是交易系统，这个交易系统主要是教育资源的交易，老师到这里办学除了做教学本身的服务之外，可以把自身积累的一些资源，与其他老师或学生做交易，提高资源的利用率，也就是我们经常说的教育资源共享。特别是一些好的教学素材，老师自己研发出来后，一辈子用不了几次，如果能分享出来，既可以实现心理上的满足，同时也可以获得一些收益。把这四大系统拼装起来，就是一个完整的网上学校。这样的学校既有内部的教学辅导行为，也有外部的市场交易。

**夏巍峰：**那么培训机构平台有哪些特色？

**郝成义：**对于使用培训机构平台来讲，只要花五分钟时间就可以拥有一所在线的培训机构。从功能上讲，培训机构平台也是由四块组成的，即培训系统、信息管理系统、网站系统和交易系统。但与教师个人平台相比，这些系统要复杂很多，因为它涉及的不是一个人，而是一个机构，这个机构还包括不同的部门，部门内部还有不同的岗位，不同的岗位和部门需要协同工作，这些要求无疑给平台的设计和开发带来了更大的难度和更多的工作量。

## 整合资源实现教师价值最大化

**夏巍峰：**现在这两个平台运营情况如何？培训平台面向个人是免费提供服务吗？

**郝成义：**经过两年多的开发，教师个人平台已基本完成，现在已经开始接受注册。最近一个多月，大约有2000多教师注册，有些教师已经开始在上面开课了。我也是用户之一，从前期功能开发出来以后，我就一直在用，因为我也是个老师，我要做第一个用户，只有这样，才能真正体会到哪些功能好哪些功能不好，哪些功能应该有哪些功能不应该有。到目前为止，我已累计接收1900多学生，开设了两门课程、十几个课堂，使用的效果非常好，从学生在课堂论坛中发的帖子可以看出，他们对这个教学平台和利用这个平台做教学服务非常满意，评价很好。

老师注册使用教师个人培训云平台是免费的，也就是说，对于老师个人来说，是零投入。

培训机构平台已正式开始市场推广，短短一个多月时间，已有几十家培训机构签约，实际情况好于预期。

**夏巍峰：**现在面向培训机构的平台很多，它们为什么要选择与师度教育合作呢？

**郝成义：**我觉得主要的原因还是因为这个平台。因为我们平台上有大量的教师和学生资源，这些教师和学生会直接吸引培训机构前来，因为培训机构需要教师，需要学生。我们为什么要设计这两个平台，其实这两个平台是互补的，可以最大化地整合资源。

**夏巍峰：**现在不管是面向个人还是面向机构，免费平台越来越多，你们有没有压力？

**郝成义：**就拿教师个人平台来说，老师不仅可以免费得到平台，还可以在平台的大环境里获得更多的学生，得到更多、更好的资源和人脉，我想，这些也是我们的优势。

**夏巍峰：**师度教育创立伊始，就明确提出了“以教师为本”的企业发展理念。现在两个培训平台已经趋于完善，师度教育下一步的规划是什么？具体有哪些设想？

**郝成义：**经过两年多的开发，我们的平台已初具规模，当然，接下来还要不断扩展和完善。目前，企业的战略重点正在转向推广。我们的目标是通过我们的平台，全面提升教师的价值。这里说的教师价值有多个方面：教师业务水平、结识更多圈里人，还有提升教师的商业价值等，我们希望教师个人通过这个平台能够获取一些收益。我希望通过我们企业的努力，在不久的将来，在我们众多的平台用户中会诞生一批具有相当规模的培训机构，同时诞生一批真正的明星教师，这批明星教师就是教师价值最大化的老师，是从学术、社会影响、商业价值这三个方面都得到综合提升的教师。

（罗勇/整理）

## □ 人物印象



# 一门心思为教师

罗　勇

一个教师，做了一辈子的教育，终极理想是什么？“有一所自己的学校。”这是很多老师给出的答案，也是郝成义的愿望。可是一个人的能力很有限，办一所学校谈何容易？为了同行的这个理想，郝成义曾经迷茫过，随着互联网的迅速发展，经过几年的构思，他觉得通过互联网办校是可行的。

创业初期，郝成义根本没有白天晚上的区分，忙到深夜是正常的。他认为，做企业要一点一点地做，除非这个设计确确实实在现实中不可能实现，否则的话事情都可以做出来。2009年，在经过了长期分析、研究后，郝成义开始带领团队搭建云培训平台，从设计到研发，他尽心尽力。为了让教师能够在平台上得到最好的体验，他成了第一个用户，在平台上开设了十多个课堂，学生人数近2000人。正是通过亲身体验，他发现并修正了平台中的不足，也验证了自己当初的构想是有效的。采访中，郝成义对记者说：“我要做第一个用户，只有这样才能真正体会到哪些功能好与不好，哪些功能应该有，哪些功能应该没有。这个过程非常痛苦，有时候，花了很长时间研发的系统，刚上线感觉不满意就要进行修补甚至大改，心里着实难受，但是感觉不好就应该改进。”

让每一位教师拥有一所学校，这是郝成义的梦想，他正在实现这个梦想。郝成义是公司负责人，但是他更喜欢别人称呼他为老师。他的网络签名很简洁：“一位普通教师，一位网络教育践行者。”他说：“公司员工都叫我郝老师，这个称呼亲切而且符合企业价值观。”郝成义认为，这是企业文化的一部分，公司从事教育服务事业，服务对象是教师，那么企业首先就要有教育的氛围、学校的氛围、学习的氛围。企业的每个人都要更多地靠近老师，要更好地向老师学习，要按老师的境界和学识塑造自己。企业里的每个人都要注重学习，企业的发展离不开学习。

作为一名教师，郝成义心中一直藏着一个愿望。采访中，他无意间说了出来：“我们国家的教育资源配置还不够均衡、合理，我们要利用我们的互联网教育服务平台，将更多、更好的教育资源共享给教育资源相对匮乏的地区，让这些地方的学生享受到更好的教育，让这些地方的老师得到切实的帮助，为咱们国家的教育做一些实事，这是‘师度教育’的责任，也是我这个普通老师的愿望。”

# 视点灵动　踏实地做，高傲地飞

视点灵动成立至2012年已有八年，将要步入第三个三年计划。作为一家企业级精品课程开发的专业公司，视点灵动存活并发展到今天，不是一个偶然。“在我身边，从来没有像我们这么团结、相濡以沫的团队，我们三位作为刚毕业就创业，且来自同一个大学宿舍的合伙人，作为一支早年一直走单品路线的团队，在那个市场环境并不容乐观的年代里能够一直活到今天，很大程度上缘于我们三位合伙人钢铁般的坚持和历经八年依然如初的情谊与信任”，在访谈中唐峋颇有感慨地谈到。

视点灵动的发展路线正如一个孩子的成长，从婴儿走向少年，经历着一个又一个三年规划，我们把这种成长称作自然发育。经过八年的发展，视点灵动正在以成熟稳健的姿态、一流的技术服务团队，成长为向中国政府、企业、高校提供具有国际化水准的E-Learning全面学习解决方案供应商。今天，视点灵动已从当初的单品路线逐渐发展成为多元化经营格局，正在以企业级精品课程开发为长板的基础上，深入移动学习开发、深入商品知识课程创造与积累、深入学习推广与咨询。未来，视点灵动将秉承口碑生存法则，一如既往地默默耕耘在E-Learning行业。

## 视点灵动与行业一起成长

**夏巍峰：**视点灵动即将迎来八周岁生日，请您回忆企业的发展历史，大致可划分为几个阶段？各个阶段都有哪些显著特征？您印象最深的有哪几件事？

**唐峋：**周岁和生日这个话题很温馨，我们常常把企业比喻为自己的孩子，2012年我们迎来的是孩子8周岁的生日。视点灵动的成长是在我们无限的疼爱和审视中度过的，我觉得可以分成几个重要的阶段，0～3岁：迷惘＋焦虑，3～6 岁：焦虑＋坚持，6～8 岁：坚持＋希望，我把这种套路归结为典型的草根创业。我庆幸视点灵动有一支无比团结的草根团队，在视点灵动早年的岁月里，我们曾连续几周买不起肉，是我们的老师给我们送来了几十斤肉类和鸡蛋；我们曾无钱回家过年，同样因无钱过年回家的合伙人却给我们借来了路费。在我的记忆中，始终铭刻着我们团队人性的闪亮，在我们艰难的时候，快乐着自己；在我们动摇的时候，激励着自己；当我们膨胀的时候，鞭笞着自己；这是我们最宝贵的成长财富。

北京视点灵动教育科技有限公司创始人唐皕

**夏巍峰：**在 E-Learning 行业中，您怎样看待企业级精品课程开发的模式和学习理念？它最大的优势和价值表现在哪儿？

**唐皕：**视点灵动进入这个行业正是 E-Learning 在中国发展的起步期，任何企业能在一个行业的朝阳时期介入都是足够幸福的。在我看来目前的企业级精品课程厂商机会无限大，市场份额无限大。秦宇老师在 2011 中国企业 E-Learning 应用研究报告中给出了诱人的增长数字，目前国内需要 E-Learning的企业经常处在有了预算却满世界找不到心仪课程的状态，因此企业沉淀下来的精华知识开发自然会处于一个稳定的井喷状态。

从视点灵动来讲，从创立至今，我们一直在踏踏实实地做细节。精品课程开发的道路没有捷径，我们特别注重客户的满意度，特别珍惜业内的口碑。在公司内部，我们经常强调做服务不是低三下四、唯命是从就是对客户的尊敬，而且要从真实内心出发，认真地从客户学习体验的角度去考虑问题。

**夏巍峰：**随着平板电脑和智能手机的普及，移动学习这两年来越来越热，你们给哪些企业成功实施过移动学习案例，能否一起分享？

**唐皕：**除了企业精品课程的定制，近几年我们也花了很大力气着手开发基于移动终端学习的内容，尽管目前还是有很多企业对移动学习的效果和部署存在一定质疑，但移动学习确实开始流行起来。移动互联网的发展给我们带来了更多的学习自由。企业要打造学习型组织，在一定程度上对员工的碎片化培训越来越重视，移动终端硬件的发展和应用普及，丰富了我们用餐时、坐车时、睡觉前等一切可以利用的碎片时间。如何突出碎片学习的优势，抓住学员的心理，是我们需要考虑的重点。

在这里谈谈我们去年成功实施的两个案例，用户使用的终端虽不同，各有优势和特点，但都有一定借鉴价值。

## 完善人才队伍配备　注重口碑营销

**夏巍峰：** 在 E-Learning 行业高速发展的现阶段，您对视点灵动未来的发展目标、发展战略和使命是否进行了重新定义？具体内容是什么？

**唐頔：** 我特别害怕谈使命、谈目标和战略，总觉得那是一件遥远而且抽象的事情。像我们这种草根创业团队不可能有太远大的抱负，我们只顾得上规划眼前三年内的事情，过好三年再想下一个三年。从小了讲，我们只想让我们的员工日子一天比一天过得好，可以有更多的责任心、更加诚实地服务于我们的用户；从公司的业务模式发展战略来讲，有许多甲乙方朋友常常开导我们，认为企业经营要多元化。实际上多数优秀的企业都奉行单品专长策略，在一个产品上具备强大的竞争力。任何一个单品背后都存在巨大的市场，无论是平台还是课件，只要单品做到足够强大。我们希望自己能持续不断地做强做大一个领域，再规划未来的发展目标。我们会继续坚定地走企业级精品课程开发之路，除此之外，我们会培养更成熟的团队，在移动学习领域、商品知识课程创造领域、学习推广与咨询领域中去深入拓展。

**夏巍峰：** 视点灵动 80％的员工都是开发人员，您也一直力图打造技术型公司的形象，您曾表示视点灵动的目标是做中国最大的企业级精品课程开发厂商之一。对此你们是如何规划和部署的？

**唐頔：** 过去十年的 E-Learning 行业比的是方向感，比的是勇气。以“小米加步枪”的实力，只要方向对了也能取得一方天下。但从现在往后看十年，这个行业已经走向成熟，可以说已经进入军事现代化的竞争，“小米加步枪”已经没有打赢的机会了。未来所有公司拼的都是技术和服务，比如 E-Learning 企业，表面看都是做产品和服务，如果没有核心技术是不可能胜出的。

做企业不是追求平衡，而必须追求特性。特性就是要凭借着你的基因而建立，哪里是长项就一定要让长项变得更强，而不是去补短板。补短板的结果可能会变成一个平庸的公司，跟别人没有区别。我们认为只有偏执狂才能生存，在市场上，有特性的公司才有价值。视点灵动的长板就是技术和服务，营销是我们的短板，因此我们不会增加很多人去做用户营销。

**夏巍峰：**视点灵动的用人思想、竞争战略、市场战略各是什么？你们如何进行人才管理，并给员工提供一个职业上升的通道？

**唐岫：**说到竞争战略，其实这个圈子特别小，我觉得乙方之间互相交流学习的机会很多，我们一直试图倡议和打破乙方之间一味打价格战的不健康观念。企业的发展一定要保证健康的利润，不盈利的企业是不道德的，不盈利你就只能保证自己的生活，而不能给员工好的工资福利待遇，不能给国家上缴利税，不能给客户带来更好的服务。每个乙方公司的存在都是互补的，大家可以共同去做好这个行业。我们服务的客户都是中国最优秀的企业，作为乙方需要更多地修炼自己，这个市场很大，就是一百个视点灵动也做不完，大家应该形成互相包容共存的状态，在竞争中学习，在竞争中提高，竞争累了可以坐下来一起喝茶放松，竞争困惑了可以主动拨通电话互相磋商。如果整个行业真的像马云所说举着望远镜也找不到竞争对手，那也不好玩，孤独是最致命的。

市场战略我觉得还是“口碑营销”这四个字。赢得用户的心，让用户帮我们说话，比我们自吹自擂有益得多。

视点灵动用人思想的特点是不拘一格，在我们看来一切都不是重要的，关键是要能够跟我们“臭味相投”，我一直相信志同的人才会走到一起。我们现在招聘的员工“85 年”甚至“90 后”越来越多，这是行业本身赋予年轻人的机会，但是这些年轻的员工普遍不太好管，各个企业多少都会存在这样的问题。我觉得现在高校的专业设置没有问题，技术培养也不是关键，而员工的品质和责任心才是我们最看重的，有好的苗子，我们愿意花时间培养，我们会给员工足够的上升空间。解决人才的职业规划，就是一定要打通员工从技术岗到管理岗的转型。从长远来看，实现员工在异地工作的不稳定性到稳定的本地化工作的转型，也是我们未来几年的发展战略。

**夏巍峰：**在您心目中，哪个企业是视点灵动未来发展的参照模板？为什么？

**唐岫：**我最敬佩的人是联想集团的柳总（柳传志），他对我的影响很大。他的“管理三要素——建班子、定战略、带队伍”非常经典，让人越嚼越有味道。更重要的是我自己在管理实践中有了思考的维度后发现，对于大企业、中企业、小微企业来说，三要素的内涵都不一样。

我们做 E-Learning 也经常关注互联网行业，看到过太多企业的起起伏伏、生生死死。我也因此深刻理解到创业是一个长期的过程，没有九年时间是不可能有大成的：第一个三年是活下来的问题，第二个三年是发展壮大，第三个三年才有可能取得果实。中国取得大成就的企业，哪一个不是经过八九年的磨炼才成熟的？人要是有这样的心理预期，创业就不会急躁。视点灵动现在的管理团队都跟我年龄相仿，基本上都是外表年轻有激情，但心智比较成熟，有长远的心态。

另外，我们总是幻想着有一天能像小肥羊那样到处有分店，用我们建立的服务标准，给不同地域的用户带去我们标准而又个性化的服务。

**夏巍峰：**您今年关注的重点问题是什么，视点灵动存在哪些优势与劣势？面临哪些机会和挑战？对于视点灵动团队，您有哪些寄语和希望？

**唐頔：**我是一个向往自由而且眷顾家庭的人，2012年对于我们来说很关键，我们要做的事情很多，一件一件把逗号做成句号吧。今年我个人更关注团队的成长，总结三条感受，与我同甘共苦的兄弟们一起分享并祝福他们！

一如既往地保持一颗不甘寂寞的心；

身体是我们的本钱，多陪陪家人，他们才是全部；

2012，我们把心态归零，重新开始创业。

## 学习伊利，踏实地做，高傲地飞



**夏巍峰：**为了更好地应对市场竞争，视点灵动需要补充哪些文化元素？企业里哪些优秀的传统是需要继续发扬的？

**唐頔：**我走到每个企业，总会被他们的企业文化打动，总是在想怎么学来用到自己的团队。从伊利集团招标回来，我把伊利的企业文化搬回了公司，标在了前台，印到了宣传册上。“踏实地做、高傲地飞”太适合我们了，怪不得当年蒙牛也要打着向伊利学习的口号，现在该轮到我们学习了。

仔细回味这八个字，我们应该鼓励年轻的员工，踏踏实实地，在这个烦躁的社会，沉淀下来做自己相对比较喜欢做的事情。在他们想要提升进步的时候，我们尽可能多地给他们一些机会。如果你觉得技术做得比较枯燥，想做销售和管理我们都允许。如果你想离开，我们也会很好地鼓励你，给你一些建议。很多已经离开的员工都是我们的朋友，我们甚至在特别繁忙的时候给以前的老员工打电话寻求帮助，离职的员工会毫无顾虑地回来短暂帮忙，我们的团队充分体现了包容性。

我们的团队有一个特点，公司从上到下不分等级，大家都叫名字，我们很反感互相“总”来“总”去的，马云曾经说过，一个公司低于一千人就没有资格叫自己是CEO，我们远没有到那个程度。我们希望自己踏踏实实地做，别有那么多浮躁虚荣影响自己，少受别人的关注，给自己一个低调放松的环境快乐地工作。

在员工培养层面，小微企业大都面临同样的困惑，每年的春节归来是一道关，过年回家可能给新人的打击是最大的。中国有一个特别不好的攀比习惯，家人对他们的要求永远高于他们的发展现状，所有亲朋只问他们飞得有多高，却很少关心他们实际上有多累。所以我们一直在鼓励新员工一定要不断提升自己的能力，让自己的能力转化为社会价值，光比所获得的物质没有意义，那只会越来越浮躁，能力是决定物质的先决条件。作为年轻员工，一定要把心沉下来，别受社会纷乱的诱惑，踏踏实实地做，张开翅膀高傲地飞翔。

**夏巍峰**：视点灵动在业内一直特别强调品牌，那到底该如何打造品牌？

**唐頔**：具体到视点灵动，我更愿意将品牌塑造的思路内化为“专注、极致、口碑、快”四个词，并将这种理念上升到视点灵动的公司发展战略层面。这四个词是视点灵动的经营策略，也是做事风格和视点灵动的文化。我们特别注重客户的满意度，特别珍惜业内的口碑，我们宁愿把大量时间花在老客户身上并做好一流的服务支撑，服务好老客户远比不停地争取新客户有意义，把握客户的延续性、让客户长期选择我们才是赢得市场占有率的最佳办法。

2012年春节后，公司一位工作五年以上的老员工给我发了一份PPT，并要求一起开会听听他的建议，对我说这是他春节期间的思考。这名员工对公司的发展前景、团队建设、客户管理、战略布局等方面提出了建议和想法，他不是合伙人，也不是管理者，而是一线技术开发人员。当团队中这样的同事也站在企业的角度去考虑这些问题时，让我对企业的凝聚力有了从未有过的感同身受和深刻理解，下决心打造一支梦幻团队，为品牌保驾护航。

总的来说，感谢E-Learning行业，让我们收获很多！

（吕瑶/整理）

## □ 人物印象

# 成熟的“80后”创业者

吕　瑶

还记得第一次见到唐頔是2011年在视点灵动的会议室，与印象中的

"80后"创业者不同，他显得平和谦逊，只看他一会儿出去倒茶水，一会儿出去找资料，就知道他在公司里也没什么架子，当然他解释说其他人都很忙，所以自己的事习惯自己动手。

打开唐頔的博客和微博，发现他是一个追求自由、喜欢旅行的人，他是一个孝子，经常可以看到他驾驶着"大玩具"，带着家人用轮胎丈量中国每一寸土地的影像记录，路越远、心越近是他内心源源不断的动力。他调侃说读万卷书不如行万里路，他说对"80后"的称谓很闹心，这些年来最大的心愿就是想摆脱娃娃脸和"80后"称谓的困扰，他说年轻往好了说代表的是激情和活力，往坏了讲也是学识浅、能力不足的代名词。

很多人谈到创业初期的艰辛都会忆苦思甜，唐頔不是，他更多的是感恩。我们都知道企业在高速发展时会自我膨胀，但我们从视点灵动的发展规划中没有看到盲目自信的任何迹象，理性、踏实、告别浮躁，正像他们所崇尚的企业文化一样"踏实地做，高傲地飞"，"80后"创业者如今真的成熟了。

# 爱视恒恩　给用户最佳的传统课堂体验

ITVOO爱视恒恩是一家从事高清在线课堂建设的录播厂商，他们为客户提供的是影院级网校建设的整体方案。与其他录播厂商相比，爱视恒恩最突出的特点是能够最大限度原汁原味地体现传统课堂，为用户提供最接近传统课堂的用户体验，用爱视恒恩总经理潘禾为的话说："我们的技术不是最先进的，但我们的技术同实际应用的契合度、我们提供给用户的用户体验一定是最好的。"

在《中国远程教育》（资讯）执行主编夏巍峰与北京爱视恒恩科技有限公司总经理潘禾为的对话中不难发现，爱视恒恩之所以如此重视用户体验，并将其作为公司的核心竞争力来打造，是因为在他们看来，做教育不是一味地拼技术，而是要更多地考虑老师和学生的感受，思考如何真正地把有着几千年历史的传统教育完美地展现给用户。

也正是由于看中这种最接近传统课堂的用户体验，包括尚德教育机构、新东方、环球雅思、正保远程教育、西安学府教育、首都师范大学等一批标杆型客户与爱视恒恩建立了合作关系。作为视频行业的后来者，短短两年时间内的战绩充分证明他们这种以用户体验为根本出发点的思路是完全正确的。

## 让影院级网校点燃学员求知热情

**夏巍峰：**爱视恒恩专注于教育领域，长期从事高清在线课堂的建设。我们看到，爱视恒恩的目标是做影院级网校建设整体方案引领者。为什么着重强调"影院级"？影院级网校要具备哪些因素？

**潘禾为：**我们着重强调影院级，可以说，影院级是爱视恒恩的一个标签，是我们跟其他录播厂商的区别所在，也是客户之所以关注我们的关键点。网校已经发展了十几年，从整个行业来看，我们是后来者，却是"影

北京爱视恒恩科技有限公司总经理潘禾为

院级网校”这个概念的绝对引领者。要说影院级网校的几个要素，第一是效果，从声音、视觉的效果上来看，要有看电影一样的感觉，这是从技术角度来讲的。第二，影院是一个娱乐的场所，我们推崇影院级网校是希望为学员营造一个寓教于乐的学习环境，要区别于传统的填鸭式的教育。学习应该是一个轻松快乐的过程，要开启一个人的求知之门首先就要点燃他的求知热情。如果你的课件连看着都难受，学员怎么可能有求知的热情。我们追求的目标就是让学员学习像看电影一样轻松愉快，让他有兴趣主动去学。

**夏巍峰：**建设影院级网校的整体方案在软件、硬件上都包含哪些内容？

**潘禾为：**我们把整体方案梳理成四个方面，并用四个字概括为声、视、制、云，即声音、视频、后期制作和云端播放。既然是影院级的网校，学习的过程就不仅仅是学习，还应该是一种享受，所以在声音上，绝不能有噪音、回音等。那么，对于录播室的声音处理就要有一定的要求。譬如，我们要根据录播室房间大小及主要功能，合理匹配最佳混响时间。譬如，我们要求录播室与室外环境的声压级一般要求在55～60dB以上，要采用490MM厚砖墙或双层240墙。视频上，我们是通过爱视恒恩网络录课系统来实现的。爱视恒恩网络录课系统以109英寸16∶9宽屏的界面作为教学载体，基本上贴近真实的课堂教学效果，并通过光学反射技术解决了教学中老师移动产生的阴影。半透漫反射及光学透镜的应用，为教学提供了如同普通黑板的使用效果。在教学录制中，老师更加自如发挥，不必为使用高新设备费神，更专注于知识点的传播。后期制作包括渲染、格式、字幕、校对、压缩等。云端播放则涉及带宽、存储、播放器、软件管理工具等。

听起来这样一套解决方案似乎不是很出奇，有人可能要说，我买一个大电视或者用一个背投加一个电子白板就可以实现你们所说的视频效果了，但真正见到我们的产品之后你就会发现，我们在里面做了非常多的改进和完善工作。举两个例子，传统的背投屏幕显示是没有问题的，问题是写不了字，因为写字的时候屏幕是软的，即使是所谓的硬屏背投的屏幕也是橡胶或树脂的，写字的时候会颤动。而我们的屏幕绝对不存在这个问题，它和真的黑板一样坚硬，随便往上写，甚至老师在讲到激情之处，上去又点又划也没有问题，这是我们攻克的一个难点。另外一个难点就是，一般的屏幕，特别是电视，前面是有一个所谓的防眩光玻璃，它的作用是让屏幕在其他光源的照射下人的肉眼看上去没有反光。但在录播室封闭的环境中打上灯光、摆上摄像机，里面就会有灯光、有影子。而我们的屏幕能做到彻底没有反光、没有影子。

## 最大限度原汁原味地体现传统课堂

**夏巍峰**：作为爱视恒恩的主打产品，“爱视恒恩网络录课系统”彻底解决了网络教育中三分屏录制的缺点，从技术先进性及录制效果上推进了网络教育录课的革命。爱视恒恩网络录课系统针对三分屏录制的哪些缺点进行了变革？

**潘禾为**：受带宽、网速等因素的影响，制作像电影一样的课件在原来是不敢想象的，那时只能考虑三分屏的形式，可以说，三分屏是那个时间段远程教育的一个标志、一个最佳解决方案。远程教育起源于将速记教程函寄给学生，所以最早的远程教育采取的是书信邮寄的形式，经过一段时间的发展，有了录音、有了广播，再后有了视频。而最初的视频课件是十分粗糙的那种，慢慢发展才有了三分屏课件。三分屏解决了很多人的困扰和烦恼，但更多解决的是技术上的问题，而不是人们在教育上的困扰。很多人使用三分屏课件学习的时候就会发现，看着 PPT 听老师讲课很有催眠的效果，而没有身临其境的感觉，没有真实课堂的气氛。三分屏课件的最大缺点就是没办法展示教师的肢体语言、表情等，因而导致无法跟学生实现真正的交互。但直到现在，可以说起码 50%以上的远程教育课件采用的还是三分屏技术。

同三分屏相比，爱视恒恩网络录课系统最大的一个特点就是能把有着几千年历史的传统课堂教育最大限度地搬到互联网上去，让人有身临其境的感觉。很多人做远程教育的最初想法就是，把课堂一下子搬到互联网上，然后去卖，这是一个多么有前景的事业。但理想很丰满、现实很骨感，当时整个技术环境是不允许的。可以说我们的产品让人们的这个理想离现实更近了一步。

**夏巍峰**：您也提到三分屏课件缺乏交互性的缺点。众所周知，缺乏互动性是之前网络教学的致命缺点，也是网络教育工作者们十几年来一直在求解的一个难题，而爱视恒恩网络录课系统主打的一个特点是“视频互动教学，不再让你枯燥”。具体来说，这套录课系统是如何增加互动性的？

**潘禾为：**互动主要有两点，一是交互式技术的运用，这里所说的交互式技术特指人机交互，通过它可以实现老师和机器的交流。老师可以直接在电脑上进行操作，无论是书写，还是通过系统内部的聚光灯、拉幕、动画效果等特效。这样，老师就可以通过声情并茂的讲授实现与学员的真正互动。第二个解决方式是在后期处理过程中，课件播到一定时间后会弹出一个对话框，对话框中是一个问题，譬如，刚才老师讲的是什么，ABCD请作答。学员回答完问题之后，课件会接着进行，这样就能很好地防止学员一味地去听。讲一段，停下来让学员回答一个问题，从而实现老师跟学生的实时互动，这种解决方式在中小学生所用课件中见得比较多。

## 专注教育行业的创业型公司

**夏巍峰：**在教育领域中，爱视恒恩的客户大致是哪几类？同样是建设高清在线课堂，你们客户的需求是否存在差异？还是你们就把一种标准的产品卖给他们？



**潘禾为：**我们最主要的客户群体是培训机构，其次是传统的大学、中小学，另外一部分就是企业客户。尚德教育机构、新东方、环球雅思、正保远程教育、西安学府教育、首都师范大学等都是我们的客户。说到需求上的差异，首先，我们肯定是在产品端上尽量做到标准化，而在需求端上，各个群体的需求的确是有所不同的，培训机构，像正保远程教育，它是远程教育上市公司，已经在这个行业中扎根很深了，它让我们做的就是一个升级改造，即把原来的方案升级成我们提出的“影院级”，所以更多的是为正保做一个升级服务。但传统学校和企业客户更倾向于让我们提供一整套的解决方案，如果一个环节你提供不了，它就不用你。

**夏巍峰：**我们知道，很多录播厂商或横跨多个领域，或以教育市场为主兼做其他行业。您怎样看待除教育以外的其他行业对于录播的需求？爱视恒恩专注教育领域的原因是什么？

**潘禾为：**我们认识的一些厂商，特别是南方的厂商，他们基本上生产一个产品是要横跨多个不同领域的，教育、军队、政府、石油、化工等等，多个行业遍地开花结果。我觉得，对于一个大企业来讲，如果有足够的资源允许这样做无可厚非，但对于我们这样一个创业型公司来讲，资源是有限的，如果不把有限的资源集中起来去做一个方面的突破，做出一个与众不同的东西来，是很难真正取得成绩进而在市场上立足的。即使是生存下来了，也终究是昙花一现，很快就会被新的产品、新的公司所取代。

**夏巍峰：**虽然把自己定位为创业型公司，但在企业文化的追求上，爱视恒恩一点也不亚于大企业。爱视恒恩为自己注入了丰富的内涵，公司名称以及Logo就是最为典型的例子。公司为什么取了这样一个名字？请您具体介绍一下这方面的情况。

**潘禾为：**“爱视恒恩”四个字源自《圣经》第13章《新约·哥林多前书》中的一句话——爱是恒久忍耐，又是恩慈。其中，爱是正向、融洽和谐的家文化氛围。视是专业，即以高清视频在线课堂为我们不懈奋斗的事业，以态度第一、德才并重、追求卓越的视角，纳四方英才。恒是可持续的意思，是说我们愿与各方伙伴以可持续发展为原则，着眼未来，携手共赢。恩，顾名思义，就是感恩，是我们的工作态度，是我们的品德，是我们的一种认同，是我们对客户兼收并蓄的一种倾听。

爱视恒恩的Logo是ITVOO。I即为爱。TV即视频、视讯产品。两个O的形状很像是人的两只眼睛，代表着公司的核心业务是围绕着客户双眼而进行服务的，同时也代表了我们追求圆满、客户满意、公司发展、员工有所得的奋斗目标。在色彩上，爱视恒恩的Logo运用了橙色和绿色。橙色是暖色系中最温暖的颜色，很容易使人联想到金色的秋天、丰硕的果实，是一种富足、快乐而幸福的颜色。说明我们是把多赢作为公司追求的目标。与此同时，橙色明视度高，在工业安全用色中，橙色是警戒色，如火车头、登山服装、背包、救生衣等。而我们Logo的第一个字母就使用了橙色，也有时刻敲响警钟之意；绿色代表了快乐、健康、可持续发展。橙色与绿色相配可以构成最响亮、最欢乐的色彩，代表我们的团队相互配合一定可以做出1+1>2的加法。

## 理顺链条向更多教育客户进军

**夏巍峰：**您怎样看待我国视频资源的建设现状？录播厂商的竞争态势如何？

**潘禾为：**我感觉做软件的厂商要远远多于做硬件的厂商，并且，能够真正提供整体解决方案的厂商还是偏少，大多数厂商的优势都是整个大链条当中的一段，所以大家的分工很明确。正是因为这样，我觉得大家更应该团结在像类似《中国远程教育》杂志这样的机构周围，这样我们才能向前走得更顺畅一些。因为团结在一起，为客户提供的方案就能更完整一些。

**夏巍峰：** 你们在同客户交流的过程中，主要遇到了哪些问题？

**潘禾为：** 我们现在为客户提供的是一个整体解决方案，但这是在公司发展过程中逐渐形成，而非公司成立之初就提出来的。那时，我们遇到一些客户，他说：你的产品很好，我给你钱，你给我提供一整套的服务。因为专注于一个产品的研发，所以我们根本满足不了客户这样的需求，对我们来讲，这样的情况即是一个刺痛，也是一个警醒。考虑到市场上已经有的东西我们是没有必要再去攻关、研发，所以我们开始着手找一些合作伙伴，慢慢形成了一个完成的解决方案。

但在和合作伙伴合作的过程中，我们发现某些问题、某个点对方是解决不了的，我感觉这些可能正是我们今后可以发力的地方。真的是由于没有一个所谓的完美的东西能够给客户，但也恰恰是因为没有这个东西，这个领域里面才充满了机会。

**夏巍峰：** 2011 年，凭借先进的技术、庞大的研发团队和良好的用户感受度，爱视恒恩赢得了由慧聪教育网主办的优利德杯·慧聪网 2011 年中国教育装备行业十大评选最具影响力十大潜力品牌。对于 2012 年公司的发展，您有哪些具体规划？

**潘禾为：** 在订单量不断攀升的同时，我们发现公司在工厂、物流、技术端等方面的问题逐渐暴露出来，也就是说，这些方面有点跟不上订单量的攀升速度，我目前最发愁的就是我们整个链条不够顺畅。所以，2012 年我们要在整个链条上发力，把声、视、制、云四个环节彻底理顺。我们新租的办公室正在装修，其中还新建了录播室，我们准备把租赁业务做起来，这个业务主要是针对那些没有购买计划或者预算上有问题的客户而专门开展的。录播室建好之后，这些客户可以租用我们的机器和环境完成录制工作。还有一种方式，就是只要老师来录就行，录完之后，我们把最终的成品交给你。做租赁业务的一个目的也是为了彻底理顺我们的整体链条，因为它本身就是在锻炼我们的队伍。理顺之后，我们要向更多的传统大学、中小学进军，向更多的企业进军。

**夏巍峰：** 那请预测一下，你们未来的收益主要是靠产品还是靠后端的服务？

**潘禾为：** 我认为，在四年之内我们的这套方案，无论是完整性的增强，还是客户数量的增长，都不会遇到瓶颈。但四年之后就很难说了，一是竞争对手发展起来了，二是市场相对饱和。那时，我们就不能再以卖产品为主了，或者盈利点不能放在产品上，可能就会有新的盈利模式。是提供相应的售后服务，还是另辟蹊径做一些别的产品，我们已经有了一些设想，但现在还不成熟，要再做做看。

（潘超/整理）

## □ 人物印象

# 单枪匹马"闯"市场

潘　超

在2010年之前的七八年时间中，潘禾为一直在做投影机、电子白板的分销和销售。期间，不可避免的，他接触了很多教育行业的客户。在和他们聊天的过程中，潘禾为发现，录课系统可能是未来的一个发展方向和趋势。

"做销售时间越长，我越对这项工作的意义产生质疑，找一件更有意义的事情来做的想法也就更加强烈。"潘禾为最终为自己选定的更有意义的事情就是做录播系统，并于2010年开始了录播系统的市场调研和基础研发工作。

2010年4月，第一代产品新鲜出炉，并顺利找到了一家合作机构。合作机构对产品的反映给了潘禾为很大的信心，而比尔·盖茨那句"五年内网络将成为最好的学校"更坚定了他做录播系统的想法，因此，他决定把原来做投影机、电子白板分销和销售业务的公司转型为做录播系统。但由于公司的原有业务发展稳定，他的想法遭到公司上下所有人的反对。

没找到一个同盟军，孤军奋战，即使面对这样的困境，潘禾为做录播系统的决心也丝毫没有动摇，他毅然放弃了原来的公司，单枪匹马跳出来，重新招人，做起了这件他认为有意义的事情……

短短两年时间，潘禾为带领新的团队不仅把第一代产品升级到现在的主打产品——爱视恒恩网络录课系统，让使用此产品录制出来的课程最大限度原汁原味地体现传统课堂，还逐渐形成了包含声、视、制、云四大环节的整体解决方案，并用漂亮的成绩单向大家证明，他当初的选择和坚持是完全正确的。

值得一提的是，爱视恒恩业务的快速增长还吸引了原公司员工的加入，因为，在这两年时间中，原公司的业务还一如当年一样稳定，既没有萎缩，也没有什么增长。

# 奥威亚　企业责任四重奏

广州市奥威亚电子科技有限公司（简称“奥威亚”或“AVA”）成立于2005年1月，七年来，他们专注于视音频采集与传输软硬件的研发及产品制造，目前已经成为国内教育行业响当当的品牌，品牌影响力和市场占有率均处于业内领先地位。以教育行业为主线，以录播系统为基础，奥威亚又针对不同行业的特殊需求进行相应的产品改造和定制，研发了数字法庭系统、数字庭审系统、会议录播系统等，产品因此扩展到庭审、审讯、手术、会议等多个行业。

据悉，奥威亚成立之初之所以取名AVA，是希望能做AV行业的NO.1。在此基础上，他们又提出了更高的发展愿景，即成为多媒体应用行业最受尊敬的、最有创造力的领袖型企业。在奥威亚总经理欧俊文看来，领袖型企业应具备四条特质——对员工负责、对客户负责、对行业负责、对社会负责。为了对员工负责，奥威亚积极搭建更好的平台，提供更好的发展机会。为了对客户负责，他们苦心进行技术钻研，努力做好后续服务。为了对行业负责，他们积极倡导加强视频资源的后期应用环节。为了对社会负责，他们主动参与各项公益活动，为发展新疆双语教学免费捐助平台和设备……

奥威亚到底是怎样一个企业？在当今市场经济的大环境下，是什么原因让他们确立了这样一个四重责任的发展愿景？他们又将为实现这样的发展愿景做哪些努力？带着这些疑问，《中国远程教育》（资讯）执行副主编李桂云特别对话奥威亚总经理欧俊文。

## 视频资源应用是关注重点

**李桂云**：《教育部2011年工作要点》指出，要“以视频公开课为突破口，探索教育资源建设与共享新模式和新机制”，随后，各地教育部门和学校轰轰烈烈地开展起视频教育资源建设。这为像奥威亚一样的录播厂商提供了一个大机遇。请您介绍一下我国视频教育资源建设的现状，并分析一下这个行业面临的机遇和挑战。

**欧俊文：**纵观我国的视频教育资源建设，首先，高校精品课程的一期建设已经结束，但实际效果并不太好，存在着大量视频堆砌的现象。其次，普教的教育视频资源较为缺乏，主要是以图片、课件为主。所以，无论是教育部倡导的精品课程公开课的发布，还是普教的从文本资源转向可视化资源的建设，都将为录播系统这一可以快速节省人工和时间、高频率录制视频资源工具的发展带来极大的机遇。尤其是对于已经成立七年、在整个市场上已经拥有很好的知名度和品牌美誉度的奥威亚来说，更是如此。当然，它同时也是挑战，我所说的挑战主要是指大量同行进入这个市场的竞争。此外，录播系统对于视频资源建设来说只是提供了一个录制工具，属于整个建设周期的生产期，而要合理应用、科学建设视频资源需要的是一整套的视频资源建设方案，通过应用平台，结合录播系统，才能真正解决行业的需求。所以我觉得视频资源的应用是整个市场目前和今后一段时间应该重点关注的地方。

广州市奥威亚电子科技有限公司总经理欧俊文

**李桂云：**教育部门对于视频公开课的关注与2010年的国外视频公开课冲击波是密不可分的——随着耶鲁、哈佛等大学的一些课程陆续被翻译成中文在网上流行，国外视频公开课火爆起来，凡接触者，无不受其感染。您多年从事视频产品的研发和视频教育资源建设的研究，怎样看待国外的视频公开课的火爆？

**欧俊文：**我觉得国外视频公开课火爆有多方面的原因，首先，它是国内互联网发展的结果，尤其是以移动互联网的发展为主，目前，移动终端，如智能手机、平板电脑大量使用，所以学习者可以非常方便快捷地获取这些学习资源。第二，跟国内视频课件的现状，无论是视频制作水平，还是内容都有很大关系。以我们的第一期国家精品课程为例，不可否认，内容很多，但真正值得去看的有多少？而国外的视频公开课，一方面它出自名校；另一方面老师讲得又非常好，所以火爆起来是正常的。

国外视频公开课火爆起来以后，我国的教育部意识到它对中国青年学生在意识形态方面的影响，所以决定花大力气来做我们的视频公开课。目前第一期的大部分都已经推出来了，大概有20门课。把属于我们自己的视频公开课开放给学生看、给公众看，非常好。但据我了解，大部分学校在视频公开课的制作过程中依然采取的是传统的拍摄方式，只有极少数用到了录播。他们的制作成本很高，一门课可能要给60万元。我个人觉得录播既省时间，又省成本，而且，就我们公司的产品而言，首先，录播已经是全高清的，从图像方面完全可以满足要求；其次，我们的产品有一种人工导播的功能，管理员使用电脑即可远程实现对拍摄现场摄像头的推拉转动，录出来的效果非常理想。在拍摄量不是很大的情况下用传统拍摄方式没有问题，但一旦量大起来谁也不会用传统方式来做，因为会非常花时间，所以最终还是会用录播产品。

**李桂云：**我们的视频教育资源在技术或其他方面是否与国外存在差距？

**欧俊文：**虽然国内的视频教育资源较为匮乏，尤其优质的视频资源，但在技术方面，国内应该是优于国外的，尤其是录播系统这样的产品，我们的产品已经领先国外的技术水平。除了技术之外，决定视频公开课水平的不外乎两个原因，一是技术类操作人员的水平；二是内容选择的问题。我觉得我们应该在这两方面有所改进。与此同时，我们的问题还在于在应用方面存在很多误区，比如一味地追求智能化等因素，从而导致录播产品的不健康发展，这是观念的问题，已经在改进，但需要时间。



## 做教育行业第一录播品牌

**李桂云：**奥威亚主打教育行业。那么，与传统采用专业摄像机进行视频资源建设和常见的视频录播系统相比，奥威亚提供的是一套完整的视频资源建设解决方案。它的最大特点是什么？

**欧俊文：**举个例子，一个知名教授做一个讲座，很多人都想去听，但会议室只能坐三百人。如果用传统方式就必须通过闭路电视或视频会议的方式扩大传播面。但用录播方式就很简单，有一台设备，视音频接进去，远端的人打开电脑就可以收看了，相当于是一点对多点的直播。而在直播的过程中，还可以把整个视频录下来放到网上，以便后期点播。既可以直播又可以录，在录的同时做直播，边录边播，录播的应用就在这里。与传统采用专业摄像机进行视频资源建设和常见的视频录播系统相比，奥威亚提供的是一套高效录制并发布应用教学视频的解决方案。从生产环节、录播系统开始，我们既提供了人工录制模式录制精品课，又提供了全自动的录制模式，两种模式都比传统模式节省大量的人工和时间成本。与此同时，奥威亚还提供了视频自动发布，集点播、直播、交互多种应用的整合平台。

**李桂云：**面向不同的教育对象，如中小学生、大学生、成人教育学生、接受公司培训的员工……具体的视频资源建设解决方案是否有所差别？

**欧俊文：**不同的教育行业用户，我们都提供了不同的解决方案，侧重点均有所不同。比如针对普教，侧重点是公开课的直播观摩、教研活动的开展；针对高校主要是虚拟切片的点播方案以及远程导播的精品公开课视频的录制方案；而针对公司培训，我们提供了培训课录制，并且同时兼顾部分视频会议功能的解决方案等。

**李桂云：**如今奥威亚在教育行业面对的客户主要是哪一类？

**欧俊文：**奥威亚做录播的定位主要是在教育行业。而在教育行业中，是高校在先、普教在后的。为什么会这样？第一，国家对高校的基本课程建设是有一定要求的，要用到录播。第二，高校在资金方面更充裕。所以，我们先从高校做起是完全正确的。而发展到现在，一方面，整个高校市场都已经接受了录播产品；另一方面，国家对普教也有了做视频课程的要求，所以，录播产品在普教这块也慢慢地用了起来。我们真正感觉到录播在普教市场的应用是在2011年，因为在这一年，从奥威亚的用户采购来看，普教已经超过了高校。当然，普教的数量本来就大，相对于高校一个学校一间、两间、三间地做，普教一般都是教育局集中采购，一做就是几十间，发展起来一定是比较快。

和高校相比，普教对于录播产品在技术上的要求一点也不低，甚至要比高校更高，因为它是一个区域性的应用，而不是一个学校的应用。并且，对于普教来说，录播产品的应用平台更有意义。第一，普教对于录播产品的应用不仅仅在于做课件，对它的教研活动也非常有意义、有影响。第二，对老师的培训意义非凡。一线城市名师的课件录下来以后给二三线城市或边远地区的老师去看，这就是一个培训的过程，和国家倡导的资源下乡很吻合。

**李桂云：**据悉，奥威亚在全国四大区域都有销售团队，这样的布局当时是出于怎样的考虑？

**欧俊文：**目前奥威亚在行业已经处于数一数二的地位，以我们的根据地华南区为例，我们已经占据了70%～80%的市场份额。另外我们在全国已设立22个分公司办事处，其中北京、上海、成都为分公司，分管华北、华东和西南地区，广州作为总部统筹各处，并已建立接近100人的销售团队服务各地客户。我们的目标很明确，就是要把奥威亚做成教育行业的第一录播品牌，树立行业标杆。这是我们的一个心愿，我相信这个目标也会越来越近。

## 深化行业应用

**李桂云：**以录播系统为基础，奥威亚还针对不同行业的特殊需求进行了相应的产品改造和定制，研发了数字法庭系统、数字庭审系统、会议录播系统等，奥威亚的产品扩展到庭审、审讯、手术、会议等多个行业。是计划以教育行业为主线多条腿走路吗？

**欧俊文：**录播产品的核心就是能够把声音视频记录下来通过网络直播，适用于各个领域的视音频多种信号的录制，譬如教育、医疗手术、会议等行业。其中，教育行业对它的需求已经非常明确了。在我们已经在教育行业拿到一定的市场份额的前提下，我们有能力、也有精力去开拓新的行业，我觉得这对公司的发展也是非常有必要的。



其中，法院行业的需求主要源自 2010 年 10 月份最高人民法院发布的政策文件，要求在规定时间内，所有法院都要对庭审过程进行全程录音录像。无独有偶，最高人民检察院也在前不久发布了类似的政策要求，即对审讯过程全程录音录像，公安的需求与检察院基本相同，因此，可以说，这些行业对录播的需求刚刚开始迸发。正是看准了这样的市场需求，奥威亚以领先的图像处理技术，提供高清、全高清的产品切入该行业，很好地补充了该行业高清录播的空白。根据调查我们发现，进入公检法行业的门槛不在技术，而在于商务。很多公司有产品，但没有办法跟用户接触，为此，奥威亚也成立了专门的事业部，我们有信心在上述行业做到像教育行业一样领先。

**李桂云：**围绕录播系统，奥威亚还衍生了一个附属产品——跟踪系统。请您介绍一下这个产品的市场需求状况。

**欧俊文：**这个产品主要是配合录播系统应用于教育行业，实现教育行业的全自动录播的功能，目前教育行业的客户基本上都会选择这一全自动的解决方案，而我们采用的跟踪技术主要是图像识别跟踪，于 2009 年第一家实现该技术，并于 2010 年再次升级，跟踪定位的技术也广受好评。

**李桂云：**具体来说，奥威亚要打造怎样的产品线？

**欧俊文：**奥威亚希望打造以硬件录播系统为核心、各个行业应用软件为辅助产品的产品线，目前在教育、法院系统，我们的产品线都已经非常成熟和完善，其他行业，我们也在不断地优化和补充相应的产品。

## 技术厚积优势薄发

**李桂云：**2011 年 12 月，奥威亚的全高清录播系统上市，填补了国内录播行业的空白。我们发现，自 2005 年成立以来，奥威亚从未间断过公司在技术上的追求，不断推出新产品、新技术，更新产品和技术。您觉得技术因素在公司发展成绩单上发挥着怎样的作用?

**欧俊文：**市场需求越大，进入行业的公司就越多，接下来就是市场的洗牌，优胜劣汰，最终剩下三家左右来做这件事，这是自然规律。对于我们公司来说，我觉得我们的核心就是技术，七年来，我们也确确实实在非常专心、专注、专业地在做这件事。七年时间，就做一个产品，我觉得这条路我们走得很辛苦，但回过头来看还是蛮有收获的。在技术方面，我们有一个团结、高水平的团队在做开发，同时，在外围，还有很多用户帮我们提要求，把握方向，加上我们自己对这一块的理解，所以，我们的方向一直是对的。正是因为前面我们在技术积累上花了很多时间，所以，再往后走，我们产品的价格优势是非常大的。这意味着什么？我们的产品技术过硬、稳定性好、价格低，性价比就高，市场竞争力就强。所以，越往后我们的优势就会越充分地体现出来。

**李桂云：**奥威亚的发展愿景是成为多媒体应用行业最受尊敬的、最有创造力的领袖型企业。您觉得一个受尊敬的企业应该具备哪些因素?

**欧俊文：**我想有四点——对员工负责，为员工提供一个个人可持续发展的平台，以及工作生活非常愉悦的环境；对客户负责，为客户提供优质的产品和服务；对行业负责，为行业的健康发展提供企业正确引导的一系列做法；对社会负责，我们也会积极参与社会活动，为社会的发展贡献企业的力量。提出这样的发展目标可能跟我是教师出身，曾经在学校工作过的经历有关。做一个产品要对自己的产品有一定的要求，同理，做一个企业也要有一定的目标。瞄准这样的目标，我们要一步步迈进。

**李桂云：**为了实现上述发展目标，对于未来几年的发展，您有哪些规划?

**欧俊文：**奥威亚已经做了七年，从整个录播市场来看，我觉得有了一个收获的开始。从2012年开始的三到五年内一定是我们收获的季节，无论是市场、品牌，还是技术资源方面。奥威亚从两年前就开始把部分精力转到应用方面去了，重点研究搭建一个什么样的应用平台，增加一些什么功能，以便用户很好地去使用视频资源。我们的平台应用包含了三大模块——点播、直播、交互。与此同时，在一些业内专家的建议下，我们预备做视频分析。可以说，在行业应用方面我们提出了一些新思路，我们认为很多的应用还是需要我们去引导的。我也希望我们在应用方面做得更好一点。这是第一点。第二，在教育行业我们已经做得很不错了，已经将硬件录播系统发展到极致，但不要骄傲，还要继续努力，全力发展应用于教育行业的视频资源整合平台，集点播、直播和交互为一体，充分发挥录播系统的价值，为客户提供优质的视频资源建设方案。第三，要拓展公检法、培训等市场，为行业应用提供更好的产品方案。最后，我希望能够给员工搭建一个更好的平台，提供更好的发展机会。奥威亚人已经走过了七个年头，我们有信心走好下一个七年，并且会以更优异的成绩单献给大家！

（潘超/整理）



## □ 人物印象

### 对员工负责的好老板

潘　超

走进奥威亚，简单、大方、漂亮、舒适……类似的形容词跃然脑海。两层楼的办公区，浑然一体，但单看每一个细节，又都别有一番韵味。了解情况的人都知道，公司的整体装修设计，甚至具体到材料的选择、家具的布置都是由奥威亚的总经理欧俊文亲自完成的。在前期充分准备的情况下，实际的装修过程只花了40天的时间。

听说过一把手亲自参与产品设计的，也听说过一把手带领团队为客户做售后服务的，但一把手做装修设计还真是少见。欧俊文告诉记者，之所以选择亲力亲为公司装修这件事儿，就是希望能够为员工搭建一个好的平台，创造一个好的工作环境，这个环境既要舒适、漂亮，又要跟奥威亚简单、精细的产品理念相吻合。要同时达到这两个要求，自己是最合适的人选。

在奥威亚的采访过程中，记者发现，“对员工负责”这句话已经被欧俊文落到一个又一个具体的细节当中。除了为员工事业发展提供平台和机会外，奥威亚甚至建了自己的蔬菜生产基地，从而保证员工一年四季都能吃上绿色环保的健康菜，让外人羡慕不已。

七年学校工作，七年从技术工程师做到公司总经理，七年创业之路，这样的经历让欧俊文在面对他所带领的年轻团队时，既能以师者之心对待年轻人，又有亲身经历能够感同身受员工自身成长过程中的希望与困惑，所以，对于员工，他能成为名副其实的好老板。

# 新为 博弈于纵横间

2011年是新为走过的第九个年头。在4000多家企业用户的基础上，新为最近又有了很多新动向。比如，在保持一线城市优异业绩的同时，将触角进一步伸向了二三线城市；又如，在巩固技术和服务两大优势的同时，与内容提供商紧密合作，整合资源，为客户提供更全方位的服务。新为董事长兼总裁袁红兵在与《中国远程教育》（资讯）执行主编夏巍峰的对话中表示，未来，新为要大力推动与学习资源提供商的合作，拓展新的服务范围，并加强市场营销推广；与此同时新为更要做的是继续保持新为在产品和服务方面的优势，即强化新为棋盘战略中的纵向、横向以及纵横之间格子里的内容——产品和行业解决方案。

## 五大要素成就今日新为

**夏巍峰：**2010年中国软件行业E-Learning领域领军企业奖、2010年中国软件行业E-Learning领域优秀解决方案奖、2010年中国信息化百佳产品奖……在过去的2010年，新为将一项项大奖收入囊中。与此同时，在4000多家企业用户的基础上又迎来了很多大客户。比如中国有色金属行业协会远程教育培训平台上线；又如承建的国家工商总局行政学院网络教学平台正式启用，面向全国工商系统开展网络培训。新为的影响力与日俱增，成功的关键是什么？

**袁红兵：**总的来说，主要源自五个方面。第一，专注。新为从2003年成立以来，一直专注于E-Learning领域，心无旁骛。第二，取舍有道。“创新作为，有所为、有所不为，顺势而为”，这是新为一贯秉承的经营哲学。公司成立之初正是E-Learning行业在中国刚刚兴起之时，新为就预见到E-Learning行业在中国将有长足的发展，并且会在教育培训领域占据不可或缺的地位。新为在做 E-Learning 的过程中，曾经遇到过不少这样或那样的商业机会，但我们执著于 E-Learning 行业，将所有精力都投入到了 E-Learning领域的技术研发、产品创新和服务质量的不断提高上。多年来专注于本业，我们的目标就是做行业内的 No. 1。第三，持续创新。在新为，技术研发人员占公司员工的半数以上，自主创新的产品理念和持续投入的技术研发使得新为的产品一直在市场中处于领先地位，并受到了各行各业广大用户的广泛支持与认可。目前，新为不仅拥有完整的产品架构体系，还保证了产品的稳步升级。熟悉的人都知道新为产品每三个月就会有一次升级。第四，以客户为中心，注重服务。“以客户为中心，以客户价值为圭臬”是新为人一直追求的客户服务理念，因为我们深知一个企业的长远发展必须依托于客户的信任和认可。目前，我们不仅在北京、上海和广东设有 3 家分公司，还在全国各地设立了 23 家分支机构和 200 余家本地销售技术服务伙伴。遍布全国的服务网络保证了全国各地的客户都能够享受到最快捷、最专业的服务。第五，棋盘式营销战略。新为的市场目标是向客户提供更高层次的综合性整体解决方案和集成化服务，追求最佳的客户满意度。在这一市场目标的指引下，新为确立了棋盘式发展战略，即以行业为横坐标，将新为的产品和服务渗透到各行各业，按行业进行客户细分，为不同行业的客户提供具有鲜明行业特征的整体解决方案；以区域合作伙伴为纵坐标，使新为的营销和服务网络遍布全国各地，提高为客户服务的能力和服务响应速度。而纵横于棋盘中间的格子就是新为持续研发创新的产品和行业解决方案。

## 开放特质的 E-Learning 行业需要协同合作

**夏巍峰：**您已经提到了，新为成立于 2003 年，带领企业一路走来，您也见证了 E-Learning 行业近年来的发展。2011 年，既有国外 E-Learning 厂商进驻中国市场，又有国外 E-Learning 厂商退出中国市场。请您评价一下中国的 E-Learning 市场。

**袁红兵：**任何一个行业的发展、一个市场的成熟，都离不开众多因素的相互作用和相互影响，也只有这样才能达到一种相对平衡的状态。E-Learning从最初进入中国崭露头角，到目前已经形成良好的市场发展势头，一定会不断吸引大批的国内外优质厂商进入这个行业，共同推动

E-Learning行业的发展，这是 E-Leaning 市场发展的大趋势。我认为现阶段 E-Learning 的产业分工越来越多元化，从厂商状况来看，行业细分很明显，无论是平台、内容提供商，还是课件制作、咨询服务提供商，都在各自的领域精耕细作，朝着做专、做强的方向努力，同时，又可相互保持着合作关系。E-Learning 行业具有与互联网行业同样的开放特质，所以，这种分工细致而又协同合作的关系对 E-Learning 行业的全面发展是有利的。

谈到国外 E-Learning 厂商进驻中国市场，这也说明国外厂商看好中国良好的 E-Learning 行业市场环境以及国内庞大的潜在用户群，国外厂商的进驻会给国内 E-Learning 市场带来一些新的东西，这对国内 E-Learning 行业的发展是有益的。不过，对国外 E-Learning 厂商来说，重要的是加强对国内本土文化及企业文化的深入了解，以及对国内市场和广大用户群的深入了解和熟悉。大家都知道充分理解和满足用户需求，实现客户价值及为客户提供高效便捷的服务才是企业立足市场之本。

**夏巍峰**：在这样的市场环境下，您认为新为扮演着怎样的角色？

**袁红兵**：作为中国 E-Learning 行业的先行者，随着 E-Learning 行业在中国的迅速发展，新为也取得了长足的进步。2010 年对于新为来说是具有标志性意义的一年。经过多年的市场积累和沉淀，新为的客户总量突破了 4000 家，尤其值得一提的是，国家工商总局行政学院的网络教学平台、有色金属行业协会的远程教育培训平台，以及工信部机关教育培训的在线培训系统都选用了新为的产品，新为在 E-Learning 行业的市场份额不断扩大，客户、行业及社会对新为的认可也是推动新为在 E-Learning 行业持续发展、走得更远的一个重要动力。



"通过发展新的学习方式创造一个更美好的世界"，是新为公司跻身于 E-Learning 行业的发展愿景。这些年来，新为全体员工也正是朝着这一长远目标在不断奋进。作为中国 E-Learning 行业的先行者，新为一直在探索 E-Learning 行业在中国的发展方向和发展模式，在未来，我们将以开放的心态与产业价值链上的参与者加强紧密合作，共同打开 E-Learning 行业广阔的市场空间，促进 E-Learning 产业在中国的快速健康发展。

**夏巍峰**：对于 E-Learning 行业的发展，您有哪些建议？

**袁红兵**：大家对 E-Learning 行业在中国的发展前景都比较看好，但是 E-Learning 行业的市场竞争也非常激烈，不断有新的厂商跨入这个行业，也有一些厂商在慢慢淡出这个市场，而胜出的关键则在于企业要在市场中找准自己的定位，发挥自身的强项优势。从 E-Learning 行业的状况来看，无论是平台提供商，还是学习资源提供商，无论是侧重于软件服务，还是侧重于教育培训服务，在 E-Learning 行业这个开放式平台上需要各取所长并协同合作，使各方面的资源可以得到很好的互补，从而推动整个 E-Learning行业的快速发展。此外，建立行业发展规范以促进 E-Learning 行业健康发展的呼声也越来越高，E-Learning 行业亟须自律和规范。有竞争才有发展，希望行业内的竞争朝着良性、有序的方向发展。

## 纵横之间蕴含核心竞争力

**夏巍峰：** 在新为的棋盘式发展战略中，横向是行业。据悉，新为的客户已经扩展到政府、学校、医疗卫生、IT、金融等众多行业，不同行业的划分有何益处？

**袁红兵：** 新为的客户遍布了各行各业，目前已有逾 4000 家的企事业单位成功运用新为的产品，其中包括政府机关、电信、金融、商业连锁、IT、能源、医疗、制造、高等院校、培训机构等。无论是哪个行业的客户，其应用 E-Learning 产品的目标是基本相同的，都是从加强培训管理、促进企业人才发展及业务发展等几个方面考虑。在培训管理方面，希望达到降低培训成本、增强培训效果、建立完善的培训体系的效果；在人才发展方面，希望能提升员工的能力与技能，帮助员工建立职业生涯规划，促进员工的职业发展；在企业业务发展方面，希望能提升员工业务水平、促进企业业务发展，从而最终实现企业的总体战略目标。

但是，谈到客户的具体业务需求，不同行业乃至不同企业，都或多或少有一些区别，比如在管理模式和应用侧重点上的差异。按行业进行客户细分的好处就在于深入挖掘各个行业客户的需求差异，为不同行业的客户提供更适合于其行业需求的整体解决方案。我们通过市场细分，能够加大产品渗透力度，满足客户更深层次的业务需求，从而提高客户实际应用效果，提升客户满意度。

**夏巍峰：** 棋盘战略的纵向是新为在全国主要城市都有的区域合作伙伴。请您介绍一下合作伙伴的情况。新为选择合作伙伴的关键标准是什么？

**袁红兵：** 目前，新为在国内拥有 200 余家本地销售及技术服务合作伙伴。新为在发展区域合作伙伴时着重于几个方面——认同 E-Learning 行业发展前景，认同新为公司及其营销策略，与新为建立彼此信任、互惠互利的合作关系，并致力于相关产品的本地市场拓展。

从市场、销售、咨询、方案、实施、售后服务到产品升级，新为与合作伙伴紧密配合，为客户提供贯穿于整个产品营销过程的协同服务，同时也使合作伙伴从新为行业种类众多、数量庞大、不断增长的客户群中获得更多的商业良机，共同开拓区域乃至全国市场。作为新为的区域合作伙伴，不仅可以享受到优惠的销售政策，还可获得从产品、技术到市场、销售、服务等全方位的支持。新为尤为重视对合作伙伴的产品和业务培训，使伙伴能够深入地了解市场，有效地开展业务。因此，新为有一套完整的伙伴培训认证体系，并配有专业的内部培训讲师定期对全国各地的合作伙伴展开培训，通过严格的能力认证考试获得新为软件的销售实施服务资格，以确保良好的客户服务质量和品牌声誉。同时，为提高伙伴的销售能力，新为也协助伙伴加强销售及售前顾问团队的建设。此外，新为还非常注重建立和发展与伙伴的长期合作关系，并关注合作伙伴生态链的健康发展。我们期望有更多的伙伴加盟，在广泛和深入协作的前提下优势互补、互惠互利，发掘更多的商机、共赢市场。

**夏巍峰：**纵横框架搭好之后，关键还在于“格子”里的产品和行业解决方案。与其他厂商的 E-Learning 产品相比，新为 E-Learning 产品的竞争力表现在哪些方面？



**袁红兵：**新为 E-Learning 产品的竞争力主要体现在两大方面——产品设计理念的不断创新和强大的产品功能。新为 Smart Learning 学习发展系统是国内第一套能够对学习型组织各项学习活动进行全流程管理的软件，涵盖学习资源计划、知识管理、传统培训管理、在线学习管理、考评管理、积分和激励管理等管理应用领域，其最新完整版有 6 个子系统，30 个大模块，360 多个子模块，功能特性超出任何同类产品的一倍以上。可以说，新为产品的竞争力源自于多方面因素——敏锐的市场洞察，准确的产品定位，对客户需求的充分理解，众多成功项目的实践经验，持续不断的技术研发投入。

从 2003 年开始，新为的 E-Learning 产品经过了近 9 年的持续研发，总体上经历了三个重要发展阶段：第一阶段，在 2006 年以前，主要目标是帮助客户引入新的学习方式和学习工具；第二阶段，从 2006 到 2008 年，重点是支持混合式的学习管理，面授培训和在线培训相结合，同时整合各种培训工具；第三阶段，2009 年以后，核心目标是向支持学习型组织持续建设的方向发展。“创建学习型组织的首选软件支撑平台”是新为人对自身 E-Learning 产品的市场定位，不断打造出新的产品、满足日益发展的市场需求是新为人持之以恒的追求。

## 开拓二三线城市市场，服务更多有需求的客户

**夏巍峰：**新为在全国一线城市的业绩斐然，现在又将触角伸向了二三线城市。与一线城市相比，二三线城市客户的特点是什么？

**袁红兵：**新为依靠全面的产品服务体系及灵活的市场推广策略，与合作伙伴一起树立了众多行业典范应用和行业标杆用户，已经将我们的E-Learning产品在全国一线城市很好地铺开了。在此基础之上，新为期望进一步拓展二三线市场，以满足他们对 E-Learning 产品的需求。

相比一线城市，二三线城市客户接触 E-Learning 产品的时间相对较晚，对 E-Learning 产品的认识也不是很充分，但客户需求量较大，不少客户对新的学习方式和学习工具表示感兴趣，希望能够把面授培训很好地与在线学习相结合，以便大大提高企业的培训管理水平和员工的能力技能。

**夏巍峰：**相对于较发达的一线城市，开拓二三线城市的压力一定要大很多，新为克服了怎样的困难？做了哪些尝试？

**袁红兵：**随着互联网在国内普及程度的提高，以及国内网络环境的日益改善，二三线城市已完全具备应用 E-Learning 产品的硬件条件。面对二三线城市客户，我们要做的工作更多的是引导客户，加强他们对 E-Learning 产品的了解和熟悉，为客户提供适合其实际需要的解决方案，以及高效便捷的本地服务。在拓展二三线城市客户的市场策略上，新为将借鉴一线市场的成功推广经验，进一步发展区域合作伙伴，扩大与区域伙伴的合作力度及支持力度，加强客户本地化服务。为此，我们从产品、方案、实施、培训到售后服务都做了一系列改善，力求为客户提供最满意的服务。



## 与资源提供商合作，为客户提供全方位解决方案

**夏巍峰：**据悉，在新为 230 多名员工中，技术研发人员的比例高达 65%，新为为什么会如此重视技术研发？

**袁红兵：**E-Learning 行业是由教育培训与软件技术紧密结合衍生而出的一个新兴产业，与软件技术密切相关。因此，新为依靠持续投入的技术

力量及对教育培训行业的深入理解，不断创新 E-Learning 产品。技术是将不断变化的市场需求转化为成熟产品的基础，产品是实现客户价值的纽带，只有具备一定的技术实力和创新理念，才能适应瞬息万变的行业发展需要，保持行业的领先地位。

**夏巍峰：**作为 E-Learning 解决方案提供商，新为提供了一个完美的平台，客户如果还有资源方面的需求，新为要怎样满足？在资源方面您有哪些想法？

**袁红兵：**新为一直在努力打造完善的 E-Learning 平台，也取得了很好的成效。新为的优势在于技术和服务两大方面，作为 E-Learning 解决方案提供商，我们的目标是向客户提供更高层次的综合性整体解决方案。其中，在资源方面，新为提倡在平台基础上整合学习资源。客户的学习资源由多方面组成，包括外部课程、内部课程及一些非正式学习资源，如知识库与学习社区等。除外部的管理和公用课程外，很多与内部业务密切相关的课程、企业知识库、学习社区资源都来自于企业内部，因此需要整合学习资源。在资源整合过程中，像新为这样提供 E-Learning 学习平台的企业一定会是最重要的推动力量，我们可以提供先进的技术和完善的服务，帮助客户整合学习资源，在为客户创造价值的同时，也为资源提供商创造更多的商机。



**夏巍峰：**新为的目标是做中国最好的学习平台解决方案提供商。为了实现这样的目标，新为正在或即将在哪些方面发力？

**袁红兵：**新为在未来的发展规划中，将继续保持产品方面的优势，大力推动学习资源的整合，拓展新的服务范围，并加强市场营销推广。从客户角度来看，对 E-Learning 产品的需求离不开平台、资源和服务三大方面，客户亟须一个集强大的功能、丰富的学习资源和全面便捷服务于一体的综合性学习平台。为此，新为将继续在产品方面发力，将新的商业模式和学习理念融合到新产品中去，同时加强产品的用户体验。我们近期将推出一款全新的产品 SmartLearning @Cloud，在产品的设计思想及产品的功能方面都有重大突破，更适应未来市场发展的需求。

作为 E-Learning 解决方案提供商，我们凭借突出的平台优势和营销服务体系，建立了良好的用户基础和口碑。新为的强项在于技术和服务两大方面，在资源方面，我们愿与众多专业的内容提供商紧密合作，利用新为强大的营销网络及营销团队，将课程提供商数以千计的优秀课程推向新为广大的新老用户群，通过新的营销方式，降低客户的采购和应用成本。

（潘超/整理）

## □ 人物印象

# 坚守梦想

潘 超

有人说每家公司都有与它的领航人相同的气质，在采访新为董事长兼总裁袁红兵的过程中，记者很容易就找到了这种相同的气质——新为今日的市场地位源自公司心无旁骛，一直坚守在E-Learning领域持续创新，终于守得云开见月明。而一个非科班毕业，甚至连大学校门都没有进过的安徽籍年轻人能在深圳那样一片热土上实现自己的梦想，与他坚守自己的爱好、不断拼搏奋进密不可分。

19岁时，袁红兵开始了自己的南下打工生涯，同时也开始了他对自己的最爱——电脑软件技术的孜孜追寻之路。没有环境就创造环境。为了在专业环境中学习软件技能，1998年，在东莞一家船务公司做网管的袁红兵做了一件令大家瞠目结舌的事情——毅然放弃了当时月薪2800元的工作而到香港一家知名软件公司做了一名实习程序员，月薪800元。每天只睡5个小时，晚上学专业，早晨练英语，短短半年时间，他完成从门外汉到专业人才的转变。从实习程序员做起，袁红兵做到了产品线经理，只用三年时间，他实现了自己的软件梦。袁红兵的梦想并没有就此打住，在加入硅谷一家创新型互联网公司后，年仅23岁的他领导一个由中国、美国和印度工程师组成的高水平团队成功完成了一个大型互联网协作与知识管理平台的研发。再两年后，为了更自如地实现自己的想法，他又萌生了创业的念头。

说干就干，2003年，锁定网络教育这个朝阳产业，年仅25岁的袁红兵创办了新为软件，而这一干就是多年，且做得风生水起。一个企业的发展，需要一个灵魂式人物，引领企业的发展方向和塑造企业的凝聚力，同时也离不开一支优秀团队的强有力支撑。新为正是在袁红兵的带领下，汇聚了一批在教育、互联网和软件领域具有丰富经验的专业人士，拥有了一支由“土狼”与“海龟”结合的富于创造力、战斗力和实干精神的精英团队。袁红兵带给新为团队的不仅仅是敏锐的市场洞察力和产品运作的丰富经验，还有他那执著坚守、拼搏进取的精神。因为他自己的职业发展过程就是坚守与拼搏的最佳典范。

# Kineo 中国　以国际化视野进行本土化服务

在对话中，Kineo 中国（上海平南信息技术有限公司）总经理林凯解释："Kineo 源自希腊文，是 Stir things up 的意思，中文释义是创新。"与 Kineo 的并购让 Kineo 中国有利于站在国际化视野去思考如何进行本土化服务，依托 Kineo 的先进理念和专业优势，创新一条以 E-Learning 深入推广和应用为目标，凭借专业咨询推动，提供课件制作、工具及平台服务的全面学习解决方案服务商之路。林凯认为，Kineo 中国的做法和思路是独树一帜的，只要赢得客户认同，把客户需求充分挖掘出来将服务做好，Kineo 中国在行业就能保持竞争优势。

在微博中，林凯比较推崇乔布斯的理念，"企业的目标是去创造那些消费者需要但表达不出来的需求"。我们期待这样一位年轻有为、富于创新精神的总裁能够带领 Kineo 中国，在创造客户需求，提供深入服务的方向上走得更为稳健、坚实。

## Kineo 进入中国

**夏巍峰：**2011 年 1 月 11 日，上海平南信息技术有限公司正式并入 Kineo 集团，英文名改为"Kineo China"，可以说这是公司发展史上一个标志性事件。请您介绍一下"Kineo"，以及并购对于公司发展产生了怎样的影响？

**林凯：**Kineo 作为一家全球性 E-Learning 服务商，总部设在英国，在美国、新西兰、瑞典、南非、以色列均设有子公司 。在课件制作领域，Kineo 在英国排名第一位，在欧洲及美国也属于顶级服务商之列，在 LMS

平台的企业应用领域也有很多最佳实践的案例。

从2006年成立至2009年，平南都处在摸索阶段，对于国外有关课件制作领域的趋势一直保持着积极的捕捉和跟进，并与许多课件工具服务商达成合作。此次与Kineo的并购和整合，在课件制作和LMS平台应用领域可以引入很多卓有成效的新想法、新做法，以及国外先进的理念到中国来。从长远来看，并购对平南的发展帮助很大。

**Kineo 中国总经理林凯**

**夏巍峰：**您觉得并购对平南来说在哪方面的帮助会比较明显？

**林凯：**首先在客户服务上，Kineo的理念和导向能够有助于我们对客户服务做得更为深入和扎实。Kineo公司非常在意客户满意度，在客户允许的情况下，我们做的每一门课程都会进行问卷调查，与客户共同设计调查问卷，然后发放给所有参与这门课程学习的学员去评分，如果满意度（包括非常满意和一般满意两个级别）达不到75%以上，我们会将课件重做。我们会参照用户满意度来设计内部管理流程和课件制作规范。这种做法对公司的帮助和启发很大。此外，在教学设计方面，Kineo的教学设计专家在学历层次、专业性、应用经验方面都比国内更为资深，这种差距还是比较大的；从另一个角度看，这也有助于平南把自身的教学设计水准提升上来。

**夏巍峰：**Kineo中国的产品线和业务发生了哪些变化，请梳理一下Kineo中国新的产品线，以及对于新业务领域的规划。

**林凯：**Kineo在产品定位上有一个理念，如果产品在所服务区域做不到第一位，或者不具备能力竞争第一时就选择舍弃，所以Kineo的产品线仅从平台到课件。由于中国目前E-Learning行业环境不成熟，每个产品或服务领域做到第一都很难，同时很多领域都有机会，也都值得尝试。相比Kineo而言，Kineo中国的产品线和业务线更为延长，除了LMS平台和课件服务，还在课件工具、模拟教学和咨询等领域进行拓展。

# 成为快速课件领域领导者

**夏巍峰：** 技术推动学习变革，快速课件制作工具的研发和应用孕育了快速化学习理念的产生。您怎样看待快速化学习这样的模式和学习理念？它最大的优势和价值表现在哪儿？

**林凯：** 快速化学习在学习理念上倾向于快速、聚焦和实用主义，非常吻合成人学习的特点。它最大的优势和价值的发挥在于：更快、更好地响应用户业务的需求，聚焦在对业务和工作最有帮助的部分；可频繁、简便地进行更新，确保内容与实际情况的关联切合；让 E-Learning 深化到业务部门，以便更快产生绩效。

**夏巍峰：** 您曾表示快速化学习模式非常适用于中国市场，为什么？请分析一下我国快速课件的行业应用情况和前景。

**林凯：** 从趋势角度看，根据 Bersin & Associates 的研究，E-Learning 应用的成熟度经历四个阶段：起步阶段，以节省成本，提高培训覆盖率，大量采购通用课件为主；成长阶段，以快速化学习，混合式培训，品牌建设为主；整合阶段，E-Learning 与企业实现技术整合和流程整合，E-Learning成为企业绩效提升的工具；按需学习阶段，E-Learning 成为以社会化学习和搜索为核心的电子绩效支持系统。目前来看，国内大部分应用 E-Learning 的企业正处于从起步阶段迈向成长阶段，许多国际知名跨国企业和信息化程度相对较高的大型企业已处于成长阶段，对于这些企业 E-Learning的深入推广和应用，快速化学习可以起到有效的支撑。

从实际应用角度看，我们发现 E-Learning 在推广过程中存在一些瓶颈，一是 Flash 课件制作成本高，二是课件教学设计差，效果不明显。譬如，针对大型企业可能需要上千门课程，但受到成本预算以及课件制作周期漫长等因素的影响，很难在短时期内建设完成；并且课程更新也很难操作和实现，不能切实满足企业需求和业务需求。这是很多企业应用 E-Learning没有达到预期效果的核心原因。在国外快速课件制作已经流行多年，并在企业课件资源中占了大部分比例；在国内很多企业也已经进行快速课件制作，比如平安保险、联想集团、中国电信、中国石化等大型企业都得到了很好的推广和应用。将来的应用趋势还会从培训部门延伸至业务部门，下沉到业务部门的培训管理员或内训师，推动并帮助企业强化自身的快速课件制作能力。

**夏巍峰：**作为国内专注于快速课件制作的服务商，Kineo 中国在此领域的目标是什么？又是如何做到的？

**林凯：**我们是国内唯一专注于快速课件制作的服务商，致力于成为国内快速课件制作领域的领导者。目前，Kineo 中国代理了十几种国外知名快速课件制作工具，凭借专业化的咨询服务来推动，依托 50 人的专业课件制作团队，可以针对客户的不同需求，对不同种类的快速工具做出选择建议和推荐，为客户提供个性化服务。

## 站在国际化视野提供服务

**夏巍峰：**据了解，您曾参与过国内外许多 E-Learning 领域的大型展会，国外 E-Learning 行业的发展情况如何，国外 E-Learning 服务商的技术和经营理念相对于国内服务商有哪些可供学习和借鉴的方面？

**林凯：**首先国外服务商目标更为明确，做得更为专注和专业，不会任何领域都介入，都是各自选择一个领域深入下去，这样企业才会活得更好。其次，注重公司长期战略，布局全球化。相比之下，由于国内 E-Learning 行业还处在发展阶段，市场规模有限，客户和服务商的成熟度都需要一个过程。因此国内一些服务商在定位上目标不明确，什么都想做；在战略上布局不够长远，带有投机性质。其实，服务商无论做产品还是做服务，本质上都是服务，对于产品需要不断研发、升级，为客户提供持续支持；对于服务就需要更加专业、专注，这样才会把服务做扎实。

而我们与 Kineo 的并购和整合，更有利于我们站在国际化的视野和眼光，将国外 LMS 平台的最佳应用实践、先进的课件制作工具和技术引入国内，先学习国外好的方面，然后再努力内化和创新服务，将来我们还要有自己的产品，树立自己的品牌。

**夏巍峰：**Kineo 现在服务的客户中也有一些诸如惠普、佳能、摩托罗拉等国际性企业，它们与国内 E-Learning 应用企业相比在服务上有什么不同？你们又如何做好本土化服务？

**林凯：**一般来说，国际性客户目的十分明确，做每一件事情都是为某一个具体目标服务。他们会先确定需求，再落实预算，然后去讨论具体方案，想达到什么效果很清楚。而国内企业培训部门的流程许多是反向的，根据培训预算来做课程，然后再决定给什么部门或什么岗位做。国内企业培训部门普遍人员不足、专业性薄弱，缺乏精力和能力与业务部门沟通，这样就难以切准需求，排出优先等级并考虑用何种手段来实现，并提出最优的学习解决方案。实现这一过程需要企业有非常好的内部顾问来承担这一职责，如果企业做不到或者能力不足，那我们就希望通过咨询服务充当企业内部顾问的角色；从需求角度帮助企业策划学习解决方案，到最后通过课件来实现，改进绩效。我们认为这是最能给客户带来价值的地方，也是将服务做得更为扎实的体现。

## 稳健　创新　为明天做准备

**夏巍峰：** Kineo中国目前在国内哪些城市建立了分公司，是基于怎样的部署和考虑？公司规模将来是否有很大发展？

**林凯：** Kineo中国总部在上海，目前在北京、广州、大连、武汉都建立了分公司。北京、上海和广州是E-Learning行业的中心区域，国内大多数客户都集中在这三个区域，设立分公司主要是基于销售的角度考虑；大连和武汉主要作为公司的制作中心，公司既要保证课件制作的品质符合企业标准，也要考虑控制成本，增强行业竞争力。公司目前规模已有70余人，仅课件制作团队已达50人；明年的规模会扩大到200人，规模的扩张对公司的运营和管理也将带来挑战，我们需要谨慎地把握和控制好节奏，稳健前行。



**夏巍峰：** 您本人曾在全球著名跨国公司Oracle和微软任职了七年，为什么会选择转到E-Learning行业？

**林凯：** 因为这个行业有前途。

我认为从培训和学习角度来看，E-Learning行业是一个朝阳行业，尽管相对于IT行业来说其技术和发展还比较落后，但是我们能够利用IT技术结合业务需求在很多方面进行改进。我们更倾向于将市场细分，运用技术手段去解决一个个具体的问题，这样我们可以做得更好。挑战一个朝阳行业，并尝试运用各种IT手段去改造这个行业很有意义。

**夏巍峰：** 在为客户提供国际化视野下的本土化服务基础上，对于公司未来的发展您有怎样的规划和梦想？

**林凯：** 我们只有一个简单的梦想，就是更扎实地为中国的大中型企业做服务。我们希望保持一个长期服务能够持续跟进企业，将服务延伸下去；另外我们还要考虑怎样将服务做好、做实，让客户能够长期购买我们的服务。客户在不同阶段可能需要不同的服务，我们要做的事情就是要分析客户需求，再去“创造”客户需要的服务。可能在市场上，客户都还没有意识到他们需要怎样的服务，而我们的追求就是要“去创造那些消费者需要但表达不出来的需求”，然后再通过服务满足这些需求 。

E-Learning 怎样才能做好？这是我们每天面对客户都在思索的问题。我们认为中国目前面向 E-Learning 应用的咨询服务比其他服务更为重要和迫切，这也是将来我们着重切入和服务的方面，帮助企业把 E-Learning 做深入，在企业内部做好运营，就某一课程系列进行推广和应用等等，以咨询做推动将服务深入下去。

**夏巍峰：**在中国，目前国内外 E-Learning 服务商云集，竞争激烈，你们的竞争对手主要在哪个层面？如何在竞争中图存？

**林凯：**服务商的竞争不会是全面的竞争，还是要看细分的各个市场和领域。但实际上，Kineo 中国的做法和思路比较独树一帜，最大的重点在于说服客户，赢得客户认同，无论咨询、平台还是课件都是按照我们的模式给客户做服务，只要把客户的需求挖掘出来，把服务做好，从这个角度来看也就不存在竞争。

总之，厚积薄发，服务图存，为明天做好充分准备。

（郑天坤/整理）

# 讯飞教杰　聚焦科技与教育融合<br>助推人才培育与发展

2010 年 6 月，上海教杰计算机科技有限公司正式成为中国最大的智能语音技术提供商科大讯飞的控股子公司，优势互补，教杰科技在成为讯飞教杰之后，站在了新的起跑线上，迎来了大发展。金秋十月在上海，《中国远程教育》（资讯）执行主编夏巍峰对话讯飞教杰董事长梁霏，梁霏谈公司集企业学习管理技术、知识服务与运营保障为一体、聚焦专业的企业级培训管理与人才学习发展系统的整体解决方案，谈公司的企业文化，谈变身后讯飞教杰的新战略……整个采访过程中，让人印象最深刻的是教杰人对 E-Learning 行业、对客户的那份浓浓的感情："我们热爱教育、热爱创新、尊重行业、尊重客户，把帮助客户实现价值作为我们的价值体现，这样的定位使得我们面临着非常大的压力，不能停下来，不能有任何的优越感，而是一直要放低姿态不断地去完善我们的产品和服务。"当然，这份感情绝非是说出来的，而是流淌在教杰人的血液中，实实在在、一步一个脚印地做出来的。

## 教杰科技变身讯飞教杰

**夏巍峰：**作为教杰科技的控股公司，科大讯飞在教育领域的发展战略是什么？

**梁霏：**科大讯飞是中国最大的智能语音技术提供商，在中文语音合成、语音识别、口语评测三个领域拥有国际领先的成果。比如，2006 年至 2011 年，科大讯飞连续六年在英文语音合成国际大赛（Blizzard Challenge）中荣获第一名；又如，2008 年，科大讯飞获得了国际说话人识别评测大赛（NIST 2008）的桂冠，紧接着又在 2009 年获得了国际语种识别评测大赛

(NIST 2009) 高难度混淆方言测试指标冠军和通用测试指标亚军。科大讯飞在语音技术核心研究和产业化方面的突出成绩引起了社会各界的广泛关注，国家各行业部委和权威机构也已经初步形成了“科大讯飞是中文语音产业国家队”的基本共识。

讯飞教杰董事长梁霏

而教育行业一直是科大讯飞重点发展的战略业务方向，尤其是在2008年公司上市之后，并在基础教育、高等教育、职业教育、企业教育等领域取得了令人瞩目的成果。例如，科大讯飞研发的“畅言交互式多媒体教学系统”获评2011年度“国家重点新产品”“普通话模拟测试与学习系统”的核心引擎即讯飞口语评测技术是业界唯一通过国家语委鉴定并达到实用水平的成果，迄今为止，它已在全国大部分省份、超300万人次的普通话等级考试中使用，并在美国、日本、韩国、新加坡等国家的孔子学院和普通话教学中使用。又如，由教杰牵头研发的“企业学习发展系统”作为企业学习管理与人才发展一体化的应用平台，也成为国内企业电子化学习的领先解决方案，服务超过百家的行业标杆客户，取得了客户的广泛好评。

**夏巍峰：**教杰科技加入科大讯飞成为讯飞教杰对公司的发展产生了哪些影响？

**梁霏：**对于教杰科技来说，加入科大讯飞的影响力首先体现在品牌上。品牌对一个企业的发展至关重要，和科大讯飞的融合使我们的品牌进入到了一个更高的层次，从而为我们创造了更多的机会，无论是科研项目的研发还是新行业、新客户的开拓，无论是产品技术攻坚还是服务营销推广，都体现出广阔的发展空间。总之，我们更加珍视这个品牌，重视品牌建设和企业信誉的维护。其次，在资源联络方面，尤其是对一些大型项目的综合服务与保障能力得到了进一步的加强和提升。所以，投身到科大讯飞这样一个更大的事业平台中，对我们来讲是一个战略视野和服务品质的双重提升，我们被引入到一些更具挑战性、更有竞争性的客户领域中。第三，上市公司的高标准管理模式优化了教杰科技的运营机制，吸引了更多的优秀人才加入，在企业内部也打造出更适合人才成长的沃土。此外，由于科大讯飞希望将自身领先的智能语音技术在更多行业中加以应用推广，教杰科技也会将智能语音引擎无缝嵌入到核心产品矩阵当中，这对用户体验的整体提升、传统培训管理方式的业务流程优化，以及培训方式的革新都将起到积极的推进效果。

与此同时，教杰作为电子化学习细分领域专业服务商加入科大讯飞后，科大讯飞也积极利用教杰科技在行业的广泛影响力和优质服务能力，进一步完善了企业在教育行业的纵深化发展战略规划，教杰科技把自身的优质业务向集团公司做了资源输送，同时集团公司也将教杰科技纳入到集团核心业务发展规划中，重点是安排教杰科技承担教育信息化领域的几项重点新产品开发工作。对于教杰科技来讲，未来不仅承担了更多的发展使命，同时我们也期待着更多的爆发式的成长机会。

## 发布行业白皮书，引导并推动行业整体蓬勃发展

**夏巍峰：**我们注意到，教杰发布了行业白皮书，这在 E-Learning 行业中是比较少有的企业行为。发布行业白皮书是出于怎样的考虑？您怎样理解企业的责任，包括对于社会以及对于行业发展的责任？



**梁霏：**对于发布行业白皮书，我的考虑主要是两点——分享和引导。所谓分享，就是我们非常希望把教杰这么多年来的最佳实践经验与我们的客户分享。因为教杰在发展过程有幸与很多行业的很多标杆型企业携手，像轨道交通领域的上海申通地铁、航空领域的春秋航空、语言培训领域的上海新东方学校、医药领域的上海医药集团等，在双方合作过程中都沉淀了非常多的实践经验。与此同时，我们公司又一直在做相关产品和理论的研究，将这些经验和研究成果通过行业白皮书的形式与我们客户分享，就把我们自己的发展理念和对行业的深度分析有机地结合在一起。关注客户并帮助客户成长，最终实现引导并推动行业整体的蓬勃发展目标，这是我们的一个美好愿景。

**夏巍峰：**这个行业白皮书是每年都发布吗？

**梁霏：**从 2008 年开始，2009 年、2010 年都发布了。2011 年，我们的业务发展，包括产品的发展也到了一个新的阶段，依然希望从我们的视角把经验汇总起来，所以我们今年会发布一个更全面的白皮书版本。教杰也曾经从很多其他厂商、专业研究机构所做的研究成果当中受益匪浅，所以

认为这是一件非常有意义的事情，众人拾柴火焰高，因此，这件事我们不仅要做，要做好，还要形成一个常规机制去做。

## 帮客户实现“跳出学习看学习”

**夏巍峰：**行业白皮书的主要内容之一是“如何成功实施 E-Learning”。不同的企业，对于这个问题的理解以及侧重点各不相同。教杰的观点是什么？

**梁霏：**在总结我们众多重点项目成功实践经验的基础上，我们的感想或者说心得是，客户和服务商之间双向沟通是否充分、分工联动是否合理，这是成功导入电子化学习战略的一个重要基础。这里有两个关键词——双向沟通和分工联动。首先从客户层面来讲，可以简单概括为“三个一”工程，即客户需要明确一个合理的目标、选择一个有实力的服务商、创造一个 E-Learning 系统健康运行和发展的学习环境，这是我们和客户共同摸索总结出来的。与之相对应，服务商应该密切结合客户目标去进行项目规划，聚焦如何把自身的核心技术和优势服务内容经过量体裁衣输送到客户的应用环境中，同时运用服务商在理论和应用领域的最佳业界实践经验，有效引导并协助客户构建学习型组织所必需的制度规范和推广应用环境等要素。

简而言之，成功实施 E-Learning 项目，绝不仅仅是简单完成软件系统或课程内容的搬运或改造，而是应该在供应商的专业服务能力和客户迫切需求的基础上，搭建起一个能够畅通运转的组织学习体系软硬环境。所以 E-Learning 系统无论规模大小和功能繁简，我们始终坚信，契合客户需求、功能精细易用和性能安全稳定的系统平台，应该是双方共同努力追求的最佳建设目标。

**夏巍峰：**作为专业的 E-Learning 服务提供商，教杰的目标是让越来越多的组织能够轻松应对教育与培训的信息化需求，远离专业技术困扰，并充分受益于信息技术带来的管理变革与流程优化。那么，客户都能明确提出自己的需求吗？在实施 E-Learning 过程中，客户要做的重点工作是什么？

**梁霏：**要从近和远两个角度去诠释这个问题，“近角度”即从项目建设过程来讲，我们希望客户能够明确 E-Learning 项目导入路径，并合理设定起点和终点。其中起点是客户目前的学习管理现状，即要摸清家底，充分盘点内外部资源，终点则是客户设立的应用目标。我们现在越来越觉得这项工作是应该花大精力去做的事情，这既是对客户负责，同时也是对我们企业负责，因为它可能直接决定了项目最终的实施成效。因此，我们会积极协助客户完成这项工作。在如何协助客户设立目标上，我们也提出了几方面，即该目标是否可达成、是否可以控制和是否能够在未来有连续发展提升的空间。客户在做每个目标时可以用这三个点来衡量它是否合理。随后我们会围绕经由客户确认好的发展目标，用我们专业的产品和技术方案与客户进行一次技术性的对话，最后才是开展这个项目。

从“长远发展角度”来看，我们希望协助客户打开学习发展一体化的广阔视野，力求做到“跳出学习看学习”。对于企业客户来说，随着信息技术和学习理论的不断成熟，企业组织的学习发展系统已经愈发成为一个高度集成化的人才管理和能力发展平台，涵盖了培训流程管理、学习内容管理、绩效管理、知识管理和沟通管理等内容。从企业客户的实际需求来看，以往重点关注学习培训资源的单一视角已经很难满足企业对人才能力培养及管理的要求。在客户选择人才管理的最佳落地方式的决策和规划过程中，作为专业服务商，我们有责任帮助他们树立人才发展和人才管理常规化的整体战略目标，并且引导其合理运用管理工具和教育技术将这个目标充分践行；在这个过程中，教杰科技会通过经验丰富的实施顾问咨询，以及行业最佳实践案例探讨等模式，让企业决策者深入理解人才管理和学习管理的层次关系以及关键的组成要素，从而更有力地保障学习发展系统在组织内外部的推广应用效果。



**夏巍峰：**那么具体来说，教杰提供的解决方案具有哪些优势？

**梁霏：**基于学习发展一体化的发展趋势，教杰科技在标准化培训业务管理和学习内容管理产品的基础上，在解决方案中还有效融合了胜任素质（力）模型、培训项目精确化管理、混合式学习模式、职业测评、社会化学习、知识文档、离线和移动学习模式等先进理念与产品功能。总体来看，教杰科技为客户量身定做的专业解决方案具备以下几个优势，第一点就是丰富的专业化功能集群，我们定义的“丰富”，其内涵是“专而全”而并非“空而全”。教杰科技的标准产品服务体系所包含的关键功能和创新用户体验，无一不是把广大学习专家的理论和标杆用户的实践融合起来并进行反复验证和优化。正因为立足于这样一个高品质的服务实施基础，使我们在面对具备不同实施基础的客户群时，可以灵活、从容地为他们提供差异化、分阶段、一站式的业务选择模式。第二是教杰科技的业务组合具备非常好的可配置性，包括我们的业务流程、培训资源的管理、培训项目的组合、培训业务的控制等等，我们尽量将其封装为高度标准化的平台功能或业务流程，从而快速满足客户在特定环境下的多元化需求，大幅度减少定制开发的风险。第三，在我们能够提供给客户的学习服务方案中，学习方式和管理方式是非常多元化的，因为我们引入了智能语音、移动学习和社会化学习等模式，为用户建立了更广阔的应用空间。

总之，我们的服务树立了一个非常明确的用户目标——“人才管理标准化、培训过程可视化、学习成果知识化”，进而让客户达成学习管理、绩效管理和人才管理的多重体系共同发展。这些关键体系在教杰的服务框架中，既具备明确的应用目标路线图，又提供了与发展目标相对应的服务功能池，这样我们用户关注的每一项人才管理和学习管理理念，都不再仅仅是空喊口号或者处于无体系运转状态，取而代之的是用户能扎实地借助教杰科技系统平台作为业务支撑环境，将各类人才管理工具和管理技术充分实践化。

## 围绕网络学习培训管理和人才发展，提供丰富的服务形态



**夏巍峰：**短短三年时间，为国内超过百家企业集团、大中专院校、政府及培训机构提供 E-Learning 解决方案。教杰有着什么样的企业文化才使得公司能够取得从量变到质变的发展？

**梁霏：**说到是什么样的企业文化让教杰能够保持一个比较稳健的发展速度，那应该是非常简捷的四点——热爱教育、热爱创新、尊重行业、尊重客户。科大讯飞的一个发展理念就是“科技服务教育”，热爱教育事业是教杰人坚定选择这个行业的最大原动力，而企业自身浓厚的科技研发背景也不断激励我们勇于挑战，不断通过创新来超越自我，并实现产品价值和企业价值的提升。在这样的企业背景下，科技和教育融合所产生的硕果就具备了最优质的生长土壤，企业自身也成为员工成长的一片乐土。

由于 E-Learning 行业目前已进入到一个非常关键的发展阶段，因此我们也非常尊重行业、爱护行业，为了实现这个目标，一方面我们力求通过自身的贡献为行业蓬勃发展出一份力——为产业喝彩；另一方面我们始终坚持与众多合作伙伴协作整合，通过专业资源的不断耦合实现教杰科技服务品质的提升——令用户叫好；同时，我们也非常愿意积极参与行业内的各项学习交流活动，共同分享发展经验。

尊重用户则是教杰人始终坚持的一种使命感。作为一家知识服务型企业，我们自身具备的专业品质在很大程度上会决定用户导入学习发展系统的应用成效，因此在我们眼中，尊重客户的最佳路径就是使教杰科技服务标准持续提升，最终实现用户受益；同时我们也看到，将 E-Learning 与其他互联网领域的电子商务、网络游戏等产业进行纵深化比较，E-Learning 产业在人才和技术等关键领域都存在差距，在服务架构、核心技术和品牌建设等方面都需要产业同仁的共同奋斗，才能不断推进行业健康发展和壮大。基于上述认识，教杰科技始终积极利用科大讯飞在产品研发领域的坚实基础，在 E-Learning 核心技术和性能指标方面以打造国际一流水准服务商为发展目标，同时在咨询服务、学习内容开发等服务领域，进一步利用行业号召力和公司自身广阔的成长平台，不断吸引并聚集高素质的专业人才，全力建设学习服务领域优质人才库和专家库，将教杰科技专业化的智慧资源和知识资产源源不断地转化为我们用户的发展动力。

**夏巍峰：**教杰提出要通过不断推出和完善功能丰富、操作易用的新一代产品，致力于成为中国最专业的学习管理与知识服务商。请您介绍一下公司近一两年的发展规划。

**梁霏：**我们的业务聚焦点自公司成立以来始终高度集中——为企业、政府和教育机构提供专业化的网络学习培训管理和人才发展集成化服务，随着公司自身的发展和人才的聚集，除了软件产品和技术服务以外，我们希望能够围绕网络学习培训管理和人才发展，为用户提供更加丰富的服务形态，譬如目前我们已经广泛开展的学习体系咨询规划、系统平台整合化实施、数字学习内容开发等服务模式。未来两年中，我们将充分整合科大讯飞企业内外部的核心资源和优质渠道，持续提升公司品牌价值和产品性能优势，通过服务团队的专业建设，打造国内在线学习服务的制高点。这是我们的一个整体规划目标，展开来讲可以归结为两点——一是重视核心产品的创新研发，二是培育企业的优秀人才队伍，这两点也是教杰始终坚持的发展理念。从产品研发来讲，公司先后获得了上海市科委和国家科技部的创新基金项目支持，在核心业务基础上，我们的核心系统平台——“教杰 i 学院套件（Winnovo i College Suite）2012 版”即将发布，这是我们对产品结构进行优化梳理和性能提升的一项重大举措。此外，今年我们已经推出了以 IM 为载体的虚拟教室解决方案，方案完全契合国内教育领域和培训领域的针对性需求，能够帮助用户快捷地建立起稳定可靠的即时双向教学沟通平台；与此同时，基于科大讯飞的移动互联网战略，由教杰科技研发的“i 学院移动学习版”也将在近期发布，为我们的产品系列再添一名重要成员。

“聚众智，汇众力”，为了不断保持行业领先地位，教杰科技一直致力于建立强强合作的专业伙伴合作机制，目前已经和国内五所标杆院校以及多家管理咨询企业建立了战略合作关系，同时成立了多个科研合作项目基地，使教杰科技同时具备了高品质的内、外脑决策中心和运营保障能力。我们在核心产品研发、专业人才和咨询队伍的培养方面持续进行重点投入，就是力争不断夯实公司优势业务并提升公司核心竞争力。

最后，借助这个访谈的珍贵机会，我也很高兴向大家介绍一下“讯飞语音云”，近期由科大讯飞研发的全球首个同时提供语音合成、语音搜索、语音听写等智能语音交互能力的移动互联网智能交互平台——“讯飞语音云”已经正式上线，并且受到用户广泛好评。在迈入移动互联网和云计算时代后，教杰科技也肩负着科大讯飞在 E-Learning 领域推广智能语音技术的重任。我们是一家心怀远大发展理想，脚踏实地在前进的 IT 企业。我们对己自豪、对用户感恩、对社会担责，在波澜壮丽的未来，我们将把语音技术、移动互联网和 E-Learning 应用三者密切结合，在教育培训和文化建设领域发挥自身优势，致力于为用户带来体验更佳的产品服务，并力争成长为中国 E-Learning 行业优秀的领先者。



（潘超/整理）

# Knovia Group　建构智慧型企业的核心价值

打造知识新生态，Knovia 由单词“kno”和“via”构成，“via”在英文是“通过”的意思，“kno”是“知识（knowledge）”的缩写。Knovia 的意思是希望通过系统性的学习方案，以创新、变革和以人为本的价值观，协助客户建构智能型企业。Knovia 让知识（knowledge），通过系统性的学习和理解（learning & understanding），能在关键时刻做最适当的应用，成为企业的智慧（wisdom）。以创新、变革、以人为本的价值观，结合国际的专业知识、雄厚的技术实力和本地的交付经验，成为企业的最佳伙伴，是 Knovia Group 的愿景。

## 整合多家台湾厂商资源

**夏巍峰：**Knovia Group 集成了数家 E-Learning 服务商的产品和业务，可否梳理一下公司目前全新的业务和产品线？

Knovia Group 大中华区总经理乔琬珊（左）

**乔琬珊：**我们的技术资源来自中国台湾，启发来自美国。到中国大陆，我们做了本地化的全面整合。要提供给企业的不是单纯的网络课件或是平台技术，而是真正能提升客户经营绩效的全方位解决方案。我们的解决方案，如蓝海战略、领导力培训、新人训等，利用丰富的课程、云端平台的技术，以及互动的面授方式，提供系统性的创新混成学习模式。以前大家认识的是嘉实信息，现在为了呈现我们的全新整合，我们重新规划了品牌，改名为 Knovia，via 英文是通过的意思，Kno 是知识的缩写。我们希望通过系统性的学习方案，以创新、变革，和以人为本的价值观，协助客户建构智慧型企业。

**夏巍峰：**Knovia Group 集成了数家 E-Learning 服务商后，综合实力、服务能力以及技术和产品的研发能力得到了哪些增强？如何支撑和服务好大中华区市场？

**乔琬珊：**我们在大中华区已有十年的行业经验，千门的标准课程，一万个小时以上的定制课时经验，也研发了百万人用过的学习平台。此外，我们紧紧跟随着国际的发展趋势，在大中华区深耕。

## 帮助客户成为智慧型企业

**夏巍峰：**近年来，做一个智慧型企业的呼声持续高涨。所谓智慧型企业，是基于持续学习，能够透彻了解并预测其生态环境中各种关系，且能根据环境的动态变化适时调整自身与环境之间的关系，及时做出对策，包括了产品的创新、新技术的应用、营销策略的改变、管理架构的简单优化，但还有一个重点，就是企业的学习能力和学习速度。如何做一个智慧型企业，您是如何思考这个问题的？您又是如何帮助企业成为一个智慧型企业的？

**乔琬珊：**现在是知识经济占主导地位的时代，知识管理及应用在企业中已经变得越来越重要。企业所需的知识可以归纳成三种：工作知识、专业知识、企业知识。大部分的工作知识和专业知识能用标准网络课件补充，但是企业知识常常隐藏在老板和员工的脑海中，以及各个员工的电脑硬盘里。我们向企业客户提供解决方案的过程中，会盘点他们人才发展所需补充的知识，协助他们加以系统性整理，让知识通过学习和理解，能在关键时刻做最适当的应用，成为企业的智慧。

要快速学习知识，就必须快速掌握、产生、管理并传播知识。比方说领导演讲，PPT 里写的是大纲，但是精华的内容在演讲的故事中。如果会后只用 PPT、以电子邮件的方式传达，不但漏掉了精华，也不知道最后有没有人看。如果演讲的过程以快速内容制作工具录制，马上传到云端平台，以Email通知开课，之后就可以追踪谁真正学习了。

**夏巍峰：**每个企业都梦想脱离红海，但是梦中的蓝海在哪里却很难有人说得清，Knovia Group是如何帮助企业建构自己的蓝海战略的？

**乔琬珊：**要协助企业寻找他们的蓝海战略，需要与他们的领导人一起进行脑力激荡。我们前期分别通过3个小时的研讨会，2天的培训和4天的研习营，与他们进行深入探讨。这种探讨主要是对客户进行咨询服务。但我们不同于传统的咨询公司，为企业咨询完以后，企业的老板会有很多主意，但是之后要去实施的时候会遇到许多困难。传统的咨询公司能给出解决方案，但是无法协助企业落实方案。

我们是全程参与，通过前期的一个咨询以后，希望陪着企业老板从主意开始，到真正方案的实施和落实。要带着企业走进蓝海，并非只要老板一个人掌舵就可以改变方向，而是需要每个人都向一致的方向努力划水。老板必须给出新的愿景，带领员工做创新的决策，一步步带着组织变革。走进蓝海，必须以人为本。投资更多金钱很简单，但是改变人的习惯和观念很难。

**夏巍峰：**培训人才，尤其是引导新人进入角色，是每个企业HR部门的职责，在这里，E-Learning可以派上什么用场？



**乔琬珊：**智慧型企业，强调的是做事必须“有用”和“有效率”，协助HR做更好的新人培训也是相同的道理。很多企业的新人培训既没有用，也没有效率。为什么呢？新人到岗，HR必须花费时间讲解企业的知识，如文化、人事流程、财务流程等，部门主管或是同事必须花费时间解释专业知识和工作知识。新人一次接触如洪水般的信息，却在48小时内就会忘记80%了。这样不仅浪费了公司的人力资源，也无法让新人马上进入状况。新人上班疑惑的一天，就是浪费人力成本的一天。

我们的解决方案，是先协助企业盘点新人所需要的企业知识、专业知识和工作知识，并盘点哪些比较适合网上自己学习，哪些比较适合1对1的讲解，哪些比较适合实际工作上的学习。适合网上学习的内容，我们可以协助企业挑选标准的网络课件，也可以协助企业把自有的内容数字化。数字化的内容，随时能看，也随时能回去参考，甚至上岗前在家里都能先开始熟悉。这样系统性的规划能协助企业达到更有效果和效率的新人培训。

**夏巍峰：**有人说，企业的问题归根结底是老板的问题，因此企业一把手的领导力和企业管理层的领导力水平亟待提高。在这方面，企业界认为领导力的提升主要应依靠脱产面授学习，那么E-Learning是否还有用武之地？

**乔琬珊：**为了领导力培训，我们引入了国外的领导力情景模拟技术，以丰富我们的混合式培训。在这方面，E-Learning 在课前、课中和课后都扮演了重要的角色。我们为工商银行做行长领导力培训的时候就采取了这样的方式，多年来反馈一直非常好。课前，我们会先做领导力的测评，并依据测评结果，为每个人匹配适合的网络课件补充工作知识。课中，我们教领导力的理论，再带领学员利用情景模拟的方式去体会这些理论。情景模拟可以让学员扮演不同角色，尝试不同的沟通方式，并系统性地评估不同领导方式带来的不同结果。课后，我们则继续补充情景模拟和网络学习的课程。这样创新的混合教学方式能让学员快速学习并吸收抽象的理论。

**夏巍峰：**行动学习也是目前企业学习领域的热点之一。据我们了解，行动学习法产生于欧洲，在课程中，每个参与者所在的机构都提出了一个比较棘手的问题，他们被交换到不同于自己原有专业特长的题目下，组成学习的团队，群策群力，互相支持，分享知识与经验，在较长的一段时间内，背靠学习团队，解决这些棘手的难题。这种通过实践获得成功的学习方法如何与 E-Learning 相结合？在这方面 Knovia Group 有什么创新的做法？

**乔琬珊：**其实在刚才说的领导力培训中，我们也结合了行动学习。当学员进行了情景模拟后，我会将学员组成团队，将所学的理论结合工作上所碰到的场景做演练。演练时，会要求他们用快速内容制作工具录制起来，再通过平台分享给其他团队。我们的平台有许多互动的功能，所以之后老师能通过平台评分，学员也能互相参考最佳案例。



## 成为企业的一个骨干

**夏巍峰：**Knovia Group 是大中华区提供最完整的知识服务外包的公司之一，专注于学习服务和电子出版服务。据您了解，中国大陆地区的企业学习及 E-Learning 发展的现状怎么样？

**乔琬珊：**E-Learning 在中国大陆目前还处于比较初级的发展阶段。许多供应商提供的是片面的工具；许多企业采购的思维和导入的方式非常注重交易性，大多认为导入 E-Learning 后就能快速解决很多问题。这样的方式，只会让 E-Learning 的效果减半，造成导入失败。我们花了很多时间研究国外的学习成长模型（Learning Growth Model），并开始利用这种方式规划企业的整体解决方案。学习成长模型将企业的培训方式分为五个阶段：建制化学习，目标化学习，策略化学习，系统化学习和高效化学习。建制化学习的特征是企业刚导入 E-Learning，主要是以节省预算与开发容易为主要考虑，选定的培训伙伴主要以“承包商”的角色来提供以课程为主要目的的导入方式，学习比较被动。导入 E-Learning 是一个适应性的挑战，而不是技术性的挑战。有再好的课件，再好的平台，但是无法激励学生学习，最终还是达不到效果。

**夏巍峰：**您在哈佛的求学过程中，曾参与联合国在纽约和泰国的计划开发工作，并发表了战略扶贫角度的论文《政府是否相信信息通信技术可以帮助减轻贫困?》。此外，身为世界资源研究所案件的研究工作者，您在柬埔寨的农村地区研究了网际网络，并撰写了案例分析报告《柬埔寨农村地区互联网联机及运用于教育，远程医疗，电子化政府管理和电子商务》。我认为，您本人是相信网络可以改变生活，E-Learning 可以改变一个人乃至整个国家的命运的。那么在您看来，E-Learning 在中国的发展还需经历哪些阶段？中国 E-Learning 发展的前景如何？

**乔琬珊：**我当时研究的是资讯能否提升中小企业的竞争力，因为中小企业是一个国家经济发展的主要动力。但是当时的信息技术并无法支撑 E-Learning在中小企业或是偏远地区的运用，因为硬件和通信成本太高。没有好的电脑设备、频宽足够的网络设备，E-Learning 是无法实现的。现在云端的技术和移动设备的发展已经逐渐克服了这些问题，就连偏远地区的人都有手机了。



E-Learning 在中国大陆目前的应用只发展到重点城市的大型企业，中小型企业目前应用得还比较少。我们目前所发展的产品，已经开始为这个群体设计解决方案了。我们最近设计的 10000 元的学习平台，每人 500 元的学习方案，和能推到移动设备的电子杂志就非常适用于他们的需求。能让我们的解决方案提升中小企业，甚至非营利机构的竞争力，对我个人来讲是比较兴奋的一件事情。

**夏巍峰：**从您本人的角度，您希望 Knovia Group 今后在中国大陆，乃至在国际市场上达到一个什么样的目标?

**乔琬珊：**我们不是一家人力资源顾问公司，不是一家培训公司，不是一家课件厂商，也不是一家平台厂商，因为这些都只是解决方案的一部分。

我希望 Knovia Group 能成为大中华区最具有代表性的知识技术顾问公司，能成为更多企业的合作伙伴，协助他们建立智慧型企业的价值观——创新，变革，以人为本。

（吕瑶/整理）

## □ 人物印象

# 美女知识领航人

吕　瑶

尽管看过她的履历和照片，初见乔琬珊，还是惊讶于她的年轻与美丽，一时很难把她与Knovia Group大中华区总经理，SHOKAY品牌共同创办人联系在一起。

乔琬珊毕业于哈佛大学肯尼迪管理学院，取得公共管理硕士国际发展学位（MPA/ID）和宾夕法尼亚大学与沃顿商学院的亨斯迈国际商业双学位。她在哈佛的求学过程中，曾参与联合国在纽约和泰国的计划开发工作，在泰国完成了信息和通信技术方案的研究，在纽约完成了企业可持续发展的项目，并发表了战略扶贫角度的论文《政府是否相信信息通信技术可以帮助减轻贫困?》。身为世界资源研究所案件的研究工作者，她在柬埔寨的农村地区研究了网际网络，并撰写了案例分析报告《柬埔寨农村地区互联网联机及运用于教育，远程医疗，电子化政府管理和电子商务》。此外她还曾任职秘鲁首都利马小额信贷机构的顾问。在工作中，乔琬珊已经赢得了众多的成就，她先后获得了“Echoing Green院士”的称号以及2009年度Cartier女性创业家亚洲区决赛选手的资格。她喜欢旅游，除母语英语外，她能说流利的汉语和西班牙语。

这些丰富的求学及人生经历，并未给她的容貌沾染上丝毫沧桑，倒是增添了一份沉稳、豁达与爽朗。她可以注视着你的眼睛，专注而耐心地听完你的每一句话，准确直接地说出自己的想法；她喜欢笑，她温和，平易近人，她改写了我印象中的女性老总形象，也许新一代知识领导人已经“横空出世”了。

# 中智人力资源　后来者的优势

经过十多年发展，E-Learning 市场已经由人迹寥落，变得熙熙攘攘，热闹非常。随着市场的繁荣，E-Learning 也由卖方市场进入买方市场，供应商之间虽依然惺惺相惜，但彼此之间更多的是激烈的竞争。压力之下，有的人走了，但更多的人来了。

2004 年，中智人力资源管理咨询有限公司（以下简称"中智资询"）正式成立，2008 年，开始涉足网络培训领域。在喧嚣的市场上，中智咨询显然是后来者，但运作两年多来，已经做出了不俗的业绩。

《中国远程教育》（资讯）执行主编夏巍峰在上海与中智咨询 IT 总监、网络教学服务中心总经理马宁进行了交流。交流中，马宁谈到，中智咨询虽然是后来者，但后来者有后来者的优势。只要正确定位，把握市场脉搏，就能够在网络培训市场上取得一席之地，并获得长远的发展。

## 网络教育服务是中智主业的自然延伸

**夏巍峰：**中智咨询在企业 E-Learning 领域的开拓，已经取得了很大进展，但我们的读者对此知之不多。中智咨询的网络教育服务开始于哪一年？先请您大概谈谈这个过程。

**马宁：**我们知道，中智集团是国务院国资委管理的国有重点骨干企业，以人力资源服务为主业，是中国最大的人力资源服务企业。2004 年，中智集团开始第一次转型，中智上海公司和中智集团总公司合资成立了中智人力资源管理咨询有限公司。2008 年，我们引进了 GoCourse 系统，这是美国针对政府和军方的一个系统。在此基础上，我们进行了本地化开发，打造出了移动学习平台，我们称之为 M-Learning。同时，我们在公司建立了网络教学服务中心作为项目建设和运营团队，开始了网络教育服务。

**夏巍峰：**你们公司是在2004年成立的，四年后，为什么又成立了网络教育服务中心呢?

中智人力资源管理咨询有限公司IT总监、网络教学服务中心总经理马宁

**马宁：**我们是咨询公司，我们也研究了很多国内外咨询公司的发展模式，其实我本人以前就在毕博咨询工作过。我们发现，咨询公司都有一个特质或者叫麻烦，就是你要想把咨询公司的业务做大，除了把队伍不断扩大，基本上没有什么特别的办法。因为咨询的业务就像做项目一样，个性化非常强，每个项目哪怕是同行业的，也不可能简单拷贝，它涉及管控，涉及市场等一系列问题。这就要求建立不同的项目团队，小的三五个人，多的十来个人，咨询的项目越多，队伍就越大，很多咨询公司都是按照这个路子发展的。

我们要考虑公司的未来，我们不应再走老路，我们需要转型。中智咨询在做企业课堂培训时就发现，从培训的规划到实施，到如何进行成效评估，这本身是一个管理过程，但从培训本身来讲，培训更是一个知识的交付过程。本质上就是，方法论是不是有一个很好的工具支撑。考虑到公司的未来，我们的传统服务必须要从线下向线上服务转移，所以，我们引进了网络教育服务。

整个中智系统的发展模式，是从人力资源外包开始的。随着业务的推进，一些企业不仅仅需要人事管理、薪资等方面的服务，还有对企业员工进行人才发展服务的强烈需求。在企业培训方面，中智有很多内训、外训、培训管理咨询方面的服务内容。中智上海专门有一个教育培训公司，是目前中国最大的对企业进行汉语培训的组织。因此，我们做企业网络教育服务是中智主业的自然延伸。而且，在引入网络培训的过程中，我们是先在中智的一些合作伙伴中试行，在以后的发展中，也是先和中智的伙伴进行合作，所以，我们一直是沿着人力资源服务这一条主线在发展，是和整个中智集团的人力资源服务组合起来。这就是我们和大部分培训公司或者学校之间最大的不同。

## 我们为解决问题而来

**夏巍峰**：2008 年，在你们进入网络培训领域的时候，有很多的E-Learning厂商和教育培训机构已经开展了这项业务，市场也已经相对成熟，为什么选择在这个时候介入呢？

**马宁**：其实，在 2004 年到 2008 年成立网络教学服务中心之前，我们曾经做了很多的调研。说到调研，这是我们的强项。我们本身是做咨询的，我们一直非常关注企业培训市场的动态。我们还有一个好处，中智本身国外的客户很多，我曾经两次专门到国外考察 E-Learning 状况，这就使我们很容易就了解到国内外的市场状况，之间的差距，以及存在的问题。

**夏巍峰**：你们调研了这么长时间，都发现了哪些问题呢？

**马宁**：实际上，我们当时的研究结果，和今天的 E-Learning 状况是差不多的。中国的企业接触网络培训并不晚，比世界其他国家并没有落后多长时间，是基本同步的。但多年来，不管是高校的网络教育还是企业的网络培训，给客户一个很强烈的感觉就是课程的通用性非常强，给这个公司的和给那个公司的，实际上没有多大区别，供应商的做法就是卖账号，只不过价格不一样，这种模式我们称之为图书馆式学习，而且，这个图书馆还不是公用的图书馆，它是收费的。这就给企业一个误导，以为E-Learning就是这样的东西。这就是走了十几年，到今天我们的 E-Learning 市场还没迎来大发展的一个重要原因。

我不否认图书馆的功能，卡尔·马克思就是在图书馆里写出《资本论》来的，但问题是，要让我们的企业员工都成为这样的哲学家，难度实在是太大了。

企业最需要什么？我们做过调查，企业培训最需要的内容，都是跟这个企业本身有关的，就是企业自己的制度、操作规程、行为规范等。比如，麦当劳的汉堡大学最重要就是教规程、教规范，员工要严格按照规程把汉堡做出来，从而保证全世界的汉堡的口味都是一样的。

而且，企业也关心学习的成效问题。员工学没学过，他有问题怎样帮助他解决，学生之间怎样进行沟通等，这些问题到目前为止，E-Learning里面基本上不回答。

另外，企业培训本身是一件奢侈的事情。一般来讲，不管是网上的还是线下的，中小型企业不做培训，是大型企业在做这件事情，而大型企业自己都有培训师。由于现在的网络培训模式是图书馆式的做法，这就造成一个问题，它是把培训师排除在网络培训之外的，而中智咨询就有 TTT（培训培训师），我们对此是很了解的。

**夏巍峰：**你们 TTT 在北京这块做得还是很不错的。

**马宁：**是的，这是我们公司和英国国际专业管理公会共同推出的职业国际培训师认证课程，在北京是利用中智集团总公司的平台。所以，我们有一个很重要的感觉就是，现在培训师和 E-Learning 是走在两条路上的。

还有一个问题，现在的网络培训基本上是基于互联网，网上的传递和浏览是被大家普遍接受的方式。我本人是学计算机的，我知道实际上互联网的使用方法是很多的，并不是除了浏览器就没有别的方法了。现在的 E-Learning给人一种很不好的感觉，就是依赖互联网太多，造成一个结果就是，如果播放一个 LY 视频文件，一个 Flash 文件，就卡在那里不动了，这是很普遍的一个现象。这当然与互联网的建设有关，因为网络带宽分布和发展的不均衡特点，至少在未来的一段时间内，这个现象会长期存在。

这个问题怎么解决？一个办法就是，反正我的东西在上面了，你能不能看就是你们家的路和大马路接得好不好的问题。我们觉得不应该这样考虑，应该想办法把内容放到本机上来，所以我们当时就提出一个想法，我们的产品一定要采用线上、线下同时支持的模式。

**夏巍峰：**你们的调查是很详细的。实际上，很多供应商也发现过这些问题，但是没有提出解决的办法。

**马宁：**这只是我们调查结果的一部分，当然还有其他问题。我很遗憾，进入这个领域较晚。在这个领域里，我们是后来的参与者，不是最早的领导者，但这有一个好处，就是让我们看到了 E-Learning 发展到现在的结果，这个结果就是很多东西并不符合企业的要求。我们要介入这个领域，就是要解决掉这些问题，如果不这样考虑，再加上一个参与者是没有任何意义的。我们也看了一些行业方面的市场报告，现状是每年 15%进来，每年 15%出去，这么多的企业，却没有把这个市场放大出来，就是因为这些问题一直存在。

## 以特色产品和服务取胜市场

**夏巍峰：**您刚才谈到了很多问题，那么针对这些问题，你们的解决方案是什么？

**马宁：**在深刻理解企业培训需求，并了解到目前市场上产品存在问题的基础上，我们给出了中智咨询的解决办法。

第一，企业需要切合实际的课程。虽然我们有丰富的电子课程成品供用户选购，但如果解决不了企业不能把自己的课程放到平台上去的问题，也就形成不了网络培训的个性化问题，网络培训工作就很难进行。所以，我们一开始就有一个定位，在我们的产品里一定要有一个课程编辑器。

我们的课程编辑器不是一个素材的制作工具，它是各种各样的多媒体工具的组合。在这里，课程的制作者是一个通用角色。在培训过程当中，人事部门要做新员工培训，财务部门要讲报销制度，渠道部门要讲销售，他们都可以使用这个编辑器加进相关的内容。这样也就使企业的知识汇聚到一个平台上，从而实现了整个企业的知识共享。



第二，实现了真正的随时随地学习。现在有很多平板产品，如智能手机、Pad 等，都是下载型的应用。所以，我们除了考虑网络条件好的企业，用浏览器就可以支持播放外，特别在个人 PC 上做了一个客户端，客户下载之后，就可以学习了，而且是线上、线下同步。员工在线下学的东西，只要在线把结果返回到服务器上，服务器就会记录同样的内容。这样，员工在不同的时间、不同的地方，都可以进行学习，而且所有的成绩记录都是一致的。正因为我们的平台具备移动学习的特征，所以称之为 M-Learning学习平台。

第三，是学习过程的管理。从一个班到一个人，我们的系统可以控制他的学习全过程。可以控制他的学习进度，可以了解到每一个人是不是参与了学习，学了多长时间，学习的成绩如何。而且，在学习过程中，员工之间可以就学习上的问题展开互动交流，达到共同成长的目的。

第四，我们也解决了培训师不能参与 E-Learning 的问题，培训师可以在平台上参与企业培训的全过程。他可以布置作业，也可以发起讨论，还可以发现教学中存在的普遍问题。比如，一场考试结束后，如果错误答案都集中在一个地方，说明培训师在教学上存在一些问题，他可以补充一些材料，让大家再来学习。

我们的产品有一个特点，就是操作简单。我们不希望把每样东西都搞得特别复杂。用户第一是要有一个傻瓜机，第二，这个傻瓜机要达到相当的水平。如果这个傻瓜机仅仅达到手机拍摄的水平，那拍照的人肯定就不会选择它了。

**夏巍峰：**我看到一个材料，你们的用户中连锁企业比较多，这是为什么？你们是不是很注重在连锁领域的推广？

**马宁：**我们的客户有几十家，最大的客户是如家、莫泰，现在它们已经实现并购，并在美交所上市。它们在全国30多个省和直辖市拥有连锁酒店500多家，覆盖100多座主要城市。此外，我们的客户还有在中国排名前几位的快递公司，如圆通快递。如果按照公司性质来分的话，我们的客户是外资和民企各占一半，比较少的是国有企业，但现在国有企业的数量在逐渐增多。

这些年，酒店这个行业已经进入了业务快速扩张期，酒店数量保持上升势头。对于培训部门来说工作压力很大，差旅费与讲课费在不断增加。面对业务的快速发展，传统的培训方式已难以满足公司在新形势下的需求，尤其是新职员与新经理等一线员工接受的培训量严重不足。连锁行业有一个特点就是复制，当它发现一个好的业务或管理模式后，就可以在企业里进行复制，从而快速推广，而网络培训很适合它们，所以，我们的平台被它们接受是很自然的事情。



**夏巍峰：**一个公司的产品虽然适合企业需求，但推广是否也需要一个过程？

**马宁：**这就涉及推广模式，我们叫做客户扶植计划。当一个企业决定用我们的产品的时候，我们首先是做好服务，在这方面，我们注重的是内容的建设。我们认为，企业培训除了平台要适合，更重要的是内容，两者之间要完美地融合在一起，才能发挥最大的效果。所以，我们首先对企业的培训师进行培训，通过授课，一步步告诉他，如何将企业的课程做起来。

其次，帮助企业建立自己的课程规划体系。我们派出咨询顾问，帮助企业培训部门调查了解各业务部门的具体需求，把这些需求做成课程。往往有的业务部门说已经有课程，但其实就是一个内部交流的文件、计划，要把这些变成课程，需要做很多的工作。我们的顾问就和他们一起讨论，这些文件应该如何转换成课程。我们还要列出一个个提纲，和他们讨论转换的形式、转换的内容，以适合业务部门的需求，形成个性化的解决方案。

**夏巍峰：**在企业进行网络培训的时候，他们有很多后顾之忧，比如投入的风险、需要专业人才维护系统等，你们是如何解决这个问题的？

**马宁：**在运营上，我们采取的是SAAS模式，就是软件服务模式。由我们的技术团队负责对各系统进行持续的技术支持，包括软件版本更新、数据备份和存档、性能测试和调优、运行环境的扩展和配置。

我们在调查中发现，在企业内网上运行的一些系统，比如管理系统、生产系统，其实产生的数据量并不大。几千人的一个企业来来回回的数据都是管理性数据，也就是一个计划扔出去，一个结果返回来。但培训不同，它是一个连续性的过程。前面我说过，在传统的E-Learning方式里，同时使用的视频如果多到一定程度，会把企业的网络弄瘫的。这是一个很大的风险，但这个大风险是我们这个行业里的同仁不大愿意跟企业去讲的事情。如果企业网络瘫痪，业务系统就会中断，就没有办法做正常的业务，会造成非常大的损失，尤其是上市公司。还有一个普遍存在的问题是，在企业里，培训部门往往得不到IT部门的有力支持。

所以，我们决定提供SAAS运营模式，以实现先进技术与先进服务的统一。这意味着企业无需购买软硬件、建设机房或者增加IT人员，只需前期支付一次性的项目实施费和定期的软件租赁服务费，就可享用我们的信息系统。此外，我们还进行了信息安全认证，即ISO27000。



**夏巍峰：**信息安全认证？这在网络培训中是比较少见的。

**马宁：**是的。一般来讲国内企业通过ISO27000的并不多，特别是培训行业，我几乎就没看到有进行信息安全认证的，但一个公司如果做到上市的规模，信息安全性是必须要考虑的。我们在系统方面做了很多工作，包括加密、防下载、防打印，这些是属于系统功能性的安全性问题。除了这些，2008年在网络教学服务中心成立的时候，我们专门去认证了ISO27000，这在当时的中国是第一批。这是从开发、管理、运行的全过程，保证客户的信息安全。

2009年前后，SAAS是一个很热门的话题，但现在有一个很不好的现象，就是有的供应商今天做SAAS，明天就不做了，就要求企业把所有的产品买下来，要不然服务就中断了。我觉得，要做好E-Learning，服务一定要加强，供应商要切实为客户考虑，也要为自己企业的长久发展着想，不能卖一单就走，虽然得到了短期利益，但这会损害整个E-Learning市场，最终谁也不会得到好处。

# 未来向两个方向发展

**夏巍峰：**听您谈了这些，除了产品，我觉得您谈到的更多的是理念。理念不同，做法就不一样，结果也就不同。那么，你们的业务增长性如何？

**马宁：**我们实际上是从2009年才开始试着做市场，比较2009年和2010年的情况，2010年的客户增长了200%。这就说明，我们的用户积累沉淀方式是有效的，客户用得越好，对我们业务的贡献就越大，我们也就能够取得更好的发展。

**夏巍峰：**中智咨询已经有了一个良好的开端，你们今后的设想是什么？有什么样的预期？

**马宁：**培训行业现在面临着一个很大的挑战，一个企业的员工为什么要学习这些课程？通常的做法是，发一个调查表给员工，看看有什么地方应该补课，这是一种很粗糙的方式。科学的方法是使用能力模型，比如中智咨询的CCMS系统，利用这个系统，就可以产生岗位能力模型，再通过测评就可以看出一个员工的短板，也可以看出一个员工适合向什么方向发展，从而有针对性地进行培训。这属于人才管理问题，和传统的人力资源服务有很大的区别。

实际上，中智咨询在这方面一直有相应的咨询服务，我们正在考虑将测评和培训两方面的业务整合在一起，这也是国外E-Learning系统平台的一个走向。另外一个走向是与社会化学习结合。我们的系统今后要向这两个方向发展。

总之，我们要理解企业，并真正把这个理念落到实处，从而走出一条不同于传统E-Learning的新路。我们希望这个行业里的企业，都能够发展出各种各样不同的模式，共同把蛋糕做大，像国外E-Learning一样，让这个行业获得大发展。

（刘增辉/整理）

# 深圳锐取　锐，取天下

深圳市锐取软件技术有限公司（以下简称“锐取”）是一家可视化信息记录与传播产品和解决方案的提供商，和其他录播厂商相比，锐取有两大特点，一是专注，锐取不做任何与录播无关的其他业务；二是专业，锐取的产品以品质著称，拥有录播行业的多项核心知识产权和专利技术。

专注和专业成就了一个极具市场嗅觉、创新精神和成长潜力的中小型高新技术企业。在国内市场站稳脚跟后，2008 年，锐取又敏锐地率先把触角伸到了海外市场，从东南亚地区起步，一步步把自己的产品推向欧洲、大洋洲和南亚市场。2011 年锐取已经在全球近 40 个国家和地区实现了项目落地。在《中国远程教育》（资讯）执行主编夏巍峰与深圳市锐取软件技术有限公司总经理张秋 2011 年对话的过程中，记者发现，2011 年锐取提出“锐，取天下”的口号中的“锐”，应该有锐意进取、对新事物新市场极为敏感的意蕴，不仅是对企业精神的一种浓缩，也是对未来发展的雄心。

## 快速推出高端新技术抢占市场

**夏巍峰：** 2011 年锐取产品巡展正在进行中，截至目前已经走过了广州、南宁、武汉、上海四站。据悉此次巡展将历时两个月、走进十余个城市。从现场情况以及后续反响来看，巡展是否达到了预期的目的？

**张秋：** 事实上，2010 年我们就曾经尝试性地做过一次产品巡展，当时走了五个城市。因为效果很好，所以今年就扩大到了十个一线城市，包括广州、南宁、武汉、上海、南京、济南、沈阳、成都、兰州和昆明。我参加了广州和武汉两站的产品巡展，感觉今年的巡展现场比去年还要火，几乎每一站的参会人数都超过了我们的预期。以广州为例，我们预定的是一个可容纳 150 人会议室，但实际来了近 300 人。没办法，又在后面加了四五排椅子才保证大家都能坐着参会。

为什么会有这么多人来参会呢？就像我在武汉站开场所讲的——来参加我们现场巡展的人参加过的巡展会可能非常多，有关计算机的、有关投影机的、有关传统的视音频的等，但以录播为主题的巡展在武汉绝对是史无前例的。因为是新生技术，大家比较感兴趣是理所应当的，最重要的是录播行业目前处于用户需求的快速增长期。

深圳市锐取软件技术有限公司总经理张秋

此外，我们主要巡展的对象是以集成商为主。作为集成商，他需要一些新的业务增长点、新的利润增长点，他跟客户打交道，要给客户带来一些新技术、新产品、新方向，我想这也是他们对我们的巡展比较感兴趣的一个原因。

**夏巍峰：**近年来，以多媒体录播产品为代表的可视化信息记录与传播行业需求快速增长，录播产品的应用规模越来越大。请您介绍一下可视化信息记录与传播行业发展的现状。

**张秋：**现在看来，录播产品应用范围是非常广的。首先是在教育行业。教育行业可以分成几类。第一类是比较高端的教育用户，即做培训的大企业、政府机构，如招银大学、中兴学院、华为大学、中国银行培训中心等。举例来说，他请了一个专家在北京做培训，上海分公司和深圳分公司的员工如果想看，肯定要做直播了。但如果想把好的培训资料保留下来，就需要纪录，于是就要用到专业的录播系统。这类客户的特点是经济条件比较好，希望用到最高端的产品和技术，以便达到最好的效果。第二类是一流的大学，如北大、清华，还有一些师范院校。师范院校都有微格教室。所谓微格教室，就是在装有电视摄像、录像系统的特殊教室内，借助摄像机、录像机等媒体，进行技能训练和教学研究的教学环境。微格教室一般用于师范院校的学生和在职教师教学技能训练的模拟教学活动。这类用户的要求也比较高。和前两类教育用户相比，第三类教育用户的要求相对较低，但用户数量很大，那就是中小学、职教、普高等。各地教育局下辖的学校中，每个学校拿一两个教室试点来做多媒体教室，这已经逐渐成为一种潮流。

其次是医疗行业，包括手术示教和转播以及数字化手术室。譬如深圳某医院从北京请了一个专家来做一个手术，虽然是一个难得的学习机会，但不是所有人，包括医生、医学院校的实习生都能进到手术室观摩手术过程的，于是就需要手术转播。而数字化手术室则是随着微创技术的发展而衍生的一个新的医疗应用，在国内越来越成为一个热门的话题，很多医院都已经开始着手建设。数字化手术室由数字化手术室集中控制系统、数字化手术室存储系统和数字化手术室交互式示教系统等组成，可为手术医生提供手术过程所需的各种医疗影像信息，极大地方便医生在手术过程中做出判断和决策。

再次是在一些重要的场合，譬如应急指挥。当一个城市出现紧急情况的时候，如地震、暴雨、台风等，应急办会把所有的应急信号都切到应急指挥中心的大屏上去，与此同时需要把它记录下来，因为这是非常珍贵的资料。记录的好处是，便于让赶赴现场的政府领导能够清楚地看到之前的现场情况，便于事后研究紧急情况再次发生时应该如何应对。

**夏巍峰：**录播行业发展了多少年？锐取是在2003年进入行业的，当时的市场是怎样的？

**张秋：**在中国，录播产品最早出现是在2000年，是北京的一家公司从国外引进的。那时，录播产品的应用还不是很普及。录播产品用户的真正快速增长是从2008年开始的。事实上，录播行业的发展是与展示技术或者说展示手段的发展息息相关的。投影机、电视、显示器等都是展示手段的一种。最早，展示手段比较单一，就是普通的电视、显示器，但现在的展示手段已经非常丰富了，都是高清，还实现了多角度的展示。随着展示手段不断丰富而产生的就是新的应用的出现。



此外，近年来，视频业务也得到了飞速的发展，高清视频的视频会议系统和高清监控系统慢慢普及。视频业务无非是几块，第一是现场视频的显示，第二把视频记录下来，第三把视频保留下来回看或视频向异地的转播。我们发现传统的视频方案只能做一个视频、一个音频，但对于一些特殊的行业、特殊的应用场景来说，单视频是解决不了问题的。譬如企业培训，如果只是记录图像和声音，相信大家对记录效果并不是非常满意，因为大家还需要看到PPT。因此，把音频、视频和PPT全部记录下来已成为记录培训现场的基本要求。但2004年、2005年的时候，几乎没有产品能解决这个应用。音视频采集没有什么技术难题，但现在也没有几家公司能做到VGA采集，大部分公司都是采用软件抓屏，或者安装VGA采集卡的方式来实现的。2006年，锐取研发出国内第一款VGA编码器。有了VGA编码器后，不需要安装任何软件，只要把演讲者的笔记本电脑接给我们，然后再接到投影机，我们就可以在现场把笔记本上的信号全部记录下来，且不影响笔记本的使用。这个功率只有 5 瓦的 VGA 编码器小盒子是我们在技术上的一大突破。同样在高清视频越来越普及的大环境下，我们又在录播行业率先推出了高清编码器，实现了 1080P 高清录播。这种产品在国外的价格是很高的，在国内也找不到几家拥有高清编码器的公司。

## 着力解决“短板”，强化优势

**夏巍峰：**除了上面所说到的技术上的优势外，是哪些方面的核心竞争力使得锐取的业务范围覆盖了全国各省、市、自治区及海外的近 40 个国家？

**张秋：**我觉得一个公司的竞争力是全方位的。要看一个公司的竞争力，不是看它最强的一块，而是看它最弱的一块，也就是我们通常所说的短板。如果你所有方面都特别强，但有一块短板特别短，结果是“装不了多少水”。所以公司的竞争力一定是看最短的短板有多短。

为了解决“短板”问题，就要让公司的技术、销售、市场、管理，甚至是企业文化同步发展。如果只是技术好，销售做不好，那么，公司是发展不了的。同样，如果只是销售做得好，产品却跟不上，结果也一样。正是基于这样的认识，我们在不断推出新产品的同时，在销售模式、市场模式等方面都积极地去创新。譬如在销售模式上，我们在全国设了 16 个办事处，预计年底要增加 20 个。譬如在市场拓展力度上，我们推出了产品巡展。我认为作为行业的领导者，必须要做一些促进行业发展的事情，必须在市场拓展上做工作，因为把行业市场做大后，自己所占的比例自然就提高了。

**夏巍峰：**国内的市场不够大吗？锐取为什么那么重视海外市场？

**张秋：**国内市场肯定要做的，但我们不能只做国内市场，海外也是我们的一个战略布局。海外市场我们整整做了三年，直到 2011 年才开始赢利。这是因为建立团队、产品的本土化、跟人打交道的方式，甚至是物流、交付、商务等，在实际的市场开发过程中，我们遇到了很多的问题，要一一的解决。上个月，我们刚刚在香港成立了香港子公司，为的就是解决海外市场的物流和资金支付的问题。虽然要克服很多实实在在的困难，但这是必经之路，我相信我们的竞争对手要想把触角伸到海外，同样要经历这样的过程，所以，虽然有困难，但我们开拓海外市场的决心始终都没有动摇过。

**夏巍峰：**跟国际厂商竞争，锐取的优势在哪儿？

**张秋：**第一是价格，不可否认，很多发达国家对“made in china”确实没有信心，这个不是我们能够改变的现状，唯一能做的就是控制我们的价格，这也是我们最核心的优势。第二，我们能为客户进行定制。第三，我们的服务。与开拓国内市场不同，海外市场有一个特点，你跟客户建立合作关系的这个过程可能比较漫长，但一旦建立合作了，就不会轻易去改变。

**夏巍峰：**在技术上，我们是否与国外存在着一定的差距？

**张秋：**我不认为我们的技术就比国外公司差，相反，我认为我们的技术比他们还领先，主要体现在两方面，一是我们的产品功能相对来说更多。二是我们的产品性能比国外产品更强。我们比较欠缺的地方就在用户体验这一块。国外做得比较好的公司在产品设计过程中是非常重视用户体验环节的。苹果公司的产品为什么那么火？归根结底就在于它的体验做得好。但在中国企业，大家往往忽略了这一点。什么时候体验才算做到位了呢？我们的产品如何试用不需要培训，随便拿给一个市场人员、一个行政人员，他上来研究两下就能用。认识到这一点之后，我们也在加强自己这方面的能力，譬如成立了专门的用户体验部门，所有的产品设计出来以后，最先是由用户体验部门代替用户来体验、试用。



## 参与起草行业标准，推动行业发展

**夏巍峰：**您提到，作为行业领导者，必须要做一些促进行业发展的事情，据悉，作为中国教育技术协会技术标准委员会的成员单位，锐取一直积极推动行业标准的制定？

**张秋：**2010 年，我们对公司全年所做项目做了一个统计，发现其中 25％的项目都是定制的。为什么定制项目占到如此大的比重？根本原因就在于录播行业没有行业标准。在没有行业标准的前提下，无论正确与否，用户的话就是标准，这是很可怕的一件事。在《国家中长期教育改革与发展规划纲要（2010—2020 年）》颁布的大前提下，教育，尤其是教育信息化受到越来越多的关注。这个大背景下，录播行业要想大发展，亟须一个行业标准。为了促进行业发展，凡是与做标准相关的事情，我们一定会全力参与。但很多厂家不愿意去做这件事，为什么呢？因为做标准的前两三年是看不到效果的，是一个不断投钱、不断投精力的过程，真正看到效果可能是几年之后的事情。一方面锐取乐于做这样的事情；另一方面中国教育技术协会技术标准委员会的专家们也认可锐取的专业化水平，所以由我们来起草这个标准。在起草过程中，我们的原则很简单——综合考虑国内行业前五名的厂商的需求，保证行业的五到十名都能实现标准的70%到80%。如果前五名厂商都不能实现这个标准，那么这个标准就失去意义了。当然，标准不可能一步到位，只是一个指导，起的是参考依据的作用。

**夏巍峰：**除热衷于行业标准的建立外，和国内其他做录播产品的厂商相比，锐取还有哪些独特之处？

**张秋：**我曾经做过统计，国内的录播厂商80%都是做教育的。这是因为做教育的门槛比较低，对品质的要求不像做会议室录播、医院录播、视频会议录播要求得那样高。一个USB摄像头只要几十块钱一个，但一个专业摄像头可能需要十几万、几十万元，几十块钱的摄像头和十几万的摄像头所做出的东西品质一定是不一样的。与此同时，如果摄像头用一千多块钱，也没有必要买那么好的录播系统。很简单的道理，你穿个解放鞋，根本没必要买西装。

和国内其他录播厂商相比，锐取的特点是只做录播，不做其他业务。且锐取的产品价格要比国内其他的厂商高，因为品质决定价格。正是基于这样两个特点，锐取在国内的定位也非常简单，我们不是所有的项目都参与，主要是定位在几个市场。第一是政府、企业的培训中心，它们需要的是比较高端的产品。第二，我们不只做标清，更专注于做高清，在高清解决方案上，我们有绝对的优势。第三，国内基本上只有我们一家提供真正的分布式录播，所以我们还致力于多间教室的录播，10间、20间，甚至更多，我们相信录播行业的未来在于能够方便融入每一间教室。

## 做全球领先的录播方案提供商

**夏巍峰：**您觉得录播产品今后的发展趋势是怎样的？

**张秋：**2005年，我们就提出产品的三个发展趋势——第一，它一定会成为视频会议的标配，以后所有的视频会议一定要用这个东西。第二，它一定会成为会议室的标配，包括中高档的电子会议室和多媒体会议室。第三，它一定会成为OA办公自动化的标配。在公司的实际运营过程中，我们也是一直沿着这三个方向走的，其中，视频会议的标配现在已经做到了，视频会议90%需要录播；在电子会议室的标准里面，我们已经把会议室的标配写进去了，并且，现在国内大部分会议室都正在用录播记录替代传统的录像机；我们正在往第三步走，做OA办公自动化的标配。录播在OA里面能起到什么作用呢？就是为企业培训提供一个采集和发布的平台。未来，员工入职的时候，企业不需要再给他讲什么东西，大家看我的培训平台就可以，无论是大企业还是小企业，我觉得这一定是一个趋势。

**夏巍峰：**在这样的趋势之下，锐取的定位是什么？技术厂商？产品商？还是要做资源的整合？

**张秋：**我觉得我们应该是解决方案提供商。因为我们定位很清晰，就是可视化信息的记录与传播，我们会围绕这个主题，为不同行业提供不同的行业解决方案。比如针对教育行业，除了锐取的产品之外，我们可能也会联合一些合作伙伴，提供一些外围的产品和服务，如摄像头、麦克风、E-Learning平台等。因为用户不会关心系统究竟是A还是B，他最关心的是你给他提供的整套的方案能够满足他的需求，但锐取不可能什么都去做，所以要和其他厂商一起合作，我们来提供解决方案。



**夏巍峰：**2011年锐取产品巡展的主题是“锐，取天下”，不难看出锐取的发展目标。公司未来的发展规划是什么？

**张秋：**我们就是要做全球领先的录播方案提供商。

**夏巍峰：**锐取天下或者做全球领先的录播方案提供商是基于怎样的信心？

**张秋：**首先，这个市场还是很大、很有前景的。第二，在做海外市场的过程中我们发现，国外的一些公司的竞争力也是有限的，这使得我们有信心去跟国外的厂商竞争。

（潘超/整理）

# 环球天下教育　从手工作坊到现代化企业

环球网校（www.edu24ol.com）成立于2003年，在七年时间里，网校经历了飞速发展，目前已经拥有工程、外语、财会、经贸、医疗卫生、学历、国家职业资格等七大类百余个考试项目的网络辅导课程，每年上传课程数万小时。环球网校已经成为国内规模最大的远程职业教育机构。2010年10月8日，环球网校所属环球天下教育在美国纳斯达克成功上市，股票代码GEDU，股票发行价10.5美元，首日12.20美元收盘，大涨16%。

在环球天下教育集团，远程教育是第二大产业，第一大收入板块还是出国考试。但从2009年开始，公司已经把一部分出国考试的业务转为了网络教育。公司总裁张永琪希望，三五年后公司的在线教育和线下教育能够并驾齐驱齐头并进。

## 从手工作坊到现代化企业

**夏巍峰：** 企业上市的好处有很多，但上市要求也很高。环球教育为何会选择上市？对于上市的好处，您最看重哪方面？

**张永琪：** 回头看，教育民办企业前十年有很多好品牌，但十年下来，要么是因为创始人的年龄老化，要不就是其思想一直僵化在一个层面上，总体看来很少与时俱进的。这个状况在一定程度上是源于教育本身的特点。办教育的人最初都是因为某种爱好，或是因为一种理想，但做着做着就富有了，爱好与理想便慢慢淡忘，思想与激情开始消磨。如果没有国家的政策支持和扶持，要继续依靠自身力量发展是挺难的。

我就担心，我们的企业已经发展了十年，未来怎么办，是不是也会落入僵化的、故步自封的窠臼。因此我选择了上市这条路。

环球天下教育集团总裁张永琪

从我们的角度看，上市最大的好处，首先应该是提高了企业的抗风险能力，其次是提高了品牌的价值。融资则是排到最后了。我们这个行业，企业的现金流一般还是不错的，上市是为了你的企业基业长青。

**夏巍峰：**从手工作坊发展到现代化企业，其中的转变是天翻地覆的。你们是如何实现这一转变，达到上市标准的？

**张永琪：**我们最早确实是从手工作坊做起的，最初只有三四个人。

能够实现这个转变，我认为首先企业的创始人和领导人要有坚定的信念。做企业肯定是从小到大，没有人一起步就盯着做一个上市公司，或开创一个伟大企业的。其次，团队要顺应市场，争取成功创新。



其实，作为企业家，创新和风险是共存的，你要争取先进，肯定是有风险的，而且做得越好，企业家就越不敢去轻易创新，一动就可能有危险，一个不好就可能一夜回到解放前。

那怎么办呢？我个人不喜欢原地踏步，虽然原地踏步有时候是挺舒服的。我在达到了一个高度以后，就总觉得应该再往前走一步。这一步有时也真的想不好该怎么走，大致只能做到慎思而力行，不能等想得百分之百保险了才动手。就我个人来说，基本上只要有七成的把握，冒三成的风险，我就敢去做了。

在这过程中，我们基本上是两年就变化一次。

2001年，我这个学校总共才三个人，主要卖雅思考试资料。到2003年已经有所发展。一场“非典”让整个教育行业受到重创，我坚持下来了。

2004年，我们开始设计网络在线教育，并从英语教育做到职业培训，到2005年，已扩展到全国。

2006年，企业状况不错，每年利润几千万。在这种情况下，我引进了VC。风投进来之后，一下把我的企业管住了，连我自己都不能随意处理事情。这是为了什么呢？就为了改变我个人领导的体制。

这两年，我们又玩命地投入进行自我改造，改造流程、改造内控，让自己脱去个人民企的色彩，向现代化企业靠拢。借着今年上市的机会，彻底改造完成，变成一家公众公司。

**夏巍峰：**别的企业想上市都很难很累，但我看你们，当初似乎并没有想把上市作为目标，却反而轻松实现了。为什么？

**张永琪：**我认为，目前在教育行业中，大部分人提到上市，还是把它作为一个理论上的存在，或一种口号，很少有人真正把它作为一件事去办。

其实，我认为，如果愿意真正静下心来，踏踏实实花上两三年或更长时间去做，上市绝对不是理想，一般都能成。

教育这个事物，本身就是宣扬和传播，是用嘴和脑去传播一些东西。但说和做完全是两个行当，你能靠说成为一个名师，但你不可能靠说来做成一个好企业，一定要去做。想明白了这一点，其实上市就没什么难的，一步步去做就是了。

**夏巍峰：**环球网校已是全国最大的远程职业教育机构，并且以“加盟＋直营”的模式实现了体系和内容的扩张。你们如何处理数量庞大的加盟店和直营店之间的关系？

**张永琪：**这个模式虽好，但有一个前提，你本身必须强大，否则你的质量必然无法控制，体系必然崩溃。要在大规模覆盖的同时保证质量，就必须有一个很强很健康的发动机，也就是直营店。所以我们以直营为主，统一思想、统一文化、统一标准。

直营店相当于中央军，加盟店相当于地方军，为你中央军打先锋，攻克堡垒。如果他们把地盘打下来了，我们肯定是要接收的，但不能直接接收，谁也不愿为他人做嫁衣。你打算将他们收编，就要给他们利益，给他们枪给他们炮，实现双赢，然后才能实现编制统一化。这个过程就是企业的发展，我们的融资，就是为了应用到这方面去。

## 上市之后走向寡头

**夏巍峰：**您宣称，环球网校在经历了软硬件的全面提升之后，将以更雄厚的实力整合一流管理、师资、技术等资源，把网校建设成中国职业教育的领导者。请谈谈您的思路。

**张永琪：**从目前的状况看，相当一部分学生仍然不习惯在线学习，而习惯面授。但我们融资以后，第一步仍然要改造我们的硬件，加大投入，尽量向国家对网络教育提出的标准靠近。

为什么呢？因为在线学习是发展趋势，学生需要一个流畅、生动、活泼的学习环境。因此应该先行一步搭好平台，硬件的投入是必须的。

在技术方面，我们将紧跟潮流。我们是真想做好教育的，真想让好老师在一个好平台上与全国各地的学生互动，因此我们必须顺应潮流，不断改造和提升硬件。

我们的师资，主要是请名师，但是操作起来很不容易，名师往往在外地，要专门搭建一个工作室和平台来录音录像，提高异地教学的即时性。我前几天参加完中国国际远程教育大会，就在想，我国的电大有这么好的平台，为什么不能借它为我们服务呢？

扩大开来说，我们的产业链，是可以分成不同的环节的，平台、师资、资源、市场等都可以有专门的人和机构来做。我在想，市场上可不可能出现一个平台，把现有的资源都联系整合起来，并与我们这种市场化的企业之间搭起桥梁，这样资源的利用率可以高得多，我们也可以省下很多力气。

我们已经成功变为一家公众公司。我希望再用两年时间，把公司彻底稳定下来，变成一个真正适应上市体制的公司。



**夏巍峰：**您曾说过，教育市场将步入寡头垄断时代。为什么？环球教育集团是打算做寡头吗？

**张永琪：**根据我自己的企业逐步发展的经验，我有一个大胆的预测。如今教育市场竞争越来越激烈，政策也常有变化，那些中小型企业的生存难度会越来越大。因为我们已经把行业的成本提得非常高了，营销成本、人力成本，都在提高，连硬件成本也大大增加，学生已经很习惯于五星级的教学区和五星级的服务了，他们绝对不会再习惯那些低档简陋的学校。而大公司的优势是很多的，首先是其品牌；其次大公司有更好的条件吸引更多优秀人才，并留住人才；第三，大公司抗风险的能力较强。

因此，中小型的企业只有两个选择，一是拼命干，追赶我们的脚步，另外就是慢慢被淘汰或改行。最后整个市场会越来越集中，形成寡头格局。

但这种寡头市场，还是有细分领域的，比如有语言类的，有做中小学课外教育的，等等。

我看将来的寡头市场，必然会将教育市场分成无数个细分领域，同时每个细分领域都只有三五家的日子好过一点。并且，一旦某个细分领域形成了寡头局面，新的寡头企业就很难再出现了。就像后来做托福的都在新东方的阴影下面，后来做雅思的都在我们的阴影下面一样。

**夏巍峰：**你说细分市场，但我看现在的教育企业，特别是上市企业，并不是在往细分上走，倒是一个个都在集团化，走大而全、小而全的路子。这如何解释？

**张永琪：**这个现象，其实在一定程度上是受投资者对资本市场期望值太高、收益要求太快所迫。这样的要求令企业压力剧增，往往都在寅吃卯粮，透支下一年度的增长来满足投资者今年的收益要求。

这样的现象多了，就造成一个状态：目前教育市场各个细分领域里，除了英语培训和会计培训这两者做深做透了之外，其他细分领域的探索发展好像都是浅层次的，都奔着短期收益去了。

## 与新东方竞争

**夏巍峰：**您说打算未来三年营收赶超新东方，在媒体上也常可以看到将你们与新东方放在一起说事。为什么跟新东方“较劲”呢？你们都是做英语的企业，都是寡头，你们之间的关系如何处理？

**张永琪：**新东方可算是行业领军企业，我尊重它，但我又必须面对现实，大家还要竞争下去。我相信新东方会对我们的雅思感兴趣，我对它的托福也感兴趣。

寡头之间的市场竞争，将是长久之战，真有点明争暗斗的意思。一方面大家相互越来越尊重；另一方面下面的竞争越来越激烈，相互之间会刻意地在两军相遇、狭路相逢的时候，投入很大的兵力和财力进行竞争，看看能不能对冲。

但这种竞争会给消费者带来好处，会促使这个行业越来越朝着现代化的方向发展。因为竞争拼的是实力、是教学条件、是教学效果。对于消费者来说，唯一一点不太好的，大概是随着竞争加剧、投入加大、服务层次上升，可能需要交更多的费用。

（王铁军/整理）

## □ 人物印象

# 本真如我

王铁军

人知张永琪，首先是因为知道雅思。

张永琪做雅思，甚至早于“雅思”这个名字。“雅思”的中文名2000年才出现，早期人们只知道它的英文名IELTS。

1997年，时为美国霍尼韦尔中央空调北京总代理的张永琪千辛万苦、百般周折，从深圳大学一位专家手里找到一份十分粗糙的油墨印刷黄色纸卷，这便是当时国内唯一的IELTS资料。手掌此宝，他于次年顺利通过IELTS考试获得加拿大的移民资格，并开始以50块钱一本的价格向使馆前排队的人群兜售复印件。时不时做出几份去卖一趟，小生意火爆异常，最贵卖到200块钱一本。这算是他雅思生意的开端吧。

在加拿大折腾一圈后，他又于1999年7月回了国，继续一边卖空调一边卖雅思资料，“客户”越来越多，遍布全国，张永琪的知名度也越来越高，并在朋友建议下创办了当时国内空白的雅思培训市场上第一家雅思培训班。2001年7月后，他干脆辞了卖空调的工作，注册成立了“北京环球雅思学校”，并一直发展到今天，成长为全国雅思培训行当的第一寡头。

他这人很个性，跟他打过两回交道、谈过几回话的人都能感受得出来。张永琪也很理想主义，典型表现之一，便是他总以“教育家”自我定义。与他采访聊天时，说话直爽大胆，时不时便能听到他说“作为教育家”云云。

同时他也很享受作为企业家的奋斗历程。他十分回味成功上市时敲响纳斯达克那口钟的感觉，而又在微博上怀念：“初期时，和市场部的同事们一起贴广告，贴累了之后一起吃烤串。开心！现在就是大家完成业绩就很高兴。其实，还是年轻时的那种开心，最单纯。”

从卖空调的，到企业家、教育家，一步步走上来，很多人到这个地步便失去了活泼的品质，至少不会再在公众面前活泼调侃，但张永琪却能保得本色不失，笑起来都是嘴角弯弯，眉眼都带着笑意。本真如我，一如既往，实乃幸事。

# 蓝卓教育　立志做国内一流的教育信息服务运营商

上海蓝卓教育信息科技有限公司是一家专业从事教育信息化的企业，其核心产品“蓝卓移动校园”，是基于传统互联网和移动互联网的 SAAS 服务平台，为成人高校、普通高校、社区教育机构，以及干部培训机构提供信息化条件下的学习支持服务。曾经做过大学老师、后来又从事 IT 行业的蓝卓教育董事长兼总经理郭进明，有着深厚的教育情结，他较早地意识到，既做内容又做平台，不符合社会分工的专业化和竞争性。市场经济决定了既然有教育，就应该有教育服务；既然有服务，就应该有服务运营商，这样才能把学校和运营商的优势发挥到极致。历经六年的实践和探索，他带领他的团队，在教育信息服务方面，把对客户需求的敏锐嗅觉发挥得淋漓尽致，不断发现客户的新需求，不断丰富蓝卓移动校园的产品功能，从而为客户提供越来越贴心的服务。

我们曾在多个场合听到一些高校的工作人员为“移动校园”做口头宣传。不知从何时起，“移动校园”很自然地与“蓝卓”联系到一起。究竟是什么原因让一个企业在行业中能有如此高的关注度？又是在怎样的推动力下，蓝卓立下了要成为中国移动教育信息化领域 No. 1 的豪言壮志？《中国远程教育》（资讯）执行副主编李桂云在北京就此对话上海蓝卓教育信息科技有限公司董事长兼总经理郭进明。

## 专注移动教育信息化领域

**李桂云：**作为一家教育信息服务运营商，蓝卓教育多年来一直致力于为教学机构提供移动教育信息化服务。请您先介绍一下中外移动教育信息化服务领域的现状及发展过程。

上海蓝卓教育信息科技有限公司董事长兼总经理郭进明

**郭进明：**我认为，教育信息化的生命力，不在平台开发，也不在资源制作，而在于平台的可持续发展能力，也就是运营和服务。国内每年都有大量新开发的教育信息平台投入使用，但能够真正为客户接受并持续使用的屈指可数。自 2004 年成立以来，我们一直专注于教育信息化服务和运营，首先自主研发了移动校园 1.0 产品，得到了上海电大系统的普遍认可，在近 10 万师生中得到了全面实施。应该说，从这个时候开始，我们确定了自己的发展目标，对公司研发的产品也有了一个明确的定位，那就是要便捷、实用，能够真正将信息化技术在教育领域得到普遍的应用。国外一个远程教育专家也说过这样一句话：真正的远程教育技术，并不是那些最高端的技术，而是能达到普遍应用的技术。

根据蓝卓服务众多的高校客户的体会，我们始终相信，移动互联领域必将是未来发展的大方向。而且，教育用户的普及性和移动终端的性能具有无限的发展潜力，因此从最开始我们就没有将自己作为一个平台提供商，而是立足作一个服务运营商。"蓝卓移动校园"将客户在日常教学及教务的基本需求与信息技术完全融合，已成为一个性能稳定、功能日益丰富的平台。这样，学校提供内容，而我们把主要精力用于服务功能的提升，使我们的产品塑造了良好的口碑，带动了我们的市场发展和用户规模的快速提升。

在教育信息化方面，中国和外国的情况完全不一样，国人庞大的手机数量，对手机的依赖和爱好，决定了移动教育信息化必将形成与国外完全不同的应用形式和规模效应，这为 M-Learning 的发展提供了肥沃的土壤。我以前是做通信行业的，我相信，随着移动通信技术的飞速发展，手机的功能日益丰富，E-Learning 和 M-Learning 已经开始融合，几年内必将融为一体。开个玩笑，把 E 放倒了，就是 M。也正是因为这一点，我觉得"蓝卓移动校园"才有着巨大的成长空间。

**李桂云：**蓝卓教育在 2004 年进入移动教育信息化市场，您最初的想法是什么？

**郭进明：**2004 年蓝卓成立之初，我们注意到，一方面，手机的普及率越来越高，手机的功能越来越丰富；另一方面，在成教领域，跟传统的高校完全不同，学生的分散性和流动性特点导致了学校在管理上面临着很大的挑战。所以，我们最初的想法就是做一个移动信息管理平台，后来，随着与学校，尤其是与电大的接触越来越多，需求越来越清晰，我们又陆陆续续地加入了很多新的功能，实现了“蓝卓移动校园”的不断升级。

**李桂云：**当时移动教育信息化市场呈现怎样的状态？有没有相似的产品或服务，或者出现了这样的端倪？

**郭进明：**我们一直认为IT是创意产业，最初我们也是基于一个创意来做面向行业的移动信息化应用，并且采用适合用户的运营模式。在当时，市场上并没有直接跟我们构成竞争的产品，只有部分学校在使用各电信运营商推出的通用短信平台，但这种平台并没有专门针对学校的实际情况而设置的功能。“蓝卓移动校园”则完全不同，从1.0版发展到2.0版、3.0版，到现在的3.5版，已经成为一个全面的学习支持服务管理信息系统。其中，短信辅助教学只占到30%，更多的是为校长、各级管理人员、教师和学生提供一种便捷、现代化的管理和沟通工具，譬如，招生管理功能、移动学习功能、教务服务功能、学生服务功能、校务管理功能、续修生服务功能、应急管理功能等等。



其实，移动学习早被热炒过，但随后又凉下来了，主要原因是产品定位走偏了。当时很多人提出的解决方案是在手机上做客户端软件，之所以说走偏了，是因为他们忽视了产品的普遍适用性。因为很多人，尤其是学生，是没有购买高端手机的消费能力的。即使一个产品在技术上没有任何问题，但如果它只适用于20%甚至10%的人，这样的产品注定会失败。而蓝卓教育的理念就是一定要面向最基础的受众，根据他们的收入水平和手机功能状况来决定我们产品的功能。

## 紧抓客户需求，服务高校

**李桂云：**我们知道，各高校，尤其是成人高校的服务意识越来越强了。从蓝卓教育接触的客户来看，他们的主要需求都集中在哪些方面？针对客户的这些需求，“蓝卓移动校园”设置了哪些功能？

**郭进明：**需求来自于两个方面，一个是学生的需求，一个是学校的需求。对学生来说，他最大的需求就是希望得到更多的学习支持服务，尤其是考前辅导。“蓝卓移动校园”的定位是“学习支持服务管理信息系统”，围绕着学生“希望得到更多学习支持服务”的需求，我们开发了很多功能模块，其中，最近开发的“移动学习”模块最具代表性，它是“移动校园”里的一项新功能。针对学校，我们提供了一个“移动学习”的自主运营平台，这个平台的操作十分简便，老师可以方便地用它编辑制作课件，包括文字、图片、音频、视频等多媒体课件元素，然后，再把课件直接发送到学生的手机上。这样，学生就可以进行随时随地学习。利用“移动学习”模块，老师可以将移动学习的特点、优势与实际教学相结合，对学生普遍反映较难的课程，比如英语统考课程，进行一些有针对性的辅导，也可以提高学生的学习兴趣。“移动学习”模块一经推出，就得到了学校与学生的认可，目前“移动学习”已经在中央电大、上海电大、北京电大等多所学校得到成功应用，一些学校也在积极地与我们洽谈，准备使用“移动学习”平台。

我们的“移动学习”教学模式也得到了国内众多远程教育专家的认可，他们把这种课件形式命名为“微型课件”，称赞它真正实现了“周周更新，时时回复，刻刻能学”。

对学校来说，它的需求则主要集中在加强对流动的、分散的学生的管理和人文关怀上。一方面学校要让学生了解一些规章制度，加强学校管理，并及时发布作业、考试通知等信息。对此我们的产品有一个短信投票模块，就可以为学校提供教学质量评估、学生满意度调查等功能。另一方面，通过加强人文关怀来凸显学校对学生的关怀。手机是最好的满足这些需求的载体，和邮件和QQ不同，手机是随身携带的，信息可以马上看到，能够确保信息发布的到达率与时效性。

**李桂云：**“蓝卓移动校园”是用移动互联网提升客户的学习支持服务水平。学习支持服务讲究的就是贴心，在“蓝卓移动校园”这些功能中，您觉得最贴心的是什么？

**郭进明：**上面提到的“移动学习”模块就是我们提供的贴心服务之一。其他还有很多，以“续修生服务”模块为例。据我们了解，续修生是让成人高校在管理方面十分头痛的一块，且续修生的比例不小，占到成人高校人数的15%到20%。他们的特点就是流动性强，管理难度大。了解到这样的需求之后，我们专门开发了“续修生服务”模块。这个模块的功能主要是专门针对续修生进行集中管理，老师通过对这些学生提供特定的信息服务，在加深他们对母校的归属感的同时，也减少了学生流失率，提高学校的凝聚力。

**李桂云：**除成人高校外，据了解，最近蓝卓教育又针对普通高校的需求做了一些开发，现在已经进入试点阶段。请您介绍一下这方面的情况。

**郭进明：**以前，我们认为普通高校的学生是住在学校里面的，学校的日常管理也很规范。但我们通过调研发现，现在，很多学生不再住校，在外面租房或者回家住。这种情况下就使得普通高校的学生有了和成人高校学生相似的服务需求，相应的，普通高校也产生了类似的管理需求。所以，我们开发了一个专门面向普通高校的“高校师生信息互动平台”，平台包含了教学、教务、辅导、导学、助学、日常管理、社团管理等功能。其中，有单独针对大一新生的心理咨询模块，还有针对大四学生的就业指导模块。现在，高校师生信息互动平台正在一些学校进行试点。

## 助力上海终身教育

**李桂云：**在移动校园的基础上，蓝卓教育研发了专为社区教育服务的“上海市终身教育移动信息平台”。据悉，该平台在管理模式上做了很大的创新。与高校相比，为社区教育服务要破解哪些新的难题？该创新体现了社区教育的哪些特殊需求？

**郭进明：**社区教育的对象是社区居民，它的流动性和管理上的无序性甚至比成人高校还要明显。想要把社区学校所开设的课程、上课通知等信息发布给社区居民，通常办法是在街道办事处张榜公布，但结果不尽如人意，因为没有几个人跑去看。这时，手机就成为一个非常有效的载体。我们专门为上海市的社区教育开发了“上海市终身教育移动信息平台”，平台设置了招生管理、师资管理、学生管理、活动管理、社区交流、短信通知等多个模块。终身教育移动信息平台的服务对象是社区学院和社区学校的专兼职教师、工作人员和骨干学生。通过这个平台，社区学院能够加强学院对本区域社区教育的日常管理，指导社区教育工作，减少沟通环节，及时发布重要通知，可以减轻社区学校的管理压力，节省时间，提高工作效率。而对于专兼职教师、工作人员和骨干学生而言，可以及时接收重要资讯、各类通知，并及时反馈信息。可以说终身教育移动信息平台是一个为社区学院、社区学校两级机构和兼职教师、工作人员、骨干学生等各类人员服务的一种分层次的信息管理系统。

**李桂云：**终身教育、创建学习型城市是一个热门，在这方面，蓝卓还有哪些可作为之处？

**郭进明：**上海市是全国社区教育的试点城市，社区教育在全国是走在前列的。我们的平台现在已经涵盖了上海市的200多所社区学校，公司还专门成立了一个社区教育事业部来推广我们的产品，希望它可以为更多城市的社区教育发展服务。

## 核心竞争力：左手技术手段，右手客户需求

**李桂云：**蓝卓教育把SAAS服务模式引入了移动教育信息化服务领域。请您谈谈对SAAS模式的理解。

**郭进明：**我的理解很简单：技术要先进，功能要丰富，使用要简单。“蓝卓移动校园”的使用者是学校的普通教师，而非搞信息化的专业人士，他们对电脑的使用水平是有限的。所以我们要遵循就低不就高的原则，以保证我们的产品能让最基层的客户使用。SAAS模式在解决这个问题上有它得天独厚的优势，它可以把学校的需求和老师对电脑的使用水平做一个很好的融合，不仅把使用简化到普通老师水平，还保证了老师无论在家，在办公室，还是在咖啡馆，只要能上网就可以用。



有了SAAS服务模式，学校不需要再花费大量投资用于硬件、软件、人员，由蓝卓教育提供服务器、平台开发、技术维护、数据处理、软件升级和培训，学校只需支付一定的服务费用，就可以通过互联网享受到相应的硬件、软件和维护服务。为此，我们有一个专门的业务运营中心来提供7×24小时的服务。

**李桂云：**随着移动通信设备，如手机、Pad、MP4以及手持电子书阅读器等的发展，尤其是3G时代的到来，现如今，M-Learning越来越盛行。在这样的大环境下，一定会有一些运营商进入这块潜力市场。跟这些机构相比，蓝卓教育的优势在哪儿？你们的核心竞争力是什么？

**郭进明：**可以说我们左手握技术，右手握客户需求，然后把两只拳头握在一起，就形成了我们的核心竞争力。在技术方面，公司刚刚成立时所使用的“移动校园学习支持服务管理信息系统”是我们自主研发、且拥有自主知识产权的。到2009年为止，蓝卓教育拥有的专利和著作权已经达到22项。2010年，蓝卓移动校园信息管理平台还获得了“2010年度上海市软件与集成电路产业发展专项资金项目”的扶持。在满足客户需求方面，

我们的所有工作都是紧紧围绕着客户的需求来展开的，公司有一个专门的营销策划团队来跟客户交流、了解客户的需求。所以我们能够紧跟客户需求，不断更新产品、开发新的功能。

我想，我们的优势就是我们在持续不断地了解、满足客户需求，将需求的共性与特性相结合，形成最适合用户使用的产品。

**李桂云：**现在回过头来看，带领蓝卓教育这样一路走来是不是很辛苦？对于公司未来的发展，您有怎样的规划。

**郭进明：**从 2004 年到现在，蓝卓教育已经走过了六年。如果要说有什么感悟，辛苦就不必说了，就像孩子成长一样，企业成长必然要经历生长痛。我要强调的是辛苦之后的那份快乐，当一个企业的产品能够为客户所认可，那种快乐是不可言喻的。

通过这几年的发展，我们对教育行业的理解越来越深了。无论是在高教领域、成教领域，还是在社区教育领域、干部培训领域，只要我们坚持左右手都硬，我们的核心竞争力就会越来越强，我们的产品就能非常好地满足客户的需求。我们相信，随着技术的发展，会有更多的需求被发掘出来，而我们的左手和右手相握也会不断产生更多的功能，同时增强我们的核心竞争力。所以我非常看好我们今后的成长。

2010 年是公司发展的又一个分水岭，移动校园产品在全国市场也得到了大面积的普遍实施，我们把公司发展的愿景，确定为做中国一流的教育信息服务运营商。

关于未来，我想谈四点展望，第一是要继续保持专注，我们要像以前走过的六年一样，专注于移动教育信息化领域，把蓝卓移动校园这个品牌做成中国移动教育信息化领域的 No. 1。第二是要不断提升我们的服务水平，实现客户和公司利益的持续双赢。第三是要不断创新，运用新的技术（“移动互联网”和“云资源”，是我们今后的重点），推出新的产品，满足越来越广泛的用户需要。第四是打造一个优秀的企业团队，让每一个团队成员的优势与能力充分合理地凝聚在一起，把蓝卓教育做大做强。

最后，我想要特别感谢各学校的领导和老师，是他们把学校的需求及时告诉我们，让我们能够不断地改进产品，更好地为学校服务。“了解学校，服务学校，与学校共发展”会是蓝卓教育永远的服务理念。

（潘超/整理）

## □ 人物印象

# 专注的力量

潘　超

步入中年的郭进明最大的一项业余爱好就是踢足球。在他看来，踢足球给他带来的收获有三：一、这是一项强调团队合作的运动，会增强人的沟通意识、协作意识，无论是对个人成长，还是对管理企业都十分有益。二、可以锻炼人在逆境中求胜的毅力，踢足球的过程就是在逆境中去努力、去坚持、去扳平，甚至去反超的过程。三、可以缓解工作压力，让精神放松。

虽然仅仅是一项业余爱好，但从大学毕业到现在，每个周末下午，风雨无阻，郭进明一坚持就是20多年。这足以见识他"专注"的功力。

俗话说，将军赶路，不追小兔。无线电专业出身的郭进明崇尚"窄频带，高振幅"。在华为8年的工作经历让他更加确信，一定要把全部的精力专注在某一个有限的领域，才能在这个领域做深、做透、做实。只有这样，才能把优势发挥出来，才可能成为行业的领先者。郭进明把他的"专注"理念做了一个最好的诠释——蓝卓公司发展、壮大的6年就是他带领着自己的团队专注于移动教育信息化领域，聚焦客户的需求，不断开发和丰富蓝卓移动校园功能的6年。到2010年为止，蓝卓移动校园已经覆盖国内200多所大中专院校，拥有各类学生用户近200万人、社区居民用户300万人，在北京、上海、天津、广州、湖南、陕西等地的成人高等教育系统得到普遍应用。蓝卓教育的专注获得了客户的认可。

郭进明低调、务实的性格在访谈中展露无遗。从始至终，他一直在强调蓝卓教育是怎样做事、做实，是如何围绕客户的需求，夯实公司的核心竞争力，进而为客户提供贴心服务的。把蓝卓移动校园这个品牌做成中国移动教育信息化领域的No.1，是近两个小时的谈话中他为蓝卓人提出的一个最大的口号。"教育本身就是一件实实在在的事业，这个行业永远拒绝空洞的大话。"

怀揣感性的动机，理性地去做事，作为一个在上海生活的北方人，郭进明一直专注着，向着他的"做中国移动教育信息化领域No.1"的目标不断迈进。

# CCTV 中学生频道　挑战传统课堂实录

2009 年夏开播的“CCTV 中学生频道”引起了我们的关注，它首次创新使用数字电视频道和互联网共同构成互动运营模式，并通过优质教育资源、数字电视、互联网和服务，四位一体地向社会提供“中学生成才教育系统解决方案”。更为吸引眼球的是，它打破传统的 45 分钟一节课的课堂实录模式，采用了 12 分钟一节课的体例。

在频道开播数月之后，《中国远程教育》（资讯）执行主编夏巍峰与 CCTV 中学生频道运营机构总经理郭滢进行了对话，探讨频道的新模式和 12 分钟的新体例。

## 突破 45 分钟传统课堂

**夏巍峰：**2009 年 5 月 4 日，中央电视台面向全国中学生开办的数字电视付费频道——CCTV 中学生频道问世，这个频道应该是世界上第一个专注中学生成长的专业电视频道，为什么要开通专门针对中学生群体的频道？这个频道开通具有怎样的意义？

**郭滢：**从整个广播电视产业发展的角度来讲，数字付费频道是从五年前开始进入产业化培育状态的，因为随着城市有线电视网络的改造，模拟播出变成数字化播出，这就意味着可以容纳更多的频道、提供更多的内容服务。数字付费频道是为专业化族群提供一些市场细分的专业服务，比如，现在正在运

CCTV 中学生频道运营机构总经理郭滢

行着的120多个数字付费频道中就有钓鱼频道、汽车频道、围棋频道、美食频道等。

创办这个频道前，我们做了一系列调研，得到这样的数字：2009年中学在校生的数字是8470万。数字付费频道的服务对象是城镇以上的城市居民，在这部分人群中，中学生是4500万。而这些中学生中，最大的1992年出生，17岁，高三；最小的1997年出生，12岁，初一。他们的父母在38～45岁之间，他们的爷爷、奶奶、外公、外婆大都健在，72岁左右。在4500万中学生里面，99%以上是独生子女，相当于一个孩子六个家长。作为学生人生中相继要过的两个“鬼门关”，由于其几乎决定着一个中国孩子的未来命运，所以中考和高考引起了家长的高度关注。有数据显示，中国的子女教育费用已经在城市居民总消费中被排在了第一位，超过养老和住房的投入比例，接近家庭总收入的三分之一。而与之相对应的是教育资源的不公平配置，优质教育资源都集中在中心城市。那么，那些相对偏远的、落后的、比中心城市规格稍微低一点的地方怎么办？如何利用先进的数字电视的传播手段、先进的互联网技术，把优质教育资源放大，让每个需要享受优质教育资源的人都能享受到？我们觉得这件事有着广阔的市场前景，可以做。



**夏巍峰：**作为一个国家级的电视台，全力面向中学生提供教育服务，你们将通过哪些创新理念和服务，来实现优质资源的共享，提供高品质的教学资源，从而助力中学生的成长、成才、成功？

**郭滢：**我们给自己的定位是优质教育资源的集成、传播和服务，是学校及课堂教育的辅助和补充，着眼点放在学生学习方法、兴趣和能力的培养上。要说最大的一个革新，或者说创新产品的研发是来自于对课堂实录的否定和批判，我们采用的是12分钟一节课的体例。

200年前就有了“中学教育”这个概念，各国都是45分钟。中国在民国时期引入了“中学教育”的概念，也不由分说地采用了45分钟一堂课的设计。从来没有人思考过为什么是45分钟？也没有人质疑过这件事。我们的质疑缘于具体研发过程中遇到的两个难题：面对12～17岁中学生这样的服务对象，第一，他们的负担已经很沉重了，在学校上了一天课，回到家里所使用的辅助教学手段要不要还用45分钟？这是不是在增加他们的负担？第二，我们的观众周一到周五白天的时间都在学校，最早放学的也要17：30到家，到晚上22：30，即使是高三的孩子也该睡觉了。所以对我们频道来说，有效的播出时间在周一到周五最多就是5个小时。如果按照45分钟一节课来编排，一晚最多只能编进去6节课。这样矛盾就产生了——6

个年级的 9 门功课，全年的总量怎么也得在 6000 节课以上；如果一晚上编 6 节课进去，一年就是 360 乘以 6，只有 2160 节这么大的课时量。这成为频道搭建过程中我们面临的窘境。

通过调研我们发现，45 分钟一节课的体例可能是缘于欧洲宗教祷告的时间是 45 分钟。还有人开玩笑说，十几岁的中学生 45 分钟就该去方便一次，所以就该下课了。而一线老师的话给了我们很大的启发，他们认为中学教育是一种灌输式的教育，每门功课都是由一个又一个的知识点构成的，有经验的老师讲述一个新知识点 5 分钟就足矣了。既然 5 分钟就可以讲清楚，那么为什么是 45 分钟呢？老师们说，按照普通中学的建制，一个班都是 50 人左右。人多了就难免会出现高中低、快中慢，学习好的、学习不好的，接受能力强的、接受能力弱的。多数老师在讲述新知识点时都要照顾 50 个孩子，通常都是以让反应比较慢，学习比较差、能力比较弱的孩子也能听懂为原则和基本出发点，于是就要把 5 分钟讲清楚的东西变成 45 分钟去讲解，其中包括了大量的重复、习题，另外还包括管理时间，即老师点名、提问等。这样看起来，45 分钟里边就包含了一些弊端，学习好的学生每节课都陪绑了 30 分钟以上的时间。

那么，从教学第一线的老师到学生的实际感受，到频道的窘境，我们必须要对 45 分钟这样一个体例进行变革。所以，我们做了大胆的尝试，就是 12 分钟一节课。1 小时可以编 5 节课，5 小时可以编 25 节课进去，这样就让出了有效的时间和空间，不仅不会加重学生的负担，还解决了频道面临的问题。

**夏巍峰：**为什么一定是 12 分钟呢？

**郭滢：**老师们认为一般情况下 5 分钟可以表达清楚一个知识点，我们兼顾到一些中等偏下的学生，有一轮重复，这就是 10 分钟。另外 2 分钟是我们使用电视教学手段的时间。电视教学手段彻底突破了传统的课堂实录那种后面有一块大黑板、老师站在三尺讲台前面、滔滔不绝讲四五十分钟的形式，在电视录制里边加入一个二度创作的概念，即使用电视的手段，如字幕、Flash、动画、课件等，取代后面的大黑板。而这样一些电视手段的运用就使得那些重点、难点和疑点被强调、被突出，从而更便于接受。

# 优质教育资源的集成、传播和服务

**夏巍峰：**CCTV中学生频道首次创新使用数字电视频道和互联网共同构成互动运营模式，并通过优质教育资源、数字电视、互联网和服务，四位一体地向社会提供“中学生成才教育系统解决方案”。具体来说，这样的解决方案是如何完成的？

**郭滢：**作为全世界首个以中学生教育成长服务为定位的电视频道，我们充分发挥央视媒体的资源整合优势和数字媒体的科技优势，通过组织全国优秀教师和教学专家，配合自主研发的数字化教学手段和创新性的电视演播形式，为全国从初中到高中六个年级的中学生提供九门课程的优质教材教学课程，突出教材重点、教学难点和考试疑点。为提高学生学习效率和学习效果、降低学习强度和课业负担、辅助教师课堂教学、帮助家长监督子女学业提供了新的学习服务方式。

CCTV中学生频道强化观念创新，首次创新运营模式，发挥数字新媒体各自的技术优势，不仅使数字电视暂时无法到达的地区可以通过宽带互联网同步收看，同时还为中学生通过互联网预习、复习、练习提供了新的方式。官方网站全面定位于学习主题，设有针对学生、家长、教师的三类服务空间。其中学生空间可以随时获取与电视节目中教材教学重点一致的课堂笔记等一系列工具化服务和课业学习的后台支持。



在面向中学生群体的同时，频道还面向与中学生人生成长密不可分的教师和家长，在提供优质课程教学资源同步共享服务的同时，开辟了针对教师和家长以及与学生多方、多组合互动的素质教育内容。

**夏巍峰：**开展远程教育的核心是资源。你们如何来制作和整合优质的教学资源？

**郭滢：**从内容研发到节目录制，我们走的是这样一个流程，选定一个老师，经过试讲和实录，如果认为他的形象、语言、口齿，包括内容都很合适，我们会要求老师提供一份教案，这个教案是电子版的，我们会把文本格式的教案放到互联网上去。用户，包括老师和学生都可以在网上调阅这个教案来学习和交流。在节目形态上，我们要求老师讲的每一句话都要用字幕的方式表现出来，这部分的电子版也要放到网站上。这样，当你的视频服务不够流畅时，或者说你只愿意看老师的讲课内容时，可以毫无问题的完成。我们还有广播的方式，如果你不想看老师的头像，只想听一遍讲课内容，就可以通过这种方式实现。这样把字幕、图像和声音分层后，就使得网站在内容服务上尽可能满足学生多样化的需求。

我们要实现的是CCTV品质、事半功倍和名师名校。12分钟更多的是实现事半功倍。关于名师名校这块我们有极其广泛的空间，可以在全国范围内挖掘老师。现在我们的教师团队里面既有人大附中的、师大附中的，又有北京四中的、南开中学的，下一步还会有黄冈中学的。另外，因为不是直播，在录制完后还有一个二度创作的过程，对老师的形象、体态、神情等都还有一次修补，这样出来一定是一个很精致的东西。基于这个平台，我们还组织了“全国中学教师教学风采大赛”，在业务技能上比拼。我们总可以一选再选，好的里面挑最好的，把最优质的教育资源呈现给学生。

**夏巍峰：**你们又是如何解决老师不愿意共享资源的问题？

**郭滢：**我刚才说过，我们给平台的定位是优质教育资源的集成、传播和服务，这个概念应该是一个比较新的概念。CCTV这样一个媒体平台对我们集成优质教育资源有一个很大的优势。我们通过合约的方式规定老师的义务，签约后，我们拥有课件的出版权、在互联网上的二次使用权，包括老师成为CCTV中学生频道的特约教授之后，有义务参加名师见面会等活动。每个老师都是在这样一个完整的合约之下跟我们进行合作的。多数老师认为通过这样一个平台，他摆脱了三尺讲台，能向更多的中学生提供自己的优质教学、提供服务，他们更看重的是这个。

**夏巍峰：**通过具体的运营，在这个市场中，您觉得与网校及其他一些中小学远程教育机构相比，CCTV中学生频道的优势是什么？

**郭滢：**我们观察了很多其他的教育机构，比方说北京四中网校、天津一中网校等，就发现它们能整合的是自己校园里的老师，很难突破这个范围。但借助CCTV这样一个品牌，我们可以在全国范围内找老师。事实上我们也是这么做的，把各个地方最好的老师请过来讲，因此形成了多个学校之间的竞争。另外，对于一所学校旗下的网校来讲，不是每门课都强的，所有9门课中可能4门很强，其他水平一般或比较弱。但我们这里的9门课都是在全国范围内选最好的，所以没有弱的。另外，从内容研发的角度来讲，各校的网校还停留在课堂实录阶段，而我们已经采用12分钟体例，大踏步地走在了前面。下面我们可能还会再研发另外一些8分钟版的、6分钟版的，还有一些单独的课件，比方说把中学的物理、化学全套的实验课当作一个科教片来做。

## 秉承开放理念合作谋发展

**夏巍峰：** 在近日举办的“EO（教育运营）影响力论坛”中，您提到“数字电视远程教育科技是促进教育公平化所蕴含的影响力，为达成教育产业合作奠定了基础”。您所说的“影响力”和“基础”具体来说表现在哪些方面？

**郭滢：** 传统的教育体制，实际上是一个围墙、一间教室、三尺讲台、一个黑板、一个老师、50个学生。而所谓的教育不公平和教育资源配置的不合理都是由此产生的。而在数字电视环境下，在互联网环境下，我们可以把一节课放大给所有的观众，把一个老师讲的课像《百家讲坛》一样地让所有观众都能看得到。由于有了这样的手段，也由于有了我们的创新和研发，就真的可以把最优质教育资源放大，这在一定程度上解决了教育公平化的问题，解决了教育资源配置不合理的问题，把最好的东西能让更多人去享受。一个名师，如果不借助数字电视网络、不借助互联网，能在一个阶梯教室里给二三百学生上课已经很了不起了。但经过我们的创新研发包装之后，他可以实现向4500万学生以及学生的家长传播，且可能是今年播完了，明年继续播。这样一堂课将成为一个经典记忆留下来，它的影响力是明摆着的，这就是基于数字电视网络、基于互联网、基于远程教育的理念，是我们创新研发而带来的促进公平化和影响力。

**夏巍峰：** 你们希望通过以数字电视媒体为核心，搭建一个先进的教育产业合作的平台。CCTV中学生频道在教育产业合作方面具有哪些优势？你们认为，这样的合作平台将由哪些机构共同组成，以共同实现你们的服务理念？

**郭滢：** 我们给自己的定位是优质教育资源的集成、传播和服务，我们自身是一个媒体，也希望和其他媒体展开跨地区的合作，集成、传播和提供服务，这是一条龙的事情，所以我们秉承的是一个开放的思路。虽然说我们现在已经集中了资源，老师和学生的反映也都非常好，但是毕竟还不够，前面还有很多路要走，所以我们不排斥和其他教育机构合作，也不排斥和其他媒体合作，我们希望共同来打造这样一个平台，能够为我们的服务对象提供更优质的、更便捷的、更实惠的资源。

**夏巍峰：** CCTV具有强大的感召力和影响力，国内众多教育及服务机构纷纷提出与你们合作。你们会设立什么样的评估机制？同时，你们将如何监督和保证合作机构提供的服务质量？

**郭滢：**现阶段因为业务刚刚起步，我们最看中的是内容的研发。未来我们会做平台的延展，或叫服务的延展。就是先集成优质的教育资源，把这项工作做好，然后通过不同的手段传播出去。我们要强化服务的概念。我们考虑可不可以在一些城市办 4S 店来提供服务。买完车后就需要保养，需要有零部件的供应，需要有维修……这些服务都可以在汽车的 4S 店获取。同样的道理，成为我们的会员后，我们推出的限价活动、教学辅助材料、电子版教材、名师见面会、测评会、冬令营、夏令营等很多的延展服务都可以打包放到 4S 店里面去。所以我们和当地的一些教育机构和媒体的合作是必不可少的。

**夏巍峰：**对于 CCTV 中学生频道下一步的发展您有哪些规划和期望？

**郭滢：**我们现在还处于刚刚起步阶段，频道只在天津和内蒙古开通。CCTV、一些专家学者、合作伙伴及天津内蒙古的学生、家长及老师对我们做出来的东西反映还不错，但我们做出来的东西是不是能够得到市场上的广泛认同，我现在还不太清楚。我只是在实践我的创新思路，我的信心来自于在实践过程中这个创新、这个思路能走多远。可以说我们现在是如履薄冰，是在验证一件事情，我希望能够顺利度过这一年的成长期。从长远来说，我真希望我们能够做到开始描述的那样——CCTV 品质、事半功倍和名师名校。

（潘超/整理）

## □ 人物印象

# 一个电视人的执著创新

潘　超

与多数公司老总在被问到未来发展规划时，总要用个一、二、三点来展望公司的宏伟前景不同，郭滢不仅坦言公司正处于如履薄冰的成长期，还说“我只是在实践我的创新思路，我的信心来自于在实践过程中这个创新、这个思路能走多远”。在近两小时的访谈过程中记者还发现，他十分注重和谈话对象的互动，阐述完每一个观点之后都会紧接着问上一句：“对吗？”这样耿直、实在、不吹嘘的性格和谈话中的小细节，也许都与他多年来一直从事电视工作的经历密不可分。

大学毕业，郭滢留校在北京广播学院做了十年老师。凤凰卫视中文台创建后，他又在那里亲历了凤凰卫视七年的成长。期间，他创办了很多新的栏目，《世纪大讲堂》就是其中之一。离开时，他已是凤凰卫视的副台长。2004年，他出任旅游卫视的执行总裁兼总编辑。那一年，他推行了放弃节目主持人、栏目主持人概念，对主持人灌输“频道意识”及取消节目制片人等变革，这些更是引起整个电视行业的关注。

如今，他又把创新精神带到了CCTV中学生频道中，使用数字电视频道和互联网共同构成互动运营模式，并通过优质教育资源、数字电视、互联网和服务，四位一体地向社会提供“中学生成才教育系统解决方案”。除首创了12分钟一节课的新体例外，郭滢在教学过程中还不断创新。

在审看频道的第一批老师录制的样片时，一节讲述细胞的生物课引起了他的注意——老师上来先用40秒时间讲解了单词“cell”：在牛津字典中，cell是指修道院的小格子或小房子。300年前，人们第一次在显微镜下看到细胞的形态时，突然觉得它们很像修道院里的小格子，于是就用cell这个词命名了细胞。第二天、第三天，“修道院里的小格子就是细胞cell”这句话总是莫名其妙地浮现在郭滢的脑海里，他发现这样形象地讲述效果非常好。所以就提出创新频道的英语教学，要求每门课的任课老师每节课都要拿出30秒来讲一个英语单词。结果反响很不错。

郭滢说：“我们要创新，要走和别人不一样的路。”而创新的灵感可能就源于生活中的一个小细节，源于人们的不经意间。

# 爱迪科森　思变中谋发展

“爱迪科森”取自英文——“Education”的谐音。2004年，在中国各种数据库资源相对比较匮乏的大背景下，爱迪科森率先推出了视频数据库——《网上报告厅》，填补了数字资源领域的一项空白。这个从师生学习、生活的实际需求出发，整合国内外包括著名院士、政府领导、专业研究人员以及《百家讲坛》热点栏目在内的千余名一流专家学者，近万场视频学术报告的《网上报告厅》，以其新颖的形式和视频资源得天独厚的优势受到了图书馆和广大学生的欢迎，爱迪科森也因此在短短几年时间内拥有了500多所高校正式用户、300多个试用用户、1600万读者的用户群体，占据了高校数字图书馆市场90%以上的份额。

但爱迪科森居安思危，不安于现状，在思变中谋发展。2008年，公司实施多元化发展战略，提出“将新产品引入到老市场，把老产品引入到新市场”的口号，不仅在高校领域推出了《环球英语多媒体资源库》和《就业培训多媒体资源库》，还转战干部培训和企业培训。如今，爱迪科森又致力开发一套虚拟学习社区，进军终身学习服务领域。

爱迪科森频繁的战略转移背后有着怎样的思考？对数据库厂商的生存现状，北京爱迪科森信息技术有限公司总经理蒋立佳又持怎样的看法？《中国远程教育》（资讯）执行主编夏巍峰与他进行了对话。

## 以推进中文数字信息资源发展为己任

**夏巍峰：**作为一家教育资源与教育技术整体解决方案供应商，自2004年成立以来，爱迪科森一直以推进中文数字信息资源的发展为宗旨，立志成为中国最具实力的视频数据库服务商。您怎样看待我国数字电子资源的现状？

北京爱迪科森信息技术有限公司总经理蒋立佳

**蒋立佳**：我国的数字图书馆是20世纪末出现的，发展于21世纪初。它的出现是信息技术促进知识传播的结果。数字图书馆的好处是显而易见的，首先是改变了图书馆的资源形式，扩充了图书馆馆藏的范围，使图书馆的资源越来越丰富。其次是读者使用文献的方式更便捷，效率更高。

经过十年时间的发展，可以说我国的图书馆，尤其是高校的图书馆，在数字资源方面得到了长足的发展。据我了解，在比较好的学校图书馆，数字资源库能达到一百多个，其中包括国内的数字资源库，如中国的清华同方数据库和万方数据库；也包括外文的数字资源库，德国的施普林格，荷兰的艾斯维尔等，当然也包括爱迪科森的《网上报告厅》。总之，目前以电子期刊、电子图书、视频数据库为代表的商业电子资源增长迅速，电子资源在图书馆服务中占据了越来越重要的地位，也占用了越来越多的图书经费。



数字图书馆虽然发展很快，但同时也伴随着出现了一些问题：比如说资源匮乏变为资源过剩，大量重复的同类产品，使得读者检索起来十分不便；又比如，国家对数字资源没有统一的标准，每个资源的使用环境都是由各个厂商单独来设计的，就像一个一个的信息孤岛，各个资源库存简单地罗列，缺乏整合，造成使用不方便、利用率低。再比如，国内数据库厂商缺乏自主创新能力，相互模仿，恶性竞争情况严重。

应该看到数字图书馆发展到今天，不能再以资源建设为中心了，而应该转向以用户和读者为中心。因为每个用户和读者对信息的需求量是不一样的，把资源一股脑地提供给他们是没有意义的，应该根据每个人的需求情况设计个性化的图书馆，提供个性化的服务。这也是目前国内数字资源领域热点讨论的一个问题。

**夏巍峰**：数字图书馆的增长和发展前景怎么样？

**蒋立佳**：据相关机构统计，目前我国图书馆数量是15437家，其中包括县以上公共图书馆2697家、高等院校图书馆1700家、科研院所图书馆4100家、党校系统图书馆1600家、医院系统图书馆1200家、中等专科学校图书馆3800家，其他类型图书馆340家。应该说数字图书馆的发展空间还是很大的，从普通高校这块看，一般是每个学校一个，有的学校是两个，数量很大。而在公共图书馆、社区图书馆、企业图书馆方面，我认为还差很多，因为我们是一个人口大国，目前图书馆的数量与我们的人口数量是不匹配的，跟国家提倡建设学习型社会、学习型政党、学习型组织的口号也是相悖的。所以，我相信在今后一段时间里，在上述几个领域的图书馆还有很大的发展空间。

**夏巍峰：**国家有没有这方面的一些政策来推动数字图书馆的发展？

**蒋立佳：**教育部在教育事业发展“十一五”规划纲要里有关于数字图书馆的发展规划内容。但据我了解，目前还没有出台专门针对数字图书馆的发展规划。但是在高校教学体系评估中，明确规定图书馆的建设要占一定的比重。

## 填补视频资源库空白

**夏巍峰：**我们知道，爱迪科森早期主要是致力于数字图书馆资源的开发。公司刚成立时市场是怎样的？到现在，爱迪科森在数字图书馆市场中已占据怎样的地位？

**蒋立佳：**爱迪科森是2004年成立的，当时我们对国内的数字图书馆形势进行了调研，发现所有的资源，无论是中文的，还是外文的，无论是图书数据库、期刊数据库，都是静态的文本信息。那种能够传递前沿学术信息的专家视频报告库，几乎没有。所以我们就把产品锁定在视频数据库上，即集合国内专家学者的一些讲座报告、试验录像，形成一个视频形式的数据库——《网上报告厅》。当时这在国内还是一个空白的领域，爱迪科森是第一家推出视频数据库的厂商。

对于图书馆和学生来说，《网上报告厅》是很有意义的。它丰富了图书馆的馆藏形式，以前图书馆没有视频这方面的资源，有了我们的产品之后，它的资源更丰满了。同时，视频资源有着得天独厚的优势。譬如关于心脏搭桥手术的视频资源，学医的学生不能亲自参与心脏搭桥手术，一般情况下也是看不到的。但通过我们这个产品，学生就可以看到心脏搭桥手术的整个实施过程。视频资源的优势表现在：首先，它比较直观，比较生动，可以缓解学习疲劳。其次，它可以让隐形的东西更容易表述，比较受学生的欢迎。再次，利用我们的产品，图书馆可以给学生提供更多形式的服务，学生在了解最前沿的思想、领略大师风采的同时，还能够通过这个平台进行学员之间的互动和交流。

《网上报告厅》从师生学习、生活的实际需求出发，整合了国内外包括著名院士、政府领导、专业研究人员以及《百家讲坛》热点人物在内的千余名一流专家学者近万场视频学术报告，包括理工类、经管类、文史类、就业择业、法律视点、文体教学、综合素质、心理健康等。这些报告以新颖、生动的形式，有效地配合了各专业的学习，同时促进了各学科领域新思想、新视点的传播交流，推动了优秀教育教学资源的共享进程。

经过五年多的发展，应该说我们在高校数字图书馆市场中已占有比较强的优势，拥有500多家的高校用户，几乎占据了90%以上的市场。

## 转战干部和企业培训领域

**夏巍峰：**爱迪科森后来又转战干部培训和企业培训领域，这样的战略部署源于怎样的考虑？



**蒋立佳：**2007年左右，我们就有了一种危机感，因为我们当时在高校市场上占据了主导地位，没有人可以在同一层面上和我们竞争。但与此同时，我们也认识到，高校这个市场可以说是稳定有余，增速不足。想要实现倍增有一定困难。所以，公司必须要有新的发展思路。

2008年，公司就开始实施多元化发展战略，提出了“将新产品引入到老市场，把老产品引入到新市场”，这意味着什么呢？就是说我们在已经控制住的、有很好渠道的市场，即数字图书馆市场，推出我们的新产品——《环球英语多媒体资源库》和《就业培训多媒体资源库》。这两个产品和《网上报告厅》都是视频文献数据库，但内容侧重点不同，针对性也更强。《网上报告厅》更多是关注素质教育，就业培训多媒体资源库要解决的是大学生就业问题，而《环球英语多媒体资源库》针对的是英语培训领域。在我们已经有很好渠道的这个市场追加了新产品，我们相信这两个产品能使高校这块市场实现倍增式的增长。

同时我们把主打产品打入新的市场，把《网上报告厅》原有的这些资源进行重新组合，同时配合我们自己开发的E-Learning平台，形成了在线学习平台和课件库，主打的是干教市场和在线培训市场。我觉得现在干教市场不光需要资源，在平台方面也有需求，所以我们把这个老产品从数字资源库过渡到培训平台和课件库的过程是很自然的，是符合市场需求的。可以说《网上报告厅》干教版是从网上报告厅资源进化而成的一个产品。我想在今后两年，干部培训将成为公司除高校行业之外的第二大支柱行业。

**夏巍峰：**现在，做干部培训的机构也很多。跟这些机构相比，爱迪科森不一样的地方有哪些？

**蒋立佳：**每家公司要做好一个行业都要有自己的亮点，我们的课件库有这样几个特色：第一，是强调课程体系的规划。我觉得干部教育培训跟学历教育是完全不同的，学历教育的学员是统筹划一的，选择的是同一个专业，进修的是同样的课程。而干教的对象情况非常复杂，不同的行政级别，不同的业务需求和不同的岗位，同时，每个人的任职能力和履历也都不一样，这就决定了干教的课程体系要比学历教育的课程体系更复杂。我认为咱们国家干部在线教育做了这么多年只是简单地实现了学习的网络化，如果想要取得成果，关键在于根据干部教育的特色规划出它自己的课程体系来，这个课程体系一定要符合所有党员干部的学习需求。我们公司在这方面会与相关机构合作，希望能够拿出我国第一套干部教育的课程体系规划，这样才能解决干部教育的根本问题。

第二，我们强调干部教育在实现领导干部在线学习的同时，还能够打破单纯的教与学的关系，使这个平台成为该组织、该部门的一套知识积累的系统。比方说，一个处长任职三年之后调走，新处长来上任，相应地，新处长对所有东西都要重头学，而老处长把所掌握的东西都带走了。我们这个平台就是希望把这个老处长在任期间的学习心得、任职体会等相关的知识都吸收上来，也就是说这套平台具有知识积累和创造的能力。

我们的《网上报告厅》干教版整合了中共中央党校、国家行政学院、中央电视台、人力资源与社会保障部等权威学术机构的视频资源，为学员提供最新、最具权威的视频资源。目前，像北京市委组织部、厦门市委组织部、青岛开发区和曲靖市委组织部等采用的都是我们的平台或课件。

**夏巍峰：**为了提高领导干部在不确定风险下的应急决策能力，爱迪科森还参照《中华人民共和国突发事件应对法》，开发了《领导干部应急处置模拟教学系统》。这个教学系统的市场反响如何？

**蒋立佳：**《领导干部应急处置模拟教学系统》是一套通过情景模拟以多媒体的形式进行应急处置培训的案例教学软件。是由北京市应急办、北京市委党校、清华大学、国家安科院、北京市信息资源中心几家单位联合开发的，其中爱迪科森负责平台和技术方面的工作。之所以开发这样一套教学系统，主要是因为近几年来的突发事件比较多，像“非典”爆发、5·12

大地震、新疆暴乱等等。为了提高领导干部在不确定风险下的应急决策能力，参照《中华人民共和国突发事件应对法》，我们开发了《领导干部应急处置模拟教学系统》。

这个平台具有多媒体信息管理、脚本编辑、角色设定、培训过程存储、培训过程评价、系统实时接入、多屏显示等功能，完全具备先进性、独创性、灵活性、可扩展性、兼容性等特点；平台调用的应急培训课件综合运用真实视频、音频、动画、三维虚拟场景模拟仿真等多媒体素材进行实现，充分渲染突发事件场景的现场紧张气氛，营造真实演练环境，制作清晰，配音标准。

《领导干部应急处置模拟教学系统》在我国是第一套实操性教学系统，市场反应非常好，许多市委组织部、电大都对这种教学模式和形式产生了浓厚的兴趣，仅前不久的一周内就有四所省委党校来公司考察。

## 夹缝中求生存更要有核心竞争力



**夏巍峰：**爱迪科森是做资源起家，主打产品《网上报告厅》也成为目前国内最大的视频数据库。这么多年来，您的感受是什么？从做资源的角度来看，您觉得在这个行业中，资源是不是会越来越受重视？

**蒋立佳：**在这个行业中，数据库厂商实际上都是信息集成商，像爱迪科森提供的是视频资源，每年更新数据 3600 篇，公司具有这种资源的自我生产和整合能力，是比较少见的。而大多数公司，像提供电字图书、论文库的，提供期刊库的，它们基本就是集成商地位。

我认为这种信息集成商是在夹缝中求生存的，前端面临着客户市场，同类产品竞争非常激烈，后面还要承受资源生产单位的压力。可以说，这几年数据库厂商的生存都比较艰难。

**夏巍峰：**那在这种夹缝中，在艰难的环境下，爱迪科森是如何站稳脚跟的？

**蒋立佳：**首先就是一定要尊重版权。前几年，作为资源提供商，很多公司不守法经营，出现了盗版等情况，这样的公司一定是长久不了的，随着作者和出版单位版权意识越来越强，自然会被淘汰。其次，一定要充分理解集成的意义，把原材料买来以后你怎么去加工？怎样组合做出来的东西才能符合市场的需求？这是一个公司隐形的核心竞争力。同样 3600 集的数据，我们做出来后就会被市场认可，让别人去做，可能就不行。第三，练好内功。这几年，我们一直保持在开发上的投入，我们的《网上报告厅》这套系统多次获得政府及相关部门的奖励。同时我们还在公司的管理上下工夫，提高员工的素质、规范管理流程、提高效率，这样企业才会有一个坚实的发展基础。第四，我觉得一个企业必须要有持续的创新能力，即企业本身具有了解新知识、掌握新知识、应用新知识的能力，这样才能与时俱进。爱迪科森这个名字取自于英文“教育”，我们是做资源起家的，但不能把自己捆在资源这一块，需要不断地根据教育技术发展，不断调整战略。

## 为行业发展尽责

**夏巍峰：**爱迪科森把业务整合在《网上报告厅》大框架下。具体服务模式是怎样的？

**蒋立佳：**目前，公司针对不同的服务对象推出了三个版本，即《网上报告厅》高校版、干教版和基础教育版。

《网上报告厅》的服务模式主要是镜像方式，每一所购买《网上报告厅》的学校都可将资源安装到本地，这样更保证了数据的完整性和师生的访问速度。我们在全国26个省市设有办事处，所以一旦客户有相关服务和技术需求，我们能在第一时间派出销售、客服及技术支持人员为其解决。同时我们也提供在线访问方式。

**夏巍峰：**无论是推出《领导干部应急处置模拟教学系统》，还是爱迪科森每年主办的数字图书馆学术视频信息资源建设研讨会，都体现了公司对社会、对行业的一种责任感。您怎样看待这个问题？

**蒋立佳：**成为龙头企业之后，我感觉我们不只承担了企业应该承担的问题，还承担了一个产业应该承担的问题。比如说一些客户提出的问题不再是简单的对我们的产品、对我们的服务的要求，而是例如标准统一的问题、整个系统和其他产品的兼容性问题等等。这一系列问题，客户都要求我们带头去解决，这也证明我们公司被客户寄予了厚望，我觉得作为企业我们是有这个责任的。

像您提到的我们公司每年组织的行业分会——数字图书馆学术视频信息资源建设研讨会，这是国内图书馆界唯一的专门研究视频文献应用的高峰论坛。这个会让整个视频文献建设的从业人员，包括图书馆视频文献管理人员、公司、出版单位、作者、读者，能够进行广泛的交流，共同探讨一些热点问题，如版权问题、应用问题、标准问题等。

**夏巍峰：**对于公司的下一步发展，您有哪些具体规划？

**蒋立佳：**目前来看，作为公司的两大支撑体系，数字图书馆和干教两项业务都在稳步上涨。在这样的情况下，我们正在开发一套虚拟学习社区系统，初步设想是在每个城市建立港口式学习港，服务于终身学习社会建设。我认为今后将是一个终身学习的世纪，我的事业和我们公司的使命都会朝这个方向发展。今后一两年可能是爱迪科森脱胎换骨的一两年，以后再提爱迪科森不会说是做资源库的，而是说爱迪科森是终身学习服务商。

（潘超/整理）

## □ 人物印象

# 做教育“稳”字当先

潘　超



“天时不如地利，地利不如人……得道者多助，失道者寡助。寡助之至，亲戚畔之。多助之至，天下顺之。以天下之所顺，攻亲戚之所畔，故君子有不战，战必胜矣。”上学时，当我们背诵《孟子·公孙丑下》中这段文字时，可能并不能深刻地理解何谓“得道多助”。直到跨入社会，面临着一次又一次的抉择时，对这四个字才稍有体会。

对于蒋立佳来说，从辞去国企工作来北京闯荡到成立了自己的公司，到公司在业内站稳脚跟、成为领头羊，再到爱迪科森转战干教领域，回忆这十年间自己所走过的路，他说自己深刻领悟了“得道多助”的道理，尤其是在创业路上。现如今，他已经把“得道多助”作为公司发展的座右铭。在他看来，教育并非一个暴利行业，需要下“文火慢炖”的功夫，值得一个人作为终生的事业去追求。如果急功近利，违规操作，必然会受到教育发展规律的惩罚。

蒋立佳是计算机专业出身，和教育结缘与他创业之前先后从事的两份工作有着密切的关系。1999 年来到北京后，蒋立佳先在我国第一家互联网公司瀛海威做科研用户发展部总监，主管国内第一个互联网网站“瀛海威时空”的运营。在这里，他详细了解了信息管理技术方面的知识，为今后做产品技术开发打下了良好基础。随后国家信息中心中经网的工作又让他开始接触商业数据库，知道如何去组织信息，如何把信息价值体现出来。“而真正给我灵感的是中经网的一档节目叫《财经视频》。当时，在整个领域，多媒体数据库还是个空白。当时我就想，我有很好的技术和行业理解，为什么不能针对不同的人群把不同的视频内容组织起来，形成视频数据库呢?”说干就干，2004年，蒋立佳辞去中经网的工作，自己创业，于是就有了爱迪科森，有了我国第一个视频数据库——《网上报告厅》。

作为东北人，蒋立佳身上具有东北人的特征——热情、直率、仗义。但由于是技术专业出身，他身上又兼具着技术人的那种沉稳。正是这两种性格相互影响，成就了一个成功的视频数据库服务商。

# 全景赛斯　推广 SAAS 模式<br>引领 E-Learning 行业

近年来风行于国际互联网界的 SAAS 模式成功登陆中国市场，并渐渐成为一种潮流，据悉早在 2005 年，很多国内 IT 公司就开始提供基于 SAAS 的应用，如 ERP，CRM 和邮件服务平台等，然而对于消息比较闭塞的 E-Learning 行业，SAAS 仍是一个崭新的陌生概念。北京全景赛斯科技发展有限公司（以下简称“全景赛斯”）董事长兼 CEO 陈忠苏看中了这块待开垦的处女地，率先使自己的公司成为中国首家在E-Learning行业提供 SAAS 技术的提供商。SAAS 究竟是什么？全景赛斯如何在E-Learning行业推动其应用？《中国远程教育》（资讯）执行主编夏巍峰为此与陈忠苏对话，揭示 SAAS 的内涵，以及全景赛斯的创新运营模式。

## 三个“为什么”

**夏巍峰：** 您有着非凡的求学经历及从业经历。曾有二十年的 IT 工作和四年风险投资经验，在华尔街工作近十年，至今仍兼任时代创投执行董事，投资和管理着三家 IT 企业，同时还是欧美同学会的副会长。那么为什么您会选择 E-Learning 行业并投身其中？

**陈忠苏：** 两个重要原因：第一个原因：我是做 IT 出身的，对 IT 行业的发展一直都很关注，近几年也投资了一些 IT 公司，大概十年以前在美国就对 SAAS 模式有所研究并曾在一个 SAAS 公司工作过（当时还没有 SAAS 这个名词），所以对 SAAS 模式的技术和商业特点还是认识比较深刻的，因此近年来也一直关注 SAAS 技术在中国的发展，并寻找这方面的项目。但很遗憾，中国的 SAAS 技术公司基本上都是在成熟的应用领域，如 ERP 或

CRM 等已有的成熟产品上，再做 SAAS 架构上的重新开发，新型的 IT 公司的产品基本上都无法突破龙头企业如 ORACLE，SAP 等公司的产品功能和性能。

北京全景赛斯科技发展有限公司董事长兼 CEO 陈忠苏

第二个原因：中国的培训市场规模巨大，但目前行业比较分散，行业整合还在初期阶段；E-Learning 行业经过十年的发展开始获得社会的重视，可以说是处在爆发型发展行业的前夜，但行业还没有清晰的价值链划分，规模化和高效率的发展生态还没有形成；培训企业同质化的无序竞争比较严重，合理的分工与合作的格局还没形成，这就是行业还没有成熟的标志。比如在 E-Learning 技术方面产品很杂乱，产品的性能和功能都不够大规模运营，没有一个公认的系统或平台让用户毫无顾虑地去使用，更没有成熟的领军型的产品。市场正在期待着领军型的产品出现，全景赛斯会作为E-Learning技术的引领者，我有信心将它塑造成为领军型的企业。



**夏巍峰：**作为一个投资人，您却自己创业去做一个公司，且亲自管理和负责公司运营，您为什么会做出这样的选择?

**陈忠苏：**作为一个投资者，我这几年都在寻找值得投资的 E-Learning 行业的项目，有些曾经看过的项目现在已经不存在了。原因很多，其中主要问题是同质化的公司太多，无法判断哪个企业最终可以领先；各个培训公司的业务战线拉得都太长，没有明显的核心竞争优势，基本上都是做大而全的业务，即管理咨询、培训、课件制作、系统开发等。但是它们有一个共同点，那就是它们想要融的资金的用途几乎都有一部分要用来自我开发 E-Learning 系统，这是一个行业不成熟的表现。E-Learning 系统只是“工具”，培训教学机构应该使用“工具”去为它们的客户提供服务，而不应该将精力和资源花在制造“工具”上，这种原理在每个成熟的行业都适用，比如，运输公司就不应该自己去制造汽车，医院也不应该去生产医疗设备等。

由于我本人的 IT 背景，我对 E-Learning 的 IT 系统产品市场做了简单的调研，发现这个市场还很混乱，国内的 E-Learning 系统达到 100 多个，大部分是从培训公司或学校内部自用系统演变成产品。当这些系统厂商的

E-Learning业务无法做大的时候，才将自己的系统卖给客户，而且好的系统是不拿出来卖给竞争对手的。有能力处理大规模，批量用户（上百万个用户）能力的系统和平台在市场上根本找不到。这种现象有点像美国的20世纪80年代的ERP系统和CRM系统的行业局面，当时因为市场上没有成熟的ERP和CRM产品，很多企业自己开发ERP系统（其实只是系统中的某些模块），会计师事务所建财务系统，企业的人事部和人力资源咨询公司建人事管理和薪酬系统，工厂建采购和供应链管理系统。告诉您一个“秘密”，我本人早期也曾经编写过程序开发财务管理系统，人事管理系统和客户管理系统，但用了几年之后，这些系统全都被类似ORACLE的ERP系统和CRM系统替代掉。今天我们无法想象客户会去会计师事务所买财务管理系统，去人力资源咨询公司买人力资源管理系统。所以，我认为目前中国E-Learning系统“百花齐放”的时代将很快过去，最终将会有几家领军性的专业IT厂商的系统替代现有市场上使用的大部分E-Learning系统。

另外一个原因是从技术角度看的，我认为中国的E-Learning企业的最基本因素（但不是唯一的因素）是要有高容量的、快速的E-Learning平台，否则企业“成功之日”（如有数十万用户），就是倒下去之时（因为平台不能承受大量用户），我个人近期接触的一些E-Learning系统供应商已经遇到这个问题。我个人的IT经验主要是设计和开发股票交易系统，我设计过的交易系统能处理数千万个用户，每秒钟可以处理数万笔交易。我的这些经验不是一天获得的，是经过将近二十年的时间从小系统到大系统逐步积累而来的。因为中国的E-Learning行业的发展还在初级阶段，行业内没有遇到这样的需求，所以大系统开发和设计的人才几乎找不到，因此这件事情就必须我自己来做。这就是为什么我选择亲自管理和负责公司运营的原因。

**夏巍峰：**您创办的全景赛斯是E-Learning行业首家SAAS模式服务商，为什么要选择这样的服务模式？据您了解，SAAS模式在国外或者其他行业有哪些成功应用？

**陈忠苏：**全景赛斯成立的宗旨就是作为一个专业的SAAS技术服务提供商，E-Learning平台只是其中的应用之一，今后根据公司的发展情况和市场环境，我们可能还会进入其他行业。我选择SAAS这个领域主要是因为我确定传统的软件产品的优势已经发挥到尽头，没有太多的发展机会了，因此有人说SAAS将是软件行业的“最后一顿午餐”。SAAS技术经过近十年的发展已经证明了它的技术可行性和商业价值，我相信在今后的若干年，这个技术还有很多发展空间。SAAS模式在美国有个很成功的先例，那就是 Saleforce.com 公司。因为我个人与这家公司的早期的高层人员有些来往，所以比较关注他们的发展。这个公司的主要产品是提供基于 SAAS 模式 CRM 系统服务，于 2004 年在纳斯达克上市，目前的市值将近 70 亿美金。现在连 ORACLE 和 SAP 公司等大型软件公司的业务都在向 SAAS 方面改变。微软也在大力推广 SAAS 的应用，我们公司的主要技术骨干就曾经负责微软在中国的 SAAS 业务。我十年前在美国的时候开始要做的项目就是与 Saleforce.com 同类的产品，但因为要回国才中断了那个项目，现在重新进入这个领域就很自然了。

## SAAS 模式将促进行业发展

**夏巍峰：**中国的 E-Learning 行业近十年进展得不是很快，您觉得面临的主要问题是什么？

**陈忠苏：**我认为中国的 E-Learning 行业近十年进展不是很快的最重要原因是传统的培训市场都还不成熟，培训行业的主体即培训公司本身的资源不足，服务质量不高，商业模式不合理，造成很多培训企业核心竞争力不明显。因此资本就很难支持培训机构更好地投入研发和大规模的市场推广，培训机构的扩展大都只能靠自身的现金流逐步发展。这样的发展路径给培训企业迅速扩大运营规模，提高服务质量带来很大的限制。另外一个原因和中国的企业特点有关，那就是中国的大企业大部分是国有企业，并且都有或多或少的国企垄断性质，它们本身经过不同的阶段转型，管理能力有所提高，但主要的竞争力还是靠政策的支持，所以国企的成功案例复制性不强，高级管理人才流动性差。培训企业很难利用主要资源——大国企的成功案例和大国企中的管理骨干。很多本土的培训师是没有管理过大型企业经验的高校教师出身，因此很多培训课程偏重于灌输概念和理论探讨，对实际问题的探讨偏少。培训行业存在的问题决定了 E-Learning 发展的基础不够牢固，影响了 E-Learning 行业的发展速度。当然，影响 E-Learning行业发展速度的还有其他因素，比如，早些年因为网络带宽太贵加上长期以来 E-Learning 系统的重复建设，造成太多的资源花在技术上，占用了培训、教学机构太多的资金，使它们没有足够的资源投入到课件制作、市场推广上。很多 E-Learning 课件仅仅是简单的课堂录制、网上播放，造成 E-Learning 供应商处于只能在低质量和高成本之间做选择的困境。很明显，不管供应商做出哪一种选择，客户都不会接受。近期我发现有一些在行业内很多年的 E-Learning 供应商，因为长期亏损到了强弩之末而不得不停止运营。

**夏巍峰：**那么，SAAS 服务模式的推广和应用将会给行业发展带来哪些促进？

**陈忠苏：**SAAS 服务模式推广和应用将缩短 E-Learning 行业的技术发展周期，重复建设的时间和经费浪费少了，很快实现向 SAAS 模式转变的跳跃。由于 SAAS 服务模式的推广和应用，E-Learning 行业的实施风险会大大减低，企业 E-Learning 的总体成本（TCO -Total Cost of Ownership）也会大幅度降低，服务质量将会随之提升。我相信会有其他厂商认识到 SAAS 服务的价值和前景。我也注意到全景赛斯的 ATEL 平台发布之后，已有厂商开始将他们的战略发展方向转移到 SAAS 的研发。同时也会促进行业的合理分工与合作，中国将不会有 100 多家基于 SAAS 技术的 E-Learning 平台服务商，有可能只有几家，最多十多家主要基于 SAAS 技术的 E-Learning 平台服务商就能满足市场的需求。因为要打造一个企业级的高性能、高效率的基于 SAAS 技术的 E-Learning 平台，只靠几个程序员编写程序是很难完成的。我相信全景赛斯的出现和 ATEL 平台的推出将有助加速目前中国 E-Learning 系统产品从“百花齐放”阶段过渡到只有几家专业 IT 公司提供 E-Learning 系统或技术服务平台的阶段。



**夏巍峰：**您觉得 SAAS 模式在 E-Learning 行业能得到推广应用的基础是什么？您觉得会遇到的最大挑战是什么？

**陈忠苏：**SAAS 模式在 E-Learning 行业能得到推广应用的基础主要是它的商业价值，任何产品和服务，只要有商业价值，客户就会接受。我认为 SAAS 应用的最重大的挑战应该是技术问题，包括平台容量（如何同时处理上百万用户），安全性（如何在公网上保护客户的资料和课件的知识产权）和系统性能（如何让用户学习时不会遇到系统延迟）等技术问题。解决这些技术问题正好是全景赛斯的优势所在。

## ATEL 平台的服务价值与竞争优势明显

**夏巍峰：**全景赛斯推出的产品——ATEL 新型交互式在线培训及知识管理平台，这个平台由哪些系统组成，具有哪些主要功能？

**陈忠苏：**ATEL平台系统由五个子系统组成：（1）业界通用的学习管理系统（LMS）提供完整的网络学习环境，协助学员自主安排学习活动、课程选择、课程套餐激活、日程安排和记录学习笔记等。（2）内容管理系统（LCMS）支持业界通用的SCORM课件标准。（3）虚拟教室系统（LAMS）模仿真实教学活动的学习管理系统，可以提供学习辅导、提问反馈、学员交流等教学相关功能。（4）强大的后台运营管理系统，我们称作SAAS Portal，这个子系统功能庞大，包括计费功能、统计功能、授权功能、批量处理、对外数据交换等。（5）我们专门开发了安全管理子系统登录、身份认证等系统安全管理功能。

**夏巍峰：**ATEL平台推出后，必然与现有的定制平台技术开发商形成竞争。你们的竞争优势在哪里？

**陈忠苏：**全景赛斯的ATEL平台竞争优势主要在三个方面：第一，ATEL系统架构方面，我们的系统架构具有高度的可扩展性，它可以根据需要在短时间内扩大系统容量和提高性能，我们的技术团队有大规模、关键性系统的开发经验，保证了这种优势的可持续性。第二，运营模式。我们的客户是培训机构，与客户互利双赢，全景赛斯与客户不构成任何竞争性业务，因为我们不制作课件，不跳过培训教学机构直接找最终用户（学员）。据我了解，现有的平台技术开发商几乎都直接迈进最终用户所属的企业或自己也提供课件。第三，就是先入为主优势，我们的产品已经发布，并在不断完善。高性能、大容量的SAAS平台的开发比传统的E-Learning软件开发要复杂得多，短时间内很难开发出稳定的产品；对现有传统的E-Learning软件进行二次开发可能比重新开发的周期还长。

除了上述技术优势、模式优势和时间优势外，我们还有独特之处，那就是我们有强大的资金做后盾。我是个人投资界的一分子，并在华尔街和证券交易所有多年的工作经验，对资本市场运作有很深刻的了解和广泛的人脉关系。在公司成立之初，我对公司发展各阶段的需求已有了融资安排，目前已经完成了第二轮融资。我想这种优势一般公司是很难有的。

**夏巍峰：**你们面对的目标客户是哪些？你们将为这些客户带来什么样的价值？

**陈忠苏：**全景赛斯的目标客户主要是培训、教育机构，包括企业培训公司、政府部门的培训中心、各种学校，还包括课件制作公司等。从客户的角度看，ATEL给他们带来的第一个商业价值是"提高系统实施效率"，即缩短客户的项目实施时间，并且排除了系统工程失败的风险。第二个商业价值是"降低E-Learning技术投资风险"。客户只需要很少的"系统初装费”（几万元人民币）就可以顺利地将系统搭建好。通常情况下，建设一个可用的 E-Learning 平台的投资少则数十万，多则上百万或几百万人民币。ATEL 的收费模式由两部分组成，第一部分是“系统初装费”，第二部分是系统使用费（即按学员学习时间收费，固定每小时收若干元技术服务费）。对于一个培训、教学机构来说，如果他们的 E-Learning 课程卖不动，后续的系统使用费就不需要交。ATEL 的第三个商业价值是“减少总体技术开支”，无论客户的课件质量高低、市场规模大小，使用 ATEL 的总体技术开支（TCO-Total Cost of Ownership）也一定少于客户自建 E-Learning 平台的费用。

**夏巍峰：**全景赛斯的商业模式是互利双赢，全景赛斯与客户不构成任何竞争性业务。请您详述这种商业模式的具体内容。

**陈忠苏：**我们的收费模式决定了我们必须依赖客户的成功促成自己的成功。客户业务量的大小，决定全景赛斯收到费用的多少。这就是所谓的互利双赢，所以我们现在也花时间协助客户拓展业务。全景赛斯与客户不构成任何竞争性业务主要体现在我们与客户服务的领域完全是互补的，我们的客户是培训、教学机构或课件制作公司，我们为他们提供技术服务，他们利用我们的技术去开展 E-Learning 培训业务或销售他们制作的课件。事实上我们目前正在与几个客户组成合作团队，共同参与一些 E-Learning 项目的竞标。



**夏巍峰：**培训和教学机构都有自己的客户群体，怎样保证他们的业务在同一个平台上不产生冲突，从而保证客户品牌的独立性？

**陈忠苏：**第一个问题要从技术角度来解释。SAAS 的理论体系中，平台架构有三个要素——可配置性（Configurable），多住户（Multi-Tenant），可扩展性（Scalable）。ATEL 的技术架构实现了多住户（Multi-Tenant）特点，我们的每一个客户（培训和教学机构）相当于 ATEL 平台中的一个住户，它们的学员群体就是这个住户中的个体。打个比方，ATEL 平台就像一个办公大楼，我们的客户（培训教学机构）就像一个租用大楼办公室的公司，它们的用户就像它们公司的员工或访客一样出入它们的办公室，每个公司自己管理相关人员的出入，并采取相应的安全措施，大楼里的来往人员就不会走错门。全景赛斯就像大楼物业管理公司，负责整个大楼的出入管理、维护和安全。因为每个住户的空间是隔离的，所以在 ATEL 平台上我们的客户的数据在后台是严格分开的，保证了它们的业务在同一个平台上不产生冲突。这就是 SAAS 模式的美妙之处。

品牌独立性问题相对简单，因为 ATEL 平台的首页和页面框架的皮肤是可配置的（Configurable，也是 SAAS 的一个要素），每个客户可以选择自己的页面风格作为系统的皮肤，一般来说，客户的 E-Learning 系统皮肤包含自己公司的 Logo，颜色和字体也采用它们自己网站的颜色和字体。虽然用的是同一个 ATEL 平台，但是每个客户的 E-Learning 系统都会沿用自己原有的品牌和形象，这就保证了客户品牌的独立性。

**夏巍峰：**中小培训机构依靠差异化进行生存。启用 SAAS 模式后，培训和教学机构如何来体现自己在技术、商业模式、管理模式等方面的差异化？

**陈忠苏：**启用 SAAS 模式后，培训和教学机构在技术上的差异化就不存在了。它们的主要精力和资源就可以投入到商业模式设计、提高课件质量、销售策略制定和市场推广等方面去，客户的差异化运营应该从这些方面入手。ATEL 系统支持多种销售策略，对课件的质量、数量，课时长短没有特别要求，目前只支持业界通用的课件标准——SCORM。商业模式和管理模式，如收费制度、收费方式等都没有具体限制，客户可以根据自身的优势和需要设计合适的模式来体现差异化。



## 未来前景

**夏巍峰：**全景赛斯的核心产品 ATEL 平台已正式发布，开始商业化运营，目前进展如何？客户如何评价你们的服务？

**陈忠苏：**目前已有多家培训机构开始使用 ATEL 平台，有的完成了课件上传并开始对外销售，有的还在调试和准备课件。ATEL 发布之后，市场反应相当热烈，全国多个省市都有培训机构来电咨询，现在正与二十多家潜在客户接触，并具体介绍系统功能和总体架构，其中包括多个国家部委的培训中心。客户对技术及模式评价总体很好，但少数潜在客户对我们公司成立时间不长还有点儿犹豫，这一点我们可以理解，也在我们的预料之中。新的公司，新技术，加上新模式，有这种反应我们觉得很正常。虽然是少数潜在客户有这种疑虑，但每一个客户对我们都很重要。我想这种疑虑很快就会消失，国外很多成功的创新型公司的例子可以证明这一点。我们的服务带来的商业价值是很明显的，技术指标是可以客观衡量的，通过事实，通过我们的产品质量、服务质量、成功案例就可以打消他们的疑虑。

**夏巍峰**：公司未来发展一定会需要投资，目前投资人又是如何看待你们的？

**陈忠苏**：投资界对我们的模式反应相当强烈，很多家认识我的和不认识我的投资机构都主动找上门。投资家们的眼光相当敏锐，有的本身就从事过 E-Learning 工作，他们接触过很多案例，对全景赛斯的前景相当看好。只是我们刚融完一轮资金，目前不缺资金，可能还要等一段时间才考虑下一步融资事宜。

**夏巍峰**：作为 E-Learning 行业的新晋者，全景赛斯希望达到的愿景是什么？

**陈忠苏**：我们希望全景赛斯与 E-Learning 行业共同发展，因为我们的商业模式合理，能给客户带来商业价值，公司上下充满活力，可持续发展条件好，完全有可能当 E-Learning 技术领域中的领军型企业，为大量的中国培训教学机构提供优质服务，减少他们的成本，让他们将有限的资源用来提高他们的核心竞争力。促进中国 E-Learning 行业健康发展，为打造“学习型社会”做出自己应有的贡献，同时让公司发展成所谓的“伟大的公司”。



（吕瑶/整理）

## □ 人物印象

# 陈忠苏：重量级人物的优势

吕　瑶

他 1980 年考上北京大学，读一个学期后就赴美留学，在美国 20 年从理学学士读到工程博士，在华尔街金融机构做到了技术主管，在美国创立了风险投资公司。响应国家人才引进政策的号召，受国家外国专家局的推荐和中国证监会的邀请回到国内，他不仅负责了中国证券史上规模最大的技术系统项目——上海证券交易所的新一代系统开发项目，更领导了《中国证券交易信息交换协议》标准的制定工作，为中国的证券业制定了自己的数据交换标准，同时参与了中国金融期货交易所的筹备工作。他就是原中国旅美科技协会副会长、美中科技创新促进会秘书长——陈忠苏博士。

一直以来，凡是他想做的事没有做不成的，这样的经历会使每个即将与其见面的人产生压力感，先入为主地认为他必定是一个锋芒毕露、盛气凌人的人，然而一见面这些顾虑就会一扫而光，他的谦和、爽朗、亲切，能消解你心理上的所有防备和不自在。在长达两个半小时的对话中，我一直在从旁观察、分析，到底是什么因素构成了这种性格魅力？是与人为善的心态，是善于寻找商机的智慧。陈忠苏在谈话中喜欢和别人找共同点，发现对方的长处，寻找共赢方式，这种谈话方式不会让谈话对象感到不快，相反在互相肯定的前提下谈话对象会很快进入最佳状态，越聊越热络。

“在美国20年，我积累了政府、大学、企业及华尔街的工作经历。回到国内，我所经历的中国证券业的发展是美国百年所走的历程。”

陈忠苏说，他的经历是全景赛斯的优势。而我们希望全景赛斯的优势也能成为整个行业的优势。因为行业需要重量级人物的进入，尤其是懂运营、懂资本、懂技术的人。

# 弘成　让网络教育引领学习潮流

在网络教育服务行业中，它的名字是绕不开的话题，是不容忽视的力量；它的存在不但标志着一种业务模式的成功，更代表着一种踏实稳健的境界、一种不断创新的精神，它就是弘成教育。2009 年，与中国现代远程教育试点同龄的弘成教育也迎来了十年华诞，回顾十年来不平凡的成长历程，弘成人有哪些感悟？弘成人如何看待中国网络教育的成就与缺陷？弘成未来的发展规划是什么？《中国远程教育》（资讯）执行主编夏巍峰特地与弘成教育集团 CEO 黄波对话，以揭示弘成对网络教育发展的见解。

## 弘成十年　引领网教创新潮流

**夏巍峰：**首先祝贺弘成教育集团成立十周年，这十年大家有目共睹，弘成走过一条不平凡的发展道路。回顾成立之初，您是否还记得十年前的弘成是什么样子？

弘成教育集团 CEO 黄波

**黄波：**弘成发展十年，可以说有了天翻地覆的变化，记得从 1999 年到 2001 年，企业基本上处在生产状态，主要的工作是做课件，那时的企业管理，无论从企业精神、企业远大目标、企业战略制定上，还是在财务制度、人事制度上，相比今天来说，不可同日而语。现在新进员工第一天来就知道做什么，而从 1999 到 2000 年，人力资源部仅有一个人，只负责工资，所谓职业规划、目标设定、绩效考核等一系列流程几乎都没有。从业务来说，当时网络教育的模式也没有今天这么清晰。互联网带宽很窄，对于网络教育形式很多人存有疑义，怀疑网络教育是否可行。当然从企业发展看，肯定是从创业到成熟，最初的这段路必然是要走的。十年走过来，我们希望今后的路走得更实在一点儿；管理上，系统建设上，团队建设上看得更清楚一点儿。

弘成为什么能走到今天，我认为是先发优势，进入行业比较早，进入的时机比较好，而且对进入的第一个伙伴——人大网院的选择正确：人大本来在成人教育方面就做得领先，再加上我们团队的执行力，我们与网上人大合作的业务模式探索获得成功。第二是资金优势，我们在 2000 年网络泡沫结束的当口融到 700 万美金的资金，帮助我们在 2000—2004 年这个阶段解决了业务扩展的资金需求问题。第三，核心管理团队相对稳定，保证了企业在十年里稳扎稳打一路走过来。第四，弘成的文化。弘成的文化是务实、创新。在执行层面上我们一直是低调而务实，同时在业务模式上睁大眼睛寻找创新的业务。第五，我们在合作中奉行的双赢理念，就是在合作中尊重对方，为对方考虑，最后达到双方都能获得价值和结果。我们相信，院校获得价值，弘成同时也能获得价值。如果我们只考虑弘成的收获，可能就不会走到今天。合作的理念和原则伴随我们走过了十年，所以弘成今天的成功有偶然性，也有必然性。



**夏巍峰：**如果划分阶段，弘成十年的发展可以分为几个阶段？

**黄波：**1999—2004 年是企业的开拓期；2004—2007 年是企业发展十分迅猛的阶段；2007 年到现在，是在专业化、精细化，在创造客户价值上更进一步。以前我们主要从做事情本身的角度出发，现在我们更多是从客户和学生的角度看问题，无论是研发、招生、市场，还是后方支持团队（包括人事、行政、财务等），现在所有的考核标准和倡导口号都是为客户创造价值。虽然这说起来简单，但是所有的流程、目标设定、出发点都要从这个角度考虑，就很复杂。下一个十年，我们会把现有的学历教育服务做得更扎实，从技术、招生、市场、服务，到后端整体运营支持服务，把最基础的底子打好，把服务的每一个环节做得更好。不管我们做 ISO9000、内控合规，还是我们现在运营部门做的“零事故率”的考核，所有部门、所有流程、所有服务环节，以及所有人员的目标制定上，都把客户价值放在第一位。十年前或五年前，我们追求的是事情是不是做了，是不是做好了，今天我们关注的是这件事做完之后，是不是给用户带来了价值，让用户满意了，让学生感觉学有所获了？是不是产生了良好的口碑？

**夏巍峰：**与十年前相比，现在的弘成已经具备了多大的规模，取得了哪些成绩？包括服务的院校、员工人数、股票市值等等。

**黄波：**1999—2000年，我们只为一所网院——人大网院服务。2000年6月，我们的员工大概是90多人，大部分在教学部门制作课件。今天，弘成团队已经达到1400多人。在2000年12月以前，公司的收入是零收入，虽然有一些培训和考研辅导的收入，但几乎可以忽略不计。现在弘成的股票市值近2亿美元。到目前为止，通过弘成平台学习的已注册网络学历教育学生共有30多万。

**夏巍峰：**您认为，弘成十年为行业带来了哪些价值和经验？

**黄波：**我认为首先是模式创新，网上人大这种业务合作模式为网络教育带来了活力，尤其是机制和市场活力。我们知道传统的成人教育还带有一点儿计划经济的痕迹，而网络教育相对来说是市场主导的，通过网上人大的模式探索，我们在机制上，市场运营上，技术应用上都有创新，在行业中引领了创新的潮流，激发了一些市场的活力。

## 最深感悟　教与学是弘成业务的立足点



**夏巍峰：**弘成教育与中国网络教育同岁，都走过了十年发展历程，作为行业排头兵，弘成在发展过程中没有现成的经验可以借鉴，唯有创新才有出路，而我们知道创新和规范是一对矛盾，教育是格外强调规范和质量的行业，在行业愈加规范的环境下，今后弘成将如何保持创新精神和创新力，并稳步前进？

**黄波：**网络教育往下发展一定是更加规范，今天可能大家推崇的是文凭，对网络教育的要求没有那么高，但是在今后的发展中，如果你不能给学生提供价值，再过几年可能就会被淘汰。从弘成的发展，我们已经很清楚地看到网络教育发展的轨迹和趋势。前十年，由于技术等原因，我们谈到网络教学，更多的是“教”，老师通过视频等方式向学生授课，是典型的单向传播，学生只是被动学习，体会不到传统课堂师生间的互动和交流；而未来，弘成会把教学的“学”作为重点，吸取传统教育方式的优势，让网络教育在今后十年真正引领互动学习的潮流，人们到网络上来学习，不仅仅可以拿文凭，还可以学习生活中方方面面的知识和技能。我们会尝试移动学习的方式，让学生用方便快捷的方式学习更多有质量的知识。我们会帮助网络学院增强市场竞争力，让网络学院提供丰富的学生社区活动，真正能够为学生充电，帮助学生找到好工作，交到好朋友，认识好老师。

当学生回想这几年在网络上学习的经历时，能够切身感觉到充实，有意义，从而真正体会到成就人生的过程中，网络教育为他们提供了不可或缺的价值。

**夏巍峰：**教育水平的不均衡其实源于教育资源供给的不均衡，这一点在教育服务行业内早有共识。您认为对于改变中国教育资源所具有的不均衡性，弘成这样的从事网络教育服务的企业应该扮演什么样的角色？

**黄波：**网络教育应该对不发达地区提供更大的价值，以101网校为例，学生最多的地区是在东北和西北，原因是当地的教学资源没有北京这么丰富，而在高考压力下，需求又十分迫切，所以学生和老师在缺乏资源的时候会向网络教育倾斜。但是在网络高等学历教育方面，不发达地区人们的需求还没有这么明显，可能由于经济的原因，当地人们对就业和升迁的需求还没有这么强烈，同时他们的经济支付能力有限也是阻碍他们继续学习的因素之一。宏观上，网络教育在不发达地区收费相对偏低，国家层面上在中西部政策倾斜方面也做了很多事情，我想随着当地经济的发展，那里的学习需求也会逐渐旺盛，这时候把资源提供给他们，效果会更好，弘成在这中间肯定会尽一份力。

**夏巍峰：**教育讲究的是质量和教学效果，这就需要增加很多的投入，而企业是追求效益的单位，通过十年实践，您是否找到了两者的平衡点？

**黄波：**做教育服务企业跟其他消费类企业不一样的地方，就是要找到一个教育的质量和数量的平衡点。教育服务行业的回报周期比较长，要先把质量做好，慢慢做口碑，口碑做到一定程度，学生、家长、教育机构会主动上门找你，甚至都不需要做广告了。因此做教育服务的企业只要想到今天的研发成本和创新成本，是为以后减少市场成本做努力，那么就会觉得现在多下工夫是非常值得的。

**夏巍峰：**2009年对于中国网络教育事业是总结的一年，也是收获的一年，您作为其中的实践者与行业代表性企业的领导者，对中国网络教育服务行业最深切的感悟是什么？

**黄波：**行业刚起步的时候，我是从互联网的角度看弘成，觉得它是一个互联网企业，但今天走了十年后，更多的感触是互联网是一个工具，弘成是一个教育服务企业，教与学才是弘成业务的立足点。所以今后用什么方法让学生愿意来学，让老师愿意用最大的热情来教，核心的教学体系和教学内容是什么？成了我们下一步发展最核心的内容。我们重点要把机制做好，这个机制不是机构的机制，而是针对教师和学生的机制，比如：研究如何把教师的奖励机制与学生的人数挂钩，让教师天天琢磨自己的教学法和教学模式怎么才能让学生更感兴趣。从学生角度，研究怎么让他们形成同学的氛围，互帮互学，并树立更高的目标，获得成就感。

## 网教未来　市场仍起调节作用

**夏巍峰：**说到网络教育的优势，我们就会想到“五个任何”（任何人、在任何时间、任何地点、从任何章节开始、学习任何课程）与主动学习，双向互动与实时全交互，内容丰富与多媒体生动表现，个性化教学和自动化远程管理等，您认为，现在网络教育是否已经把它的优势全部体现出来了？弘成在未来如何将这些优势继续放大？

**黄波：**网络教育的优势，诸如方便、快捷、灵活，在各大网院都已经体现出来了，但互联网的互动性和黏着性，以及网聚人的力量的优势，在网络教育上并没有体现。把上述优势体现得最好的是网络游戏和QQ一类的即时通信工具。我们发现，现在网络教育学生在与老师沟通，与同学沟通的时候往往不在网院的BBS上，而是在自己组建的QQ群上。为什么网院BBS没有吸引学生，我认为关键是机制，我们要把网络即时沟通工具和网络游戏的机制引入网络教育，让网络教育拥有自己的更好的即时沟通社区，这是弘成下一步要做的事情之一。另外，打开互动的圈子。目前，网院相对来讲还是一个封闭的系统，老师和学生在一个学校一个专业里面，学生的圈子和老师的圈子没有打开，学生还不能跟老师交朋友，在学习上获得更多的指导，至于得到老师在人生观方面的指点和励志就更不可能了。网院只是把课件往平台上一放，有问题可以提，24小时或48小时内回复，除此以外没有对学生的需求做更深层次的挖掘。而这个问题在网络基础教育方面已经有了很好的突破，101网校的网上答疑可以做到即时回复，答疑系统已经是一个开放的系统，全国各地有4000位认证老师在支持它，只要有学生提问，马上可以回答，这样学生和老师的互动圈子就被打开了，互动性增加的同时黏着性也体现出来了。我们希望今后网络学历教育也能做到这一点，更加具有互动性和黏着性，能够真正网聚人的力量，把学习者聚到网院，形成网络学习的团体。

**夏巍峰：**虽然目前网络教育的优势还没有充分发挥出来，但网络教育的市场却在不断地迅速发展扩大，您认为支撑网络教育发展的原因是什么？

**黄波：** 第一是政策，关于网络教育的政策十年来虽然有所调整，但大体上是逐步开放的。第二是经济，经济越发达，学习的需求越迫切。今后我国产业升级对从业者的知识水平、技能水平，以及个人素质的要求会越来越高，传统高等教育不可能完全满足产业升级和经济发展所需的大量培训要求，网络教育和民办教育是填补需求差额的必然补充。网络教育与人们的学习需求息息相关，只要有需求，网络教育就能发展。十年前我们从服务网上人大开始，到现在，我们一直是跟着教育的需求在走，需求就像指挥棒，它指到哪里，我们就跟到哪里。我们相信今后十年，中国经济能够快速发展，这样网络教育也会有长足的发展。从长期发展趋势看，网络教育在发展的过程中，市场仍然会起调节作用。我觉得网络教育刚刚走出初期，还处于发展期中，在专业化、市场化和精准化方面都需要时间来积累。在这个大浪淘沙阶段，要想让网络教育在社会上能够有一个真正的认可，无论是服务上，还是效果上都还需要时间去检验。哪个网院的支持服务做得到位，学生需求和社会专业需求挖得深，哪个网院就有发展潜力。

**夏巍峰：** 据有关调查机构分析，未来中国网络教育的市场规模还将高速发展和扩大，对此您有什么看法？您认为，网络教育服务行业新的增长点在哪里？



**黄波：** 过去十年，中国网络教育的发展有目共睹，最引人注目的就是学历教育，从几千个学生到二三百万学生，随着经济的发展，这块业务还会稳步增长。以美国凤凰城大学的发展为例，2000 年凤凰城大学在线有二三万学生，现在有三十万学生，而美国高等教育的毛入学率是 45%，在这个基础上还有这么高的增长，何况中国目前只有 22%的毛入学率，增长空间仍然非常巨大。如果政策允许更多的学校开展网络学历教育，并在校外学习中心审批上更流畅，那么网络学历教育下一步发展会更快。第二个增长点是技能培训和职业培训。中职、高职现在面临很多挑战，他们都在思考下一步在教学模式上怎么创新，怎么让学生学到有用的知识，在就业的时候能发挥作用，因此，引入更优质的网络资源必然成为他们发展的方向。此外，IT 类、财会类职业培训的发展也会加速网络教育服务行业的细分。第三，随着家庭在教育投入上的持续增加，中小学网络教育也会持续增长。以上这些需求都是增长点，问题是我们的业务模式和服务模式能否把学生吸引过来，让他们学到所需要的知识。

## 弘成目标　打造中国网教航母

**夏巍峰：**中国网络教育又一个十年即将到来，弘成的增长点在哪里？面临着怎样的机遇和挑战？

**黄波：**我们在学历教育服务的业务还会增长，在此，新项目的增加和弘成公共服务体系的发展是增长点。教育服务行业的规律是，做得越久，质量越高，口碑就越好。我们希望我们提供的项目都是学生最想学习的，同时弘成学苑下一步在市场模式、服务模式，以及与企业合作的探索上都要创新。我相信，弘成学苑在未来的三到五年里，会成为我们的重要增长点之一。当然我们也面临着挑战，与奥鹏相比，奥鹏依托电大体系，优势是起步快，而我们弘成学苑强调的是核心竞争力的打造，尽量依靠自己的力量，不管是市场的拓展能力，还是内部的服务管理，人财物管理制度的建设，队伍的建设，都能做到位，总部发出的指令，下面的学习中心当天就能执行。我们不寻求单纯覆盖面大，而是希望做得精和细，把品牌和质量打出来，同时希望能够形成弘成服务特色，比如，能够从励志的角度，或者从职业规划的角度为我们的学员提供更多的积极的服务，把弘成学苑打造成一个学生服务的强有力的窗口，走入企业、行业，走进社区。



中小学网校方面我们一直在拓展教学模式，以前是被动式的教学模式，现在增加了答疑网和互动课堂。刚才也提到过，答疑网上有四千名认证教师，可以形成学生与学生，老师与学生的即时沟通。互动课堂是实时的教学，比如在北京，请一个老师，与几十个学生实时沟通。除此以外，适当的时候对一些重要的课程我们也会组织一些网下的辅导。我们觉得，网校的教学模式更贴近用户和学生，我们希望把握住从小升初、初升高，到高考每一个环节的需求，通过互联网、社区、手机，提供全方位的服务。101网校是一个纯市场化的网络学习平台，完全基于市场需求，我们希望通过它的模式探索，成功后再复制到成人学习的社区里。

**夏巍峰：**弘成十年前提出的目标是上市，现在实现了，那么下一个十年，您为企业设定的目标是什么？

**黄波：**做到十年的时候才发现，真正要做成一个企业十年远远不够，很多事情还没有做。“美的”已经做了四十年了，它的很多东西逐渐形成了章法。在没上市之前，你觉得自己的规模和业绩已经很好了，等你走上了这个台阶，你才发现，在上市企业里面你的规模还是小的，所以，要继续努力，向一个国际化的企业一步步地迈进。

弘成在网络教育服务领域是做得最早的企业，所以我们希望除了学历教育之外，在其他业务，包括培训和中小学课外辅导等方面都做出特色，通过积累，把教育的方方面面涵盖进去，将企业打造成中国网络教育服务行业的航母，成为拥有十亿美元市值的公司，同时也是最有社会价值的教育服务企业。

（吕瑶/整理）

## □ 人物印象

# 柔韧中的坚强

吕　瑶

曾经被员工比喻为无比宏大，无比美好，同时又无比茫然的目标，通过十年不懈的努力终于梦想成真，作为女掌门人，她功不可没。十年来，她以特有的恬静与淡定带领弘成走过了十年发展之路，成功地完成了上市的宏大目标，把弘成推上国际化道路。她用自己的乐观和韧性影响着客户、员工，乃至与她接触过的每一个人。

与黄波谈话是一种享受，她和风细雨般的声调可以让人瞬间忘掉外界的喧嚣，回归平静。听弘成的老员工讲，从来没有看到过黄总发火，哪怕是企业初期那么艰苦的时期。所以真的很难想象，这样一位温文尔雅的女性竟然是在美国上市的中国企业中唯一的女性CEO。

其实对每一位CEO来说，挑战大多相似，企业未来的发展战略、人才的储备等，困难并不会因为你是女性而手软。

黄波表示："我觉得女性不管是做教育服务企业，还是做其他类别的企业，优点就是比较感性，相对来说敏感一些。然后，女性的韧性比较强，对很多东西的承担能力比较强，好多男性领导者的抗压能力不一定比女性强。现实生活中也如此，家里最贫困的时候，扛起家庭重担的反而可能是母亲。实际上，在压力面前，女性的毅力和坚定的信念可能比男性持续时间更长一些。"

在十几年的职业生涯中，黄波说她最大的体会就是做任何事情都不可能没有风险。企业在发展过程中，每个阶段都有每个阶段的坎儿。在面对不可预知的风险和问题时，她会首先分析到达目标的不同路径，在不同的路上，预判可能会遇到什么样的风险、什么样的问题，在这时候，前期的调研是非常重要的。之后，她会做出相对最好的选择。在执行过程中，还需要根据状况的变化，及时、不断地去调整、修正方向，保持一种不浮躁的心态，将风险看成是事情本身的一部分。这样，风险对自己的决策就不再是阻碍，无论遇到什么事情，都没有过不了的坎儿。

“往往一个坎儿过去了就会想下一步怎么走，想出各种各样的办法挖掘下一步发展的策略和途径。”黄波说，做事业就要做自己感兴趣、觉得有意义的事情，这样就会投入更多的热情和精力，会有积极面对挑战的态度和韧性。做网络教育服务企业，她感到非常骄傲，因为在为网络教育机构和学生服务的过程中，通过弘成的服务和做的事情，对一些人的人生观和世界观的形成起到了作用，并可能会影响他们一生职业生涯的发展，这种成就感比经济回报更多更大，让她感觉人生的意义感更强。

# 易迅方舟　主动出击
# 做 E-Learning 行业的领头羊

2003 年，三个志同道合的伙伴在北京成立了北京易迅方舟科技发展有限公司。他们将公司定位于E-Learning行业产品和服务的提供商，致力于为企业提供 Learning Zone 培训管理系统、课程开发工具、相关国际标准集成和精品课件定制开发等服务。经过在E-Learning行业六年多的打拼，如今易迅方舟在全国已经拥有上百家用户，其中多数为国有大中型企业，且行业涉及金融、银行、汽车制造、电力、软件、通信等。相对于那些在大浪淘沙的竞争中逝去的 E-Learning 供应商来说，他们无疑是幸运的，更是有着标本意义的。而对中国 E-Learning 的发展，及其目前的市场现状，他们有着怎样的看法？对公司以后的发展，他们又有着怎样的规划呢？2009 年 2 月 11 日，《中国远程教育》（资讯）执行主编夏巍峰与三伙伴之一——北京易迅方舟科技发展有限公司 CEO 赵晓民进行了交流。

## 中国 E-Learning　稳步发展、有待成熟

**夏巍峰：** 从 2003 年到现在，在带领易迅方舟不断前进的同时，对于E-Learning的发展，相信您也有自己的看法。如果用几个字来概括近几年来中国E-Learning的发展的话，您觉得应该是什么？

北京易迅方舟科技发展有限公司 CEO 赵晓民（左）

**赵晓民：** 我觉得应该是“稳步发展、有待成熟”。目前，国内 E-Learning 市场发展速度可以用不温不火的表现来形容，E-Learning 市场虽然在发展当中，但没有

达到大家所期望的那种爆炸性的增长。追其原因应该是比较复杂的。又如，中国的市场环境；比如，企业也包括个人对 E-Learning 的了解和接受还在按规模和层次逐步地提升。此外，我觉得还有一个重要原因，那就是在中国的 E-Learning 供应商中，还没有出现一家有足够的实力去影响甚至统一市场的厂商。就像中国 IT 方面的联想，奶业方面的蒙牛、伊利那样类似领头羊的企业。

**夏巍峰：**在您看来，中国 E-Learning 市场的现状是怎样的？

**赵晓民：**如果和几年前相比，我觉得应该对中国 E-Learning 市场现状感到欣慰，这个市场确实越来越好了。最开始，说我们是做 E-Learning 的，客户可能要问什么是 E-Learning，我们要不断地解释，给客户去灌输这种 E-Learning 的培训理念。而现在，提起我们，客户多数会说："易迅方舟我们知道，我们也知道 E-Learning 是怎么回事。"所以我们可以直接看客户有没有这方面的需求，然后再看怎么来做。还有一点，现在不仅仅是大型企业或者跨国集团等一些比较有实力的企业考虑做 E-Learning，我们接触的一些民营企业，如恒安纸业、锐捷网络等，也开始在做E-Learning。也就是说，E-Learning 正在从最开始的大型企业慢慢地向中型企业过渡，现在应该是 E-Learning 在中型企业蓬勃发展的一个时机。我相信，随着市场的发展，E-Learning 会逐渐走进小型企业中去。



如果也用几个字概括中国 E-Learning 市场现状的话，我觉得应该是"市场潜力巨大、发掘力度不够"。在中国，各类市场的基数非常巨大，同时又有巨大的企业数量，因此，中国有着世界上最广阔和最有潜力的市场。随着中国与世界逐渐接轨，这些企业将越来越重视培训。作为企业培训最好的手段之一，E-Learning 也将随之共同发展。伴随着网络的不断提速，终将成为企业培训的必要组成。

**夏巍峰：**据相关数字统计，中国 100 多亿元的网络培训市场中，企业的网络培训还不到 10 亿元。与资金雄厚的企业相比，个人教育占了绝大多数。您觉得，制约中国企业 E-Learning 实施的主要因素有哪些？应该如何解决？

**赵晓民：**制约中国企业 E-Learning 实施的主要因素有两个，一是企业对培训的认识和重视程度不够；二是中国网络状况。要想改变这种现状，关键是需要企业自身认识到培训的重要性，这主要是由企业自身发展决定的。而我们服务商能做的就是帮助企业更快、更直接地感受到 E-Learning 的好处。易迅方舟的做法是建议企业从具体的、简单直接的培训项目入手，把它作为 E-Learning 初期建设的契机，待有了实际成效之后，再考虑让

E-Learning在企业中发挥出学习型企业基石的作用。

## E-Learning 市场将三分天下

**夏巍峰：**您认为中国 E-Learning 将来的发展走向是什么？

**赵晓民：** 随着进一步发展，中国 E-Learning 市场将会分为三块。第一块是学习管理系统。学习管理系统是现阶段 E-Learning 市场中潜力比较大的一部分，如果最终发展成为一个比较成熟的模式，我感觉学习管理系统市场里也会细分为三个部分，一部分是由国际厂商，比如像 SkillSoft、SumTotal 这些大厂商进入到中国后占领的非常高端的市场。另外一部分就是针对小型企业，比如一百人之内的企业，这些小型企业做 E-Learning 更多地可能会用 ASP 模式，即租用的模式。剩下一部分，就是我们国内的这些厂商，可能是专门针对中型企业。这可能就是学习管理系统的一个势头，一个走向。

另外一块就是通用课程。通用课程也是当前中国最急需的一部分。现在，中国有比较多的企业已经开始建立 E-Learning 系统了，而建完后最需要的就是课程。因为对于培训来说，内容还是最主要的。课程这一块，我认为今后可能会分成两种，一是租用的模式，比如说按人数、按使用的时间和范围来租用，第二就是由中国国情而导致的课程销售模式。在潜意识里，中国人不太认可和接受租用的方式；相对于租赁来说，中国人宁愿多花很多钱，也要把东西变成自己的，这样心里会很踏实。所以，客户更倾向于购买课程，而不是租用。

还有一块市场可能就是定制课程开发，还有一些工具类市场。这块也是结合中国市场而来的，比如说定制课程开发的制造类企业，像摩托罗拉、安利、海尔，它们会针对自己产品的推广或售后服务做一些相关的培训。这样的话就会有一些定制课程开发的需求，课件制作工具和实时交流工具等也会有一些市场。但这块应该不是 E-Learning 未来的一个主流，主流还是学习管理系统和通用课程。

## 与竞争对手拼服务

**夏巍峰：**刚才您也提到 SkillSoft 这样一些国际厂商，相对于这些国际化的公司来说，本土化公司应该怎样跟他们竞争？

**赵晓民：**国际厂商有它们的优势，但如果是进入到中国的话，它们的劣势也会比较明显。就我们的经验来讲，第一，这些国际厂商的客户化服务是非常不完善的。在人员方面，还有对其产品的技术改造方面，它们都没办法跟上，而这个问题在短时间内是根本无法解决的。还有一种情况，国外厂商一般不关注客户化，即使客户付出高昂的费用做了，最后改出来的东西也不一定是客户想要的，这就是国外东西本土化很困难的问题。国际化的厂商将它们的系统汉化过来，只能说是“汉化”，只是简单的翻译，但对一些功能的使用、对企业的管理结构等流程设计并不见得适合中国客户；而这块正好是我们这些本地化的企业所擅长的地方，也是我们足以和国际化公司抗衡的地方。

**夏巍峰：**除了跟国际化厂商抗衡，还要和本土 E-Learning 厂商竞争，您觉得目前 E-Learning 市场整体的竞争环境如何？

**赵晓民：**坦率说不好。就像我最开始说的，中国的 E-Learning 市场还没有出现一个或几个领头羊企业去制定一些标准，所以大家更多的时候是根据客户去变，依据客户要什么、各厂商有什么，然后大家去拼价格。这是一种非常不健康的竞争方式。在这种情况下，我们并不会一味地去跟其他厂商拼价格，我们会更多地突出我们的服务。

**夏巍峰：**有了领头羊，整个市场的竞争环境就会健康吗？

**赵晓民：**领头羊企业能够规范产品的标准和服务的模式，通过它的实力去引导这个市场。如果一个企业成为了领头羊，它就可以根据自己的经验推广出一种服务模式，把这种模式的好处告诉企业用户，然后向全国推广，让更多的企业去接受这种模式。因此会有更多的企业投入到 E-Learning的建设当中。这样，E-Learning 市场就迅速扩大了。同时，在这个模式下，各 E-Learning 供应商的竞争也会更多地针对产品和服务的特色。

我感觉应该采取这样的服务模式，即根据客户培训的现状决定哪些地方需用 E-Learning 方式去解决，随后提出一个服务方案来说明通过这个方案能达到怎样的效果，然后就是怎么样去评估。我相信这种方式一定能够给客户一个更清晰的 E-Learning 解决指导。

**夏巍峰：**易迅方舟是怎样吸引大众型企业，甚至是在华的世界 500 强企业导入 E-Learning 的？在与其他 E-Learning 提供商竞争过程中，易迅方舟之所以能够取胜，肯定与产品、服务、团队等各方面因素都是密不可分的。其中，您觉得最具有决定意义的一个是什么？请用一个案例来说明。

**赵晓民：**服务，绝对是服务！而这也是客户对易迅方舟认可度比较高的主要原因。根据我们多年的经验，客户在导入 E-Learning 前其实是非常担心的，因为之前没有任何经验，谁也不知道要如何做才能做好。因此，客户都希望能够找到一个产品有实力、服务到位、经验丰富的供应商。而我们在向客户展示产品实力和丰富的经验的同时，不会对客户乱承诺，而是告诉客户我们的服务是最贴心的，并会用实际行动来证明。举个例子，刚开始推 E-Learning 时，因新鲜感大家都会去上。但由于电脑配置等诸多原因，可能会出现有学员访问不了课程的情况。这时，我们的技术支持、我们的服务会马上跟上，帮助他们及时解决问题。这样就大大降低了 E-Learning在企业内部推广中的难度，客户也能够更切身地体会到我们的贴心服务。我们的原则就是承诺的就要做到，所以客户有什么问题，只要给我们打电话，我们马上就会做出响应。

至于我们怎样吸引大型企业，让它们对易迅方舟感兴趣，我举一个航天二院的例子。从 2005 年至今（2009 年），我们与航天二院一直保持着非常好的合作关系。但他们在实施 E-Learning 之前非常担心，担心怎样才能做好。在航天二院选择 E-Learning 服务商之初，很多厂商去竞争，我们是他们最后接触的一个。我们并没有跟航天二院说得过多，只是告诉他们我们产品的技术实力，包括稳定性都没有问题，然后提供了一些我们的客户，包括东风汽车、广西移动等，让二院自己去拜访，去了解客户的实际使用情况。了解回来以后，航天二院还是有些担心。正好他们在系统上线之前要先做一门课程，我说，我们帮你们做。在整个课程的制作过程当中，我们的服务、沟通，以及对客户需求的理解，都赢得了二院的认可。基本上这个课程做完以后，双方就确立了合作关系。

**夏巍峰：**易迅方舟是一个本土化企业，而你们服务的客户有些是进入世界 500 强的企业，对于如何由服务本土化企业向服务国际化企业过渡，你们有怎样的想法？

**赵晓民：**虽然说客户是世界 500 强的国际化企业，但它们在中国最强调的一点还是本土化，比如像三星、摩托罗拉，像安利、LG，它们都会尽量去适应中国的国情，努力适应中国员工的思维方式。所以，只要是我们在中国国内合作的客户，并不会有太多文化上的差异，我们要做的就是提高我们的产品质量和服务质量。如果一定要说有什么不同，也的确有一点，就是这些外企有它们自己的工作习惯和工作标准，譬如，它们要求效率很高，要求要有实时的反馈。所以针对外企的这些特点，我们制定了一些固定的流程，从而也赢得了它们的认可。

## 做有责任感的 E-Learning 厂商

**夏巍峰：**通过六年多的发展，易迅方舟的全国用户已达上百家，且多为国有大、中型企业，涉及金融、银行、汽车制造、电力、软件、通信等行业。通过与各行各业客户的接触，您能否总结一下，它们在E-Learning方面的共同需求是什么？

**赵晓民：**在推广 E-Learning 的过程中我们发现，由于 E-Learning 是一个相对比较大的项目，往往需要企业有专人负责 E-Learning 的推广和维护，而培训部门又往往人手不够，这就需要我们能够帮助企业做一些力所能及的事情，以减轻企业培训部门在 E-Learning 推广工作中的负担。



**夏巍峰：**E-Learning 的导入门槛高导致很多企业望而生畏，因此，E-Learning供应商纷纷想办法降低这个门槛。易迅方舟在这方面也有专攻，具体是怎样做的？

**赵晓民：**我觉得有两方面：第一是从费用上来讲。E-Learning 对于一些大型企业来讲，可能它的费用根本不算什么。但随着国内企业对E-Learning的认可，更多的中型企业、民营企业对 E-Learning 感兴趣，但它们会觉得几十万甚至上百万元的费用可能门槛很高。从这个角度来讲，我们正在逐步地把我们的产品转到通用化的水平上来，转向通用化的好处是什么呢？就是希望凭借完善、全面、灵活的通用产品，减少用户的客户化开发工作，缩短实施周期，降低实施成本，为用户提供真正“质优价廉”的产品，从而从价格上来降低这个门槛。

从另外一个角度讲，很多企业认为 E-Learning 门槛很高是因为上面所谈到的问题，它们认为需要有专人负责 E-Learning 的推广维护，这与培训部门人手不够有矛盾。从这块来说，首先，我们在服务上给客户更多的支持，比如说除了帮助客户解决一些实际的使用问题外，还帮它们做一些工作，如课件的转换、上传、资料整理等一些简单的工作，当然这些是不收费的。其次，提供一些工具上的支持，或者是多次的使用培训。总之，通过不断完善自身的服务、规范服务流程、总结实施经验，为客户提供更加实用、贴心的服务支持，全面从 E-Learning 实施的各类细节为用户提供支持，这也大大降低了 E-Learning 实施和推广的门槛。

**夏巍峰：**您曾经说过，易迅方舟要做一家有责任感的 E-Learning 厂商，在努力将自己的产品和服务做到最好的同时，也要为国内 E-Learning 市场的发展尽自己思考和呼吁的责任。在这方面，易迅方舟都做了哪些尝试？

**赵晓民：**这些年来，在推广 E-Learning 的过程中我们接触到这样一些客户，它们之前上过一些其他的系统，或者尝试了一些 E-Learning 的方式，但感觉不是很好。不好的原因是什么？其中非常重要的一点可能是某些厂商缺乏责任感。或者并不是说它们有意这样做，而可能是缺乏 E-Learning的实施经验，所以只是把它当作产品销售给客户，客户拿到这个产品后，不知道怎么去用，推广不起来，供应商也没有人去管，或者是解决不了，从而最终导致了客户使用不好。而我们希望，只要是我们帮助实施的客户，就一定要成功地帮助它们推广起来、运用起来，做就要做到底，承诺了就一定要兑现。

我们提出“让我们服务的每一个用户都能发挥 E-Learning 本身应有的效果，切实地为企业培训提供强有力的支持与帮助”的口号，这本身就是压给自己的一种责任。我相信责任源于能力，能力越强，责任越重。我们要通过实际行动和结果影响每一个用户，从而影响中国 E-Learning 的发展。



## 放弃等待　主动出击

**夏巍峰：**经济危机对于 E-Learning 供应商而言，是机遇还是挑战？在经济危机环境下，易迅方舟的战略部署有无变化？

**赵晓民：**这是现在比较时髦的一个话题。经济危机会影响到各行各业，任何一个行业和企业都躲不开，E-Learning 也一样，但却是一个比较复杂的情况。对企业来讲，经济危机会导致费用缩减，如果缩减的话，第一个要砍的就是培训经费，因为培训是不能给企业带来直接效益的。但在缩减培训经费的同时，企业还要保证自己日常培训的进行。所以，一些中、大型企业会看重 E-Learning 的特点，更多地以更加节省培训经费的 E-Learning 的形式组织培训，这会使 E-Learning 的机会更多一些。但一些实力相对较弱或受经济危机影响较大的企业，他们的第一选择还是砍掉本已很少的培训经费。因此，E-Learning 的总体上市场还是会缩小。

我感觉 2008 年并不能算是经济危机的高峰，2009 年应该会是经济危机后的严冬。在这个大环境下，易迅方舟正在做积极的应对，包括致力于提升产品的通用性、实用性，以降低实施成本，给客户尽可能的优惠，以提升产品竞争力。另外，易迅方舟还将努力推出更加适合用户的产品，让客户的培训经费能够买到品质更加超值的产品。

**夏巍峰：**在这种情况下，对企业培训部门开展培训，您有什么好的建议？

**赵晓民：**谈不上什么太好的建议，我认为，首先，要考虑经济危机下企业自身的发展策略是什么，这样一个发展策略会产生怎样的培训需求，这两点是要结合在一起的。同时，一定要从节省费用角度考虑，根据这些培训需求，适当地采用 E-Learning 方式。我并不建议企业完全采用 E-Learning方式，因为这种方式并不适合所有培训，它只是企业培训当中的一个补充、一个组成。



**夏巍峰：**六年多的创业路，您有什么感受？和创业时相比，现在心态上又有哪些变化？

**赵晓民：**创业的过程很艰苦，那是肯定的。但我们一直有一个非常坚定的信念，就是中国的 E-Learning 市场必定会蓬勃地发展起来，易迅方舟也一定会在这个市场中立足。易迅方舟成立之初，或者说成立后的前几年，我们抱着一种等待的心态，就是说我们要等待这个市场发展起来以后，再从中占有我们的市场份额。但近一两年来，当越来越清晰地意识到缺少领头羊企业对行业发展的制约后，我的思想发生了转变，我觉得不能一味地去等待。谁把这个市场做起来，谁就是领头羊了。那为什么不是我们去把这个市场做起来呢？我觉得要更主动一些。

如果我们主动一些，其他厂商也会更主动一些，那么这个市场会成长得更快一些。这可能也是我们易迅方舟强调的责任感，我们要主动出击，争做行业的领头羊。这是一个目标，一种理想。现在中国的 E-Learning 市场面临着很大的机遇，正确的理念加上正确的产品，再施以正确的市场推广方法，我觉得领头羊这件事并不是遥不可及，我对易迅方舟有信心。

（潘超/整理）

## □ 人物印象

# 赵晓民的自然之道

潘 超

打开北京易迅方舟科技发展有限公司的网站，一股清新、自然的感觉扑面而来，翻看首页，六个字顿时涌上心头——简约而不简单。四个板块，LMS学习管理系统、课件定制开发服务、通用课程系列产品和中华学习地带分别对应着四个画面——一望无垠的沙漠上，两个人引领着一个长长的驼队奔向目的地；几艘小船航行在湛蓝湛蓝的海面上，海鸥时而在上空划出一条弧线；碧绿的草地上，牛儿悠闲地吃着草；岩石边上，一条瀑布飞流而下。画面虽然简单自然，但细细品味，“承载希望、放飞梦想”的寓意蕴含其中。

这样一个风格的网站，正是出自易迅方舟CEO赵晓民之手。欣赏孔子，受孔子坦诚、自然、规矩的处世方式影响，无论工作中还是生活中，赵晓民更喜欢融入自然、顺其自然，并强调自身修养。他说:“压迫会让人很沉重，从而丧失了很多激情，顺其自然更好。”

与远程教育结缘也是如此。计算机专业出身的他，大学毕业后做过技术支持，做过软件开发，还做过市场。在做软件开发时无意中接触到的学习管理系统给他带来很大的震撼，了解越多，他越坚信E-Learning是一个前景广阔的行业，值得自己当成终生的事业来做。后来，正好遇到两个志同道合的伙伴，就自然而然地一起组建公司开始E-Learning行业的打拼。

从2003年成立到现在（2009年），在大浪淘沙的激烈竞争中，易迅方舟不仅活了下来，还活出了自己的规模，活出了自己的特色。六年多的创业路，和其他创业者的感觉一样，赵晓民说艰苦是肯定的。E-Learning在中国还是个很摩登的名词时，很多企业都不知其为何物时，怎样让企业了解？如何让市场接受？企业预备导入E-Learning时，怎么样去跟竞争对手竞争？怎样研发产品？如何让客户认可易迅方舟？创业的过程可以说是困难重重。“幸好我们的信念足够坚定，就是坚信中国的E-Learning市场必定会蓬勃地发展起来，我们的目标足够单纯——把E-Learning做好，从中获利，让易迅方舟成长为一个健康的企业。我们坚持下来了。”赵晓民说。

易迅方舟是一个年轻的团队，平均年龄在二十四五岁左右。出任这样一个年轻团队CEO的赵晓民也只有三十三岁。虽然已经带领着自己的团队干出了一番成绩，并对公司未来的发展有着自己周密的战略计划，但被问到管理哲学时，他却笑着说：自己在管理方面的经验还很欠缺，不敢妄谈哲学。员工就是一个战壕的战友，只是希望不断完善自己，坚定、执著于E-Learning事业，顺其自然、潜移默化，希望自己能影响整个团队，团队能影响客户，从而共同建设一个健康的E-Learning行业。

# 讯连　进军中国大陆 E-Learning 市场正当时

中国台湾 E-Learning 的发展起步要比中国大陆早四到五年，因此，作为“过来人”，台湾嘉宾的经验之谈在各式 E-Learning 发展交流会上一向都会成为关注的焦点。2008 年 2 月，台湾讯连科技股份有限公司与艾康（上海）信息技术有限公司签订合同，艾康公司正式成为讯连科技“Stream Author 串流大师”及“CTMS 培训大师”在中国地区的总代理，这也标志着讯连科技正式进军大陆市场。那么，中国台湾 E-Learning 供应商在大陆的反响如何？讯连科技为何选择这时进军大陆市场？他们是如何看待大陆市场的？又有何战略计划呢？《中国远程教育》（资讯）执行主编夏巍峰与讯连科技股份有限公司的副总经理吴家宁就此进行了深度对话。

## 台湾的 E-Learning 已进入主流市场阶段

**夏巍峰：**台湾的 E-Learning 发展到今天，您认为都经历过哪些阶段？

**吴家宁：**早在 1995、1996 年，我还在 IBM 工作的时候就开始接触 E-Learning了，应该还是蛮早的，所以对于台湾的 E-Learning 的发展，我心里的感触很多，E-Learning 的成熟度真的发生了很大的变化。我认为E-Learning要发展必须具备三个条件——网络、课件和学习动机。但在十几年前，几乎哪个条件都不成熟。首先，那时的网络不普及，在校园或大型企业里，还可以勉强做一点点 E-Learning，但很

讯连科技股份有限公司的副总经理吴家宁（右）

难拓展，因为一旦离开了学校或企业，外面根本不可能通过这种方式去实现学习；E-Learning 要成功推行，课件是非常重要的，那时候，多媒体技术还没有现在这么成熟，课件的呈现基本是文字方式，只可以做很少的测验，非常没有吸引力；此外，大部分人学习计算机不是被老师要求的，就是被企业老板要求的，不具备学习动力，很难做到有效学习。因此，那时的E-Learning无法发展起来。

一项新技术被大家接受要经历很多阶段，E-Learning 的发展也是如此。一开始有所谓的早期使用者，他们使用之后会影响到早期大众，然后再影响到一些比较主流的市场。我觉得台湾的 E-Learning 已经超过了早期使用者、早期大众阶段，到了一个主流市场的阶段——多数企业已经认识到企业未来的竞争优势就是学习，不学习就得出局。现在很多企业都在急着做 E-Learning。

企业培训要不要做？我认为，培训对每个企业来讲绝对是重要的。那么培训可以通过哪些方式来做？E-Learning 只是一个很简单的方式。以买书为例，无论是在网上买还是在书店买，重点是我买到了一本书，而不是我怎么买的。和这个道理相同，如果哪天，大家的关注点不再是 E-Learning中的“E”，而是“Learning”，我工作的过程是学习，看书是学习，上网也是学习，那时，可以说 E-Learning 就成熟了。



**夏巍峰：**台湾 E-Learning 产业发展的第一个五年计划已经结束。在第一个五年计划中，台湾当局有关部门很好地充当了点火人的角色。他们的主要决策是什么？作为供应商，您是怎样看待台湾当局有关部门在 E-Learning产业发展中所起到的作用？

**吴家宁：**万事起头难，绝大多数企业都不想做第一个，特别是在新解决方案、新技术面前，这时，行政的推动就尤为重要，E-Learning 更是如此。国内没有什么成功的经验，国外的经验又不见得能进来。负责推动E-Learning的 HR 在多数企业中又处于弱势，而且也没有人知道到底应该怎样推动。所以一定要有一些激励措施让这些企业愿意当第一个。这样才能积累经验，无论成功还是失败，总可以让后面的企业有个参考。

2003 年，台湾当局有关部门推出了台湾 E-Learning 产业发展的第一个五年计划，充当了“点火人”的角色。具体来说就是在一些具有代表性的企业当中推出了补助方案，如果哪个企业真想做 E-Learning 的话，你可以提出计划书。在计划书里需要很严谨地说明做这件事对企业战略发展有什么价值、要达到什么成效、有多少门课程等等。通过这样的方式，就可以把企业的高层也网罗在其中。台湾当局有关部门，除了在评比过程中设立一些规范外，还要比较每个企业的示范作用到底有多大。因为如果某个产业只有一两家企业，即使做成功了，影响也是非常小的。所以台湾当局有关部门优先考虑的对象是那些热门产业，特别是早期，大型企业比较容易得到台湾当局有关部门的青睐，当见到成效后，会有很多大型企业跟进。第一个五年计划结束后，我们看到有很多实施 E-Learning 的标杆企业出现了。

此外，台湾当局有关部门的补助计划每年都有一些不同的政策方向，比如要补助传统产业、补助中南部的企业、补助小型企业等，这样，慢慢地，像拼图一样，一开始是大型企业，然后，逐块逐块地拼起来，让不同规模、不同行业、不同区域的企业都有示范企业。在台湾 E-Learning 发展进程中，台湾当局有关部门的作用是不容忽视的。在台湾产业中最主要的还是中小企业，所以，在第二个五年计划中，台湾当局有关部门已将关注点更多地放在中小企业中。

**夏巍峰：**在知识经济时代，创新带来技术更新，这使产品的生命周期越来越短，员工知识的折旧速度也越来越快。如何让员工有效率地获取新知已成为企业存续的关键。请您给我们介绍一下目前台湾企业导入 E-Learning的情况。E-Learning 在台湾的企业里担当了什么角色？其未来的发展走向是什么？

**吴家宁：**台湾的大型企业大概有五六成已经导入了 E-Learning，中小企业导入的数量也在逐月递增。对于已经导入 E-Learning 的大型企业来说，他们会做得更深、更广。不仅在课程设置上和应用的深度上向更高层次发展，还会慢慢地向人才管理方向移动。E-Learning 不会单独存在，如果单独存在，它的价值是低的，一定要和绩效、能力、职能，最主要的是要和接班人计划结合在一起，变成一个完整的人才管理平台，这是一个趋势。此外，台湾 E-Learning 的发展已经从金字塔上半部慢慢地下移。现在可以清楚地看到中小企业导入 E-Learning 的数量在逐年增大。还有一点就是，导入 E-Learning 的客户已经把仅仅局限在自己企业的数字学习向外辐射到自己的客户中了，通过 E-Learning 方式提升客户的能力以便进一步提升自己的竞争力。

## 讯连是台湾 E-Learning 行业的领军企业

**夏巍峰：**作为数码家庭软件解决方案及 E-Learning 解决方案提供商，讯连科技在台湾的客户已经发展到 100 多家。客户的主要分布是怎样的？他们在 E-Learning 方面的主要需求是什么？

**吴家宁：**从讯连来看，客户最多的是高科技业。台湾最重要的产业是高科技业，他们对知识管理和人员素质提升的紧迫性是非常高的；金融产业是 E-Learning 很重要的一个发展方向。在金融从业人员考取金融证照的过程中，如果不通过 E-Learning，不仅很难学到那么多相关知识，而且成本会非常高。所以，台湾的金融产业几乎都使用 E-Learning。最近发展很快的是医疗产业，台湾医院有很多层级，如果能从一个层级进入到更高层级，就可以获得更多的东西，比如说台湾当局比较多的补助。但要想晋级就必须通过台湾当局有关部门对这些医院的医学评鉴，包括医务人员必须拿到多少证照，要开够多少门课等。这些都是蛮重要的驱动力量，让企业自发地去做 E-Learning。



目前台湾正在兴起的是服务产业。过去，服务产业 E-Learning 的推进是比较慢的，因为服务业的点太多了，又不见得每个点都有电脑设备。不过有了我们新推出的租赁方式，这个产业面临的问题也慢慢得到了解决。

**夏巍峰：**在推广 E-Learning 过程中，大型企业与中小企业的不同之处表现在哪些方面？你们针对大中小企业推出了什么样的解决方案？

**吴家宁：**在台湾，中小企业占多数，所以大型企业的成功对中小企业的影响不大。只有中小企业中有了成功案例，才会出现这样的情况——“他跟我一样没有太多的资源，但他成功了，且对企业的帮助非常大，我也要向他学习”。有成功企业在媒体上亮相后，就会有同级企业的老板说：“我在报纸上看到你们了，你们做得很好，你们是找谁做？可以和我们分享吗？”这样，推进的连锁反应就出来了。

为此，我们有针对性地扶植一些中小企业，推出了租赁方式，这大大降低了导入 E-Learning 的成本。租赁方式在国外是很流行的，譬如，在美国，有 60%的企业通过自建来导入 E-Learning，剩下 40%都是通过租赁的方式。租赁方式蛮适合台湾的产业，首先，台湾的产业中，大型企业不太多。此外，台湾有很多连锁加盟企业，这类企业的特点就是据点多、人员流动快。因为是加盟的关系，让他们花 30 万、50 万人民币建立一个系统来培训加盟店，这种可能性是非常小的。“我还不知道自己能经营多久呢，有必要做这样一个长期的投资吗?”很多企业主都会这样想。所以租赁方式有一个很好的市场。

通过租赁方式，慢慢地就能做到对整个产业的企业用户比较完整地涵盖。大企业资金比较多，把 E-Learning 看作完整的企业人才管理的一部分，可以通过自建方式导入 E-Learning；中小企业没有那么充足的资源，就可以选择租赁方式导入 E-Learning。事实上，租赁方式对大型企业来说也是有益处的。HR 不必再辛苦地向老总争取很多钱来导入一个平台，可以先选择租赁的方式。执行一段时间，成效出来之后，无论是持续选择租赁方式，还是增购系统，对 HR 来说，都有一个比充分的理由来说服老总。

**夏巍峰：**在台湾，讯连科技在 E-Learning 方面处于什么样的地位?

**吴家宁：**讯连科技最早是软件厂商，最重要的是平台，然后是工具，像“串流大师”。但随着越来越多的企业成功导入 E-Learning，我们对业务做了一些调整。一开始我们是一个产品提供者，可是后来我们发现，如果这个企业没有很成功，即使不是产品的问题，当有人问起产品提供者是谁时，其实也会影响到讯连的声誉。为了让我们的客户非常成功，我们建立了自己的顾问团队。在随后的工作中我们发现，顾问就是协助企业导入 E-Learning，是这个项目成功与否的关键环节，它甚至超过了平台和工具。一个项目要成功有几个重要的因素，平台很重要，没错；工具很重要，没错；课件很重要，也没错。可是把这些包装在一起在企业内部做推广，减少内部阻力，最后出成效，顾问团队的服务是必不可少的。我们把客户视做自己的策略合作伙伴。讯连是台湾企业培训管理领域中唯一一家上市公司，在台湾，讯连的客户不敢说是最多的，但数量一定是前几名。

**夏巍峰：**您曾经说过，高科技比的是人才，每一家企业都想找到对的人加以培育，当然更希望他们留任下来，因此需要导入数字学习。讯连科技由自身的发展经验，意识到了数字学习的趋势，其实这也正是台湾高科技产业的需求缩影。请您谈一下讯连数字学习的发展历程。

**吴家宁：**大家对讯连可能有一点陌生，全世界 50%以上的 DVD 播放器都是讯连做的，台湾的软件有两大国际品牌，讯连是其中之一，因此，讯连是台湾高科技的一个代表，是一个典型的知识经济公司。讯连有 600 多名员工，其中八九成都是研发人员，他们都是台湾一流学府出来的，因此，人才成了企业里面非常重要的资产。对人才培养的重视程度，在台湾的企业里讯连应该算是一个标杆，是少数拿过人力资源创新奖的企业。

讯连员工每天工作时间较长，在这样的环境下，员工还会认为讯连是一个最佳雇主，肯定是有原因的。第一，公司为员工提供很多培训的机会，整个 E-Learning 已经成为讯连员工生活的一部分，我们有太多的课程，员工想学什么课程就有什么课程。第二，每个员工都被公平地对待。我们采用的是目标管理绩效评估制度，即 360 度评估，不只是老板对员工做评估，员工也可以评估老板。做高科技产业，知识更新速度非常快，如果你掌握的速度比别人慢了，你开发产品的速度就会慢下来，你的竞争力就会消失。所以讯连经常把研发人员送到国外去参加各式的会议。他们回来之后通过 E-Learning 的方式让全体员工都了解最近的技术趋势是什么。参加会议的员工回来之后要做一个星期放到平台里，我们确定哪些人必须学，这样，一个星期之内，所有该知道的人就全知道了，这对企业能力提升的帮助是非常大的。

## 平台、工具和顾问团队是最大优势



**夏巍峰：** 2008 年 2 月，讯连科技选择艾康公司为合作伙伴，作为“StreamAuthor 串流大师”及“CTMS 培训大师”在中国大陆的总代理。您为什么看好并进入大陆市场?

**吴家宁：** 我们现在对进军大陆市场有非常大的热情，原因是我们已经准备好了。其实，一两年前我们就开始和艾康接触，那时我们就在评估要不要进军大陆。但当时，第一，我们的成功案例还不够多，我们想要积累各行各业的成功案例，只有我们跟各行各业的企业一起做过很多项目之后，才能建立一个比较强大的顾问团队。我认为这个团队是未来我们做市场推广时的一个必备条件，大陆的企业会需要我们的经验；第二，我们的产品也在不断改进，我们希望当产品销售到比较远的地方，战线拉长了之后，我们的支持能力能够跟上。作为一个负责任的软件厂商，永远要把支持能力考虑进去。我们做了很久很久的准备，现在，我们已经准备好了。

**夏巍峰：** 你们在中国大陆市场推广的进展如何？遇到的主要困难是什么?

**吴家宁：** 在市场开发部分，我们目前是通过艾康做代理，因为艾康在中国大陆已经经营很长时间了。如果我们自己过来的话，在这边我们没有人脉，我们希望通过艾康找到一些企业，当一些标杆企业确定之后，我们的支持团队就会过来了。我们的团队已经在中国台湾整装待发，我们要让客户非常非常的信赖，让他们知道，只要他们有问题，我们就在他们旁边，而不单是只有平台、工具，我们希望能够把客户拉到一个战略层次，而不只是技术伙伴。现在还好，从台湾来很方便了。

**夏巍峰：**与大陆 E-Learning 提供商相比，讯连科技的竞争优势是什么？

**吴家宁：**平台、工具和一个强有力的顾问团队是我们最大的竞争优势。讯连本身是一个“联合国”，我们有很多外籍员工，几乎遍布每个国家。我们的产品也是面向全世界各地的，在制作产品时，本着国际化的思维，我们制作出来的产品也都是国际化的。但毕竟我们还是一个中国品牌，与那些国际大品牌相比，进驻大陆市场我们有绝对的优势。另外，我们支持的能力很强，我们已经做到产品的功能都是多弹性的，可以根据客户的需求去做调整。因为有太多的企业在做，我们不可能帮每个企业去做二次开发。

**夏巍峰：**现在从事 E-Learning 的公司非常多，同类产品性能差别不大。您觉得应该怎样正确选择和运用？

**吴家宁：**第一要看公司的经济能力，第二要看产品的成熟度。另外，要想清楚采购到底是什么，是一个项目，还是一个产品？台湾很多企业在这方面都有痛苦的经验。有些企业觉得自己对 E-Learning 很了解，所以就告诉厂商，我要你们怎么做。做出来之后，随着企业的发展，却发现自己当时的想法是错的，于是又开始不断地改，改到最后都没有人知道这是一个什么东西了，这是一个很大的问题。其实很多像我们这样的厂商接触到了太多的企业，会比客户有机会看到更多的东西。所以，我建议客户不要过于把自己的主观意愿放到选择的评判砝码中来，选择一个值得信赖的厂商，跟着厂商走并与其建立策略伙伴关系是比较好的。

## 期待更多的战略合作伙伴

**夏巍峰：**台湾企业的 E-Learning 发展要比大陆相对成熟。您对大陆的企业 E-Learning 产业发展有何建议？

**吴家宁：**我经常来大陆，尤其是最近。在和很多企业谈的过程中，我发现大陆的首要问题是观念，没有人想做“第一个吃螃蟹的人”。比如说我碰到一个企业主，他是做服务业的，在全国都有点，而且点非常非常多。他问我有没有跟他情况类似的客户，即在一、二、三级城市都有点，那些城镇有些甚至连网络都不通。我很坦白地对他讲，我没有，大陆任何一家厂商也没有。你如果想跑第一的话，不可能一味地等待这样的案例出现了再做。可以先小规模做这件事，三级城市网络不完善，可以在一、二级城市做做看。为什么一定要当老二，或者是老三呢？所以大陆的很多企业实际上是很期待 E-Learning 的，但又怕受伤害，这是我们推进遇到的第一个困难。

市场是很难由单一厂商做的。讯连是一个大公司，在台湾教育市场都做得很辛苦，如果是做大陆这个广大的市场，那更是非常非常累的，何况是一些规模比讯连还小的公司。因此一定要集合大家的力量共同来做这个市场；我感觉厂商的实力真的很重要，因为技术在不断进步，客户的需求在不断进步，你的产品也要保持不断地进步，你的顾问咨询能力也要不断地进步；此外，如果在大陆能够像在台湾一样，有政府的策略性的宣导和策略性的支持，大陆 E-Learning 的发展会更快更好。

**夏巍峰：**一定有客户有这样的疑虑，如果选择了台湾厂商的产品，一旦两岸政策发生变化怎么办。您是如何打消他们的疑虑的？

**吴家宁：**我们当然也考虑过这些问题。我是往比较乐观的方向去想，今天，大陆的企业有几种选择，一个是中国大陆本地的厂商，一个是像讯连一样的中国台湾厂商，一个是国外厂商。与国外厂商比，台湾跟大陆是很亲密的，除了对需求的了解和适应性外，还是一个国家，所以我们比国外厂商更占优势。至于说与本地厂商相比，当然，我们的技术能力要比本地厂商高很多。我们的代理公司艾康在大陆会扮演一个比较重要的角色，我们和艾康这样一个上海的公司非常紧密地结合在一起，作为一家在台湾备受信赖的公司，人们尽可以因为艾康的关系同样信任我们。

我认为未来两岸政策发生大变化的概率只会越来越低，因为当两岸的经济、文化已经越来越紧密的时候，彼此都非常了解了，互相来往很频繁，两岸之间就已经没有差别了。

**夏巍峰：**在加强大陆与台湾的 E-Learning 合作方面，您有什么样的期待，有哪些好的建议？

**吴家宁：**我们未来的一个目标，也是我所希望的，就是能够与大陆的顾问公司、课件制作公司建立比较好的战略合作关系。这其实是非常重要的，因为我们很清楚我们的优势是什么。我们最擅长的应该就是平台、工具，还有我们在台湾有那么强的顾问能力和人力，这些都是我们可以在市场上帮得上忙的。而在其他方面，我们希望能够找到很多战略合作伙伴。

我坚信我们的发展速度可以比那些国外厂商更快。

（潘超/整理）

## □ 人物印象

# 进军大陆市场，讯连准备好了

潘　超

2008年9月12日，中国的传统佳节中秋节前的最后一个工作日。虽然才是上午11点多，但上海的道路上已经开始出现拥堵情况。吴家宁上海之行的时间排得非常满，即使下午3点多就要乘飞机返回台湾，但他还是要先去拜访一个重要客户，然后再接受我们的采访。中午12点，在艾康公司的会议室里，吃着上海地道的排骨饭，我们的采访准时开始。

持续两个多小时的采访中，吴家宁侃侃而谈，因为曾在外企工作，他台湾味的普通话中会时不时地冒出几个英文单词。听到问题之后，他喜欢先用“ok”做开场白，然后再阐述自己的观点。

中国大陆的E-Learning已经发展好几年了，无论是国外的E-Learning供应商还是中国大陆的E-Learning供应商都使尽浑身解数期望在这个市场上分一杯羹，因此很多企业都被这些供应商作为目标对象联系过了。因此很多人会产生疑问，讯连选择这时进驻大陆市场是不是有点儿晚了？吴家宁却觉得这个时间不早不晚，正是时候。原来，讯连在台湾也不是最早做E-Learning的供应商，是在台湾E-Learning起步五六年之后才进入的，但它进来之后却成为所有E-Learning厂商里成长最快的一个，且现在已经遥遥领先了。“我觉得进入时间的早晚不是问题，关键是看你进入时的状态。我们已经准备好了，以这个姿态进驻大陆市场，可以说正是时候。”

如今讯连在台湾已经有100多个客户，在吴家宁看来，通过协助这些客户成功导入E-Learning而积累的经验是讯连最宝贵的财富，也是讯连闯荡广阔市场持有的一把宝剑。

“大陆的E-Learning厂商都有自己的客户了，但又有多少是非常成功的，又有多少已经导入E-Learning的客户打算把平台推倒重建？我觉得这是一个值得思考的问题。相对于中国台湾来说，大陆幅员辽阔，对E-Learning的需求更为迫切。我们有责任和大陆的E-Learning厂商一起推进大陆的E-Learning进程。”吴家宁说。

# 下篇　心之路

夏巍峰参加台湾《远见》杂志论坛现场

腾讯网年度访谈现场

夏巍峰向教育部副部长鲁昕展示新媒体

# 催人奋进

■ 夏巍峰

2010年年末，“远程教育”赴韩考察团一行20余人来到韩国。首尔难得下雪，当地气候异常寒冷，两国远程教育同行交流火热。

虽只有短短一周，但韩国政府对网络教育的高度重视与大力支持、国民对网络教育的热衷与追求却给考察团留下了深刻印象。韩国政府将推动网络教育发展提升到国家竞争力高度，并从法律、资金、政策等方面保障网络教育发展。在政府、行业协会、学校、企业等多方共同努力推动下，韩国网络教育飞速发展并已成为亚洲网络教育领先的国家。

本同属亚洲文化圈，在教育体制上中韩两国之间也有很大相似之处，但网络教育和继续教育的发展水平却迥异。真正的差距到底在哪里？中国网络教育应向韩国借鉴什么？对比中韩两国网络教育的发展状况，我们不能狂妄自大，但也没有必要妄自菲薄，而是需要深入思考，并付诸行动奋起直追。

同样是在2010年年末，全国重点高校继续教育院长们齐聚北京，参加教育部、人力资源和社会保障部举办的院长能力建设高级研修班。研修班传出的最令人震动的信息是：中国GDP已跃居世界第二，但我国高等教育与国际水平的差距是30～50年，终身教育的差距更是50年以上，远远超出曾经预测的年限。今天，为了实现转变经济增长方式、产业和经济结构优化升级的目的，国家已将继续教育提到了前所未有的战略高度。我们的战略目标是，用十年时间，实现构建资源丰富、结构合理、制度法规健全、体制机制完善、开放灵活的终身教育体系，基本形成全民学习、终身学习的学习型社会，促进全体人员学有所教、学有所成、学有所用。这对战斗在继续教育、远程教育行业一线的同人来说，是何等宏伟的奋斗目标，何等催人奋进的号令！

还记得，在韩国的酒吧里，时针接近12时整，我们考察团成员与世界各地不同肤色的人们一起高声倒数“三、二、一”……2011年的新年钟声还在耳边回响，它如同警钟，警示我们：缩小差距，时不我待；它又如战鼓，激励我们：美好前景，催人奋进！

# 希望种子

■ 夏巍峰

在现行教育体制下，坚持教育理想并不懈追求的人是可敬的！

高教领域，朱清时任中国科技大学校长十年，坚持不扩招、不建分校，蜚声海外。受聘为南方科技大学校长后，为找回丢失的大学精神，办一所真正的大学，又坚持教育去行政化。他艰难地突破着现行教育体制的种种弊端，在中国大学改革的道路上，走在最前列。2011年年初，南方科技大学终于拿到了教育部正式批复筹建的“准生证”——虽然比最初设想获批整整迟了两年。这是朱老坚持努力后迈出的一小步，却是中国高教改革的一大步。他，是可敬的！

培训领域，有一群人在教育理想与资本力量间艰难前行：俞敏洪、朱正东、黄波、张永琪、马肖风、李如彬、张邦鑫、黄劲……他们无不是满怀着改变教育现状的理想开始创业，白手起家，不懈努力，将公司做大并送到国外上市，通过融资方式再求扩大本土教育业务。但上市后面对资本的逐利特性，他们又陷入与投资商的痛苦博弈中，不仅公司动荡的危险增加，还要时常面对媒体的围追堵截。可正是这群人，探索出中国教育培训公司融资上市与运营的路径，给我国教育培训业带来了极为宝贵的经验！无论在资本博弈中胜利还是失败，也无论上市教育公司未来的路走得顺利还是坎坷，他们都是可敬的！

每到年底，各大商业门户网站都纷纷举办教育年度颁奖典礼，站到领奖台上的多是民办教育机构，鲜有公办教育机构的影子。有人不屑，认为这就是一场“颁奖秀”，我却认为，在现行教育体制下，民办与公办之间有太多不平等待遇，他们仍能坚持自己的理想，在教育培训领域里做得风生水起。因此，每当看到他们站上领奖台时，我的内心都充满感动，这不仅只是领取一块奖牌，更是对民办教育机构坚持教育理想的宣告。他们，同样是可敬的！

草木生长繁盛之前是种子，理想成为现实之前是希望。这些人便是一颗颗孕育希望的种子，但又有谁能怀疑，种子将不会成长为参天大树呢？也许，他们现在还只是蕴藏着希望，但在教育改革的春天到来时，他们必会令春天迅速满溢生机。我坚信，这一天已经不远。

# 关注民生

■ 夏巍峰

民生问题是当前我国政府和群众最关心的热点话题。前不久落幕的全国“两会”上，民生问题不约而同成为代表委员们提案的焦点，有关保障和改善民生的提案多达1700余件。在当下，民生问题已不仅是重要的经济问题、社会问题，也是重大的政治问题。

而教育则是“民生之基”。以实现教育公平作为改善民生、实现社会公平正义的重要内容，是政府不折不扣的公共职责。

20世纪90年代互联网在全球兴起，为解决我国教育不公平和发展不平衡，推动我国教育跨越式发展提供了契机。通过互联网大规模传播知识，对推进中国的社会发展进程影响巨大。然而十多年过去了，由于教育观念、管理体制、执政水平、利益格局等多方面原因，我国的网络教育未能取得突破性进展，非常可惜地痛失了这一难得的历史机遇。

2011年作为“十二五”开局之年，新世纪新十年的开启之年，众多专家学者再次纷纷上书建议发展网络教育：全国政协常委、民进中央副主席朱永新建议国家投资建设中国国家教育信息平台，建设国家优质教育资源库，免费向全体师生和家庭开放；中国工程院院士、国务院学位办主任张尧学提出建设优质资源中心和数字化学习港，构建终身学习的“教育超市”；华中师范大学陶洪开教授提出建立开放优质教育资源平台，让更多的孩子得到更多优秀教师的教学与指导；21世纪教育研究院副院长熊丙奇教授呼吁给予远程教育真正“国民”教育地位；来自远程教育行业研究前沿和实践一线的近百位专家学者也将通过本刊建言献策，这些良言将自本期起陆续刊登。

世界许多国家和地区的政府抓住了远程教育发展契机，推进全民教育，学校和学生免费享受优质教育资源，广大纳税人可以享受政府提供的免费高质量的在线培训服务。近十年来，我国政府各部委在发展远程与终身教育方面立项的“工程”“项目”众多，也投入了大量的资金，然而有的却成为“形象工程”“政绩工程”“利益工程”“烂尾工程”等，未能全部发挥出真正的作用和效益，因此我国多数国民还享受不到这些公益服务。

教育事关民族兴旺，人民福祉，关注民生就要关注教育，关注教育需要倾听民声、了解民情，只有乐于倾听、善于倾听，才能在民意民声中汇聚民智、凝聚民力，才能将“民生问题”落到实处，也才能把教育的民生工程落到实处。

# 免费背后

■ 夏巍峰

国外名校哈佛、耶鲁、牛津、斯坦福等花巨资制作的网络公开课为何要免费向全球开放？这些大学为何要把年收费3万～4万美金的课程免费赠送？毋庸置疑，国外名校网络公开课对于“传播人类知识”“推进机会均等”“推动社会进步”起到了巨大的引领和推动作用。但国外名校网络公开课免费的背后，是否也透出“全球教育市场竞争”及“全球人才战略竞争”的一些新动向呢？

在耶鲁大学网络公开课“心理学导论”开场白上，保罗·布罗姆教授曾语出惊人——“这是耶鲁建立世界学术霸权的大计”！明白无误地透露出耶鲁激情满怀的“战略冲动”。这些名校在通过网络的共享性和影响力，展示自身最卓越课堂，吸引着全球的目光，在面向全球输出知识的同时，更输出了自身的影响力。

争夺优秀生源从来都是知名学府的“神圣使命”。试想，人们通过网络倾听名校富有学术功底和人格魅力的教授讲课，就会产生一种震撼心灵的体验，他们怎么可能不对提供这种课程的高校产生就读的向往和心理亲近感？因此，在国外名校网络公开课“公益”“义举”行为受到广大网民赞誉的时候，也应该看到，世界名校的影响力同步在全球范围内扩张。

眼下，除了欧美国家，包括印度、日本等国家的大学也在宣布将其课堂视频上传至网络，在名校网络公开课的影响、带动，甚至“倒逼”下，各国大学会将优秀的课程上网。可以想见，当世界各国高校将其最优质的课程上传网络共享，在完全自由竞争的网络“自组织”的筛选机制下，被筛选出的最优质大学网络课程将会受到最热烈的推荐和传播，而处于弱势的教育资源将会迎来巨大的压力。优秀的生源将会在全球范围内自由流动，因此免费网络公开课也就成为全球人才竞争的新手段。

值得思考是，这些世界名校在传播知识的同时，把他们所在社会的主流价值观也带到了全世界，网络公开课正在以一种新形式的价值观输出影响着世界。

高等教育正在走向全球化、虚拟化、无界化，大学面对的全球化竞争在网络时代正在加速来临。为什么这些国外名校的网络公开课一经推出就风靡网络、家喻户晓，受到网民的热烈追捧？为什么我国多年来评选出的精品课程却一直“养在高校人未识”，少有人问津？我们的大学应该如何融入世界开放课程运动的“大潮”？在开放课程竞争中我们如何才能走出国门、走向世界？我们又该如何应对网络公开课背后的全球教育竞争和人才竞争？这些问题已到了不得不深刻思考的时候了！

# 敢于反思

■ 夏巍峰

世界上不同的大学在校庆时候会选择不同的方式。

日本京都大学在创校百年之时，校园里张贴出一张简陋的海报，海报上书：“京都大学与殖民政策——反省百年京大犯过的错误”，让京都大学的师生以批判学校、批判校史的方式，来表达对学校的骄傲与敬意。

美国麻省理工学院2011年迎来建校150周年，在庆祝和致敬的同时，麻省举行了严肃的“反思活动”，思考如何继续走近研究的前沿及世界面临的最紧迫的问题。

香港大学2011年也迎来100周年，其校庆活动“很低调、很学术”，校庆强调“辞旧迎新”，回顾过去进行反思，并探讨港大的未来发展方向。

纵观世界一流大学的校庆，基本都以反思过去、规划未来、明晰使命为基调。

反思是一种可贵的觉悟和品质。德国哲学家黑格尔说：“哲学认识的方式只是一种反思。”对大学来说，没有深刻的办学反思，就不能汲取发展中的经验和教训，不能认清教育的发展规律，不能成为清醒的办学者，就会陶醉在所谓的成就中，迷失方向。现任哈佛大学女校长德鲁福斯特在三年前的就职典礼上说：“一所大学，既要回头看，也要向前看，其看的方法必须——也应该——与大众当下所关心或是所要求的相对立。大学是要对永恒做出承诺。”

然而，在我国内地的高校校庆活动中，重形式、讲排场、比阔气现象越来越多，铺张浪费、好大喜功、弄虚作假、沽名钓誉之风越来越盛。不少校庆活动看似轰轰烈烈，背后实际缺乏深度和内涵；奢华的活动众多，唯独看不见“反思”的重要内容。这反映出我国大学缺乏反思的勇气和力量，也反映出我国大学与世界一流大学在思想境界上的差距。

我国的现代大学的历史最久不过百余年，校庆提供了一次学校与校友、学校与专家、学校与社会交流互动的机会，通过此方式来庆祝和宣传学校，确实应该得到国人的理解。但校庆活动更重要的是提供了一次深入、广泛而严肃地反思和展望的机会。因此在校庆之际，最应该做的不是歌功颂德，而是充分利用机会，反思出办学的不足，总结出有益的经验和教训；是否定自我，以图站在更高的起点上超越自我。

回顾过去是为了更好的明天，反思失误是期待更大的辉煌。敢于反省，善于反思，是大学自我完善、提升发展的基本途径，是保持大学生命力的重要方式，也是我国高等教育健康发展的法宝。当下，我国的一些大学校庆活动可谓丰富多彩、热热闹闹，然而，在校庆中增加点反思的内容真的有那么难吗？

# 大学危机

■ 夏巍峰

十多年前，国内外就有许多人大胆预测网络教育将是推动高校的一次革命性变革，管理大师彼得·杜拉克在1998年甚至认为大型高校将于三十年内成为“遗迹”。然而今天，这些预言似乎并没有真正发生。那么，传统大学真的就没有危机了吗?

危机并非仅仅来自适龄生源减少，更源于新生代改变了的学习文化与陈旧的传统教学模式之间的碰撞。

国内一所重点大学主管教学的副校长曾感概说，现在的学生虽坐在教室里，但睡觉、玩手机者众。而今，进入大学校园的已经是一批成长于数字世界的学生，他们可以随时通过Google、百度、维基百科等网站获取新知识，有着比以前的学生更广泛的学习途径，不再只依靠课堂和老师。新技术影响着新生代学生大脑的发展以及思考和学习方式，更改变着师生之间的关系，学生们早已学会处理信息过载，期待着双向对话，更期望互动式学习。数字化成长环境让他们成为积极而尖锐的发问者，不再被动地等着教授来告诉他们所有的答案。

面对这些学习的新文化，大学需要改变教学组织和教学方式来适应学习需求，教师在课堂上必须成为学习的引导者和组织者，鼓励学生自我学习、自我发现和批判思考，而不是让学生仅仅记笔记和死记硬背。然而，我们众多传统大学仍然在沿用着工业革命时代的“灌输式”授课模式，学生在课堂学习中被孤立，自主化学习需求得不到满足。如果我们的大学继续忽略学生的需求，学生采取睡觉等多种形式“无声”抗议甚至逃离课堂都是可能的。

另外，随着世界一流大学的网络公开课在网上免费发布，今天，突破时间、空间以及学府门槛的限制，世界上最优质的教育资源已经能够便捷地呈现在每一个求知者面前。因此国内有些高校出现了一些学生穷尽办法只为“逃课”又不挂科，而为追捧国内外名校的网络公开课竞相去网上“淘课”。传统的大学课堂无疑正在受到网络名校公开课的巨大冲击。

我们还应该看到，全球参加网络教育的人数在不断增长。网络教育的学分在美国大学已得到认可，完全通过在线学习取得学位的学员数量巨大，美国凤凰城在线大学每年招生已超过20万人；在我国，高校网络教育为实现自主接受高等教育和终身教育愿望的人敞开了大门，十年来参加网络学历教育的总人数已达千万以上；近几年网络学历教育每年招生达到200万人。假以时日，当网络教育获得颁发与传统大学同样的文凭时，传统大学的文凭“堡垒”优势将更难保持。

星星之火，可以燎原。学生正是改变大学的强大力量，为满足学生的需求而改变教学模式将是大学存亡的关键。传统大学未来是否消亡或许无法确定，但可以预料的是，如果只一味等待而不进行教学变革，不适合未来学习潮流的大学被淘汰必将成为现实。

# 新兴力量

■ 夏巍峰

当传统大学的人才培养与社会需求日益脱节，高等教育体系无法满足企业的各类人才需求，企业就会寻求自身组织学习的突破。一股新兴力量——“企业大学”正在国内悄然兴起。

1956年，全球第一所企业大学——通用电气（GE）克劳顿学院的成立。半个多世纪以来，全球已成立3700多所企业大学，在《财富》世界500强企业中，有近80%拥有或正在创建自己的企业大学。

近年来，随着我国第一所企业大学——春兰学院的成立，国内一些知名企业纷纷挂牌建立起自己的企业大学，如海尔大学、招银大学、国航大学、中国电信学院、远东大学……目前我国企业大学的数量已达400余家，约占到全球总数量的十分之一。

企业大学是企业为了实现组织的经营战略而采用的为员工、顾客和供应商提供培训和教育的方式。在解决企业的优秀人才需求，以及提升员工素质和实施人才储备；在企业转型、组织变革、产品研发、品牌支撑、文化传播，以及巩固供应商、客户及战略伙伴关系诸多方面均发挥出有效作用。企业大学原本是企业自身的组织行为，随着企业间员工流动，企业大学培养的人才同样可以成为社会性人才。新技术在教育培训活动中广泛应用，企业大学人才培养覆盖面越来越广，企业大学更趋向社会性。有些企业大学除了满足企业内部培训需求外，已逐渐转型为“外向型企业大学”，面向社会提供教育培训活动，成为企业“利润中心”。同时，企业大学在与高校以及高校师资建立合作，能够推动企业与高校之间的知识流动，对提升企业培训和高校教学的质量均有非常重要的意义。因此，企业大学不仅是本企业所拥有的“大学”，也是一所社会性“大学”。

当越来越多的企业将其培训部门称之为“大学”，有人认为这是对传统大学的一种挑战。也有人认为“大学”名称仅是传统高校专用，不承认能用“大学”来称呼企业大学。而实际上，企业大学所承担的人才培养、企业发展、社会服务职能，与传统大学的教学、科研、服务三大职能并无二致。《国家中长期教育发展规划纲要（2010—2020年）》鼓励企业发展继续教育，企业大学是企业开展继续教育活动重要的组织形式，理应得到更多重视，在政策方面得到更多的指导与支持，教育主管部门对这支新生力量不应视而不见。

也许在不久的将来，我国企业大学的数量甚至会超越传统大学，成为未来职场教育及终身学习的主流，在建设学习型社会中发挥出重要作用显示出独特价值。

# 回归本质

■ 夏巍峰

近年来，我国高铁超常规发展，在吸引世人眼球的同时，却埋下不少安全隐患。当高铁患上“速度必须第一”强迫症，违背科学发展规律，不考虑安全可靠性，片面追求所谓的高“速度”和高“技术”，出现安全事故实难避免。“7·23”甬温线特大动车事故这一血的教训，令铁路部门“幡然醒悟”，意识到发展高铁不是为了 GDP，不是为了就业，更不单纯为了提高速度，其本质目的是为了满足人民群众安全出行的需求。

追求“速度”，忽视质量；追求“技术”，忽视应用；追求“形式”，忽视本质。仔细想想，我国现代远程教育的发展不也像一列高速运行的列车吗？

十多年来，高校现代远程教育试点的招生规模已达千万之众，年招生数量也由几万人增至近两百万人。需要我们重新思考和审视的是，在招生数量成倍增长的同时，教学质量和教学服务是否能够跟上增长的速度？每名学生是否都能获得应有的教学支持与服务？在网络基础教育辅导、网络职业培训、企业 E-Learning 学习等领域，同样存在追求市场快速扩张、追求用户数量快速增长的现象。我们行业有必要扪心自问，学员的网络学习真的有效发生了吗？

数字学习的新技术层出不穷，而我国远程教育行业似乎特别追求新技术，把技术应用误当成目标，希望通过新技术解决教育中的所有问题。许多人似乎是在做“远程技术”，而非“远程教育”。远程教育只有把关注重点放到“教育”上，重视技术与教育的融合，把促进学习作为目标，才能让技术应用落到实处。

我们行业还普遍对网络学习的内涵与本质缺乏全面认识和深入思考，热衷搞简单的“课堂搬家”，忽视网络在促进交流与思考中的价值；满足于知识的传播，忽视对能力和人的培养；忽视网络在合作学习、社会学习中的价值，把网络学习当成一种完全虚拟的学习，取消了真实环境和人际交流的教学环节。其实，虚拟是形式，现实才是着眼点；技术只是手段，教育才是本质。

还有，现在的远程教育教授的内容更多是知识和技能，难见有学生的人格和德行修养的内容，更谈不上以人为本。学校不是在培养人，倒像一个个批量生产“人材”的工厂。作为教育工作者应时时刻刻牢记教育的本质，是教人修道，修“人之所以为人”之道。

动车事故发生后，有网友道：“中国，请停下你飞奔的脚步，等一等你的人民。”面对现代远程教育这列高速运行的列车，笔者也要呼吁：“现代远程教育，请放慢你的速度，等一等你的学生。”

# 伟大企业

■ 夏巍峰

这两年，我国的一些远程教育企业陆续迎来成立十周年。

十年前，在国内尚无成功的教育企业经验和模式借鉴的情况下，一些远程教育企业蹒跚起步，在新兴的远程教育市场大潮中开始“闯荡”。它们一度不被看好，曾有知名投资人这样评价远程教育企业的商业模式是“时间长、赚小钱、做不大、对手多”。的确，远程教育确实具有投资时间长、收益增长慢、投资风险高等特点，更何况在十年前的起步阶段，远程教育企业所面临的困境今天看来几乎令人无法想象：政策不明朗，技术不成熟，社会不接受，投资人不感兴趣等困难接踵而来。在初期混沌的市场中，为数不多的远程教育企业艰难地摸索前行，不得不在坚定与彷徨、坚守与放弃中不停地做出选择。据我所知，创办初期入不敷出以至濒临关门的远程教育企业不在少数，不少创始人甚至将自己的房产、车辆抵押以渡过难关让企业起死回生。历经数年磨难，殊死打拼历练，远程教育企业才迎来今天这样的新局面。

十年来，我们认识了一批批令人敬重的远程教育企业的从业者，他们为了改变教育的理想和期盼在努力奋斗着。远程教育——这个理想的教育模式如同魔力般吸引着越来越多的人加入进来，许许多多人转行从事远程教育后，再也无法离开这个充满朝气和希望的行业。

远程教育企业的原动力到底是什么？

不久前，我应邀参加一家教育培训公司的十周年庆典，主持人现场采访公司创始人兼总裁：“您认为什么样的企业才是伟大的企业？”总裁说：“伟大的企业不在于员工人数多少，不在于营业额多少。而是这个企业在人们心中是否伟大。”

的确，远程教育企业与房地产、制造业、互联网等行业中的大企业相比还很年轻，员工规模很小，营业额也不够大，为国家GDP做的贡献不够多，在整个国家社会经济活动中分量也很小，但远程教育企业却承担起以教育推动社会进步的使命与责任。我想，这正是远程教育企业的内在“DNA”，它激励着一批又一批从业者坚定不移地为之奋斗。

有人说，这是一个淡漠理想和责任的年代。我却相信，这个时代更需要理想与责任。理想与责任不是崇高到只能束之高阁的神明或者口若悬河的空谈，而是一种实实在在的担当。从这个意义上来讲，真正把教育当成一种使命的远程教育企业在人们心中是“伟大的”，不管是“大”还是“小”，它们都是“伟大企业”。

# 十年坚守

■ 夏巍峰

十年前的春天，我骑着自行车路过北京国际会议中心，中国国际电子商务大会正在如火如荼举办着，参观者人流如织。此时心中腾起梦想："新生的现代远程教育行业，何时也有自己的盛会?"

也就是在十年前的一天，我有缘并有幸来到《中国远程教育》杂志社工作。在各方领导的指导与支持下，我与杂志社的同仁们一起开启《中国远程教育》(资讯)杂志这本新生媒体创办之路。此时，杂志社正在考虑通过传媒的优势构建一个可供学术交汇、思想交锋、经验分享、智慧共赢的高端会议学术平台。怀着简单而朴素的梦想，开始筹办第一届中国远程教育大会，在《中国远程教育》杂志多年积淀和品牌影响下，当年大会成功举办。

也就是从2002年那个国庆后的金秋开始，中国的远程教育行业有了属于行业自己的年会，一年一度，至今已进入第十个年头。

然而，在信息日益高度发达的今天，在各类大会、论坛、研讨会、展览会、考察团"满天飞"的时代，如何保持中国国际远程教育大会自身的品位、品质和品牌，并能使之历久弥新，已成为我们这个团队每年都不得不接受的新"挑战"。

很多人认为，举办一个会议不外乎就是做好会议安排、场地、接待等几方面工作就够了。其实要真正组织好一个高品质的会议，还需做好主题策划、学术支撑、学术影响、议题内涵，学术实践对接，以至会后延伸的内容传播、行业交流，力求通过会议推动行业的持续发展等"隐性"工作，而这些经常被"忽视"，但却是举办会议时最需重视的，也是会议最重要的内涵，更是组织高品质会议与一般性会议的根本区别。这些也正是我们历年组织大会时投入精力最多之处。

一年一度的行业大会，是我们媒体团队全体成员每年倾力烹饪的一道年度“大餐”。从会议策划、嘉宾邀请、现场采访……以至会议接待、晚宴演出再到大会报道等诸多细节，全部由我们全体成员亲手奉献。也许，我们的大会离大家所期望的高度还有差距，但我们力求会议贴近实践、解决问题，而且是贴心的，温暖的。

历经十年，大会的规模日益壮大，来自不同领域的会议代表越来越多，会议话题越来越专业深入并具有思辨性。每当我们看到众多代表莅临会场，看到行业同仁全身心地投入到会议中并热烈地互动，看到越来越多的机构参与并支持大会，除了追求梦想的动力，我们更感受到肩负的沉甸甸的使命和责任。

坚守十年，苦辣与酸甜同行；坚守同一梦想，期待行业绽放。十年，对我们每个人来说都是一段宝贵的时光，但对一个行业的发展却只是一段成长的过程。

行业发展曙光初现，前途依旧漫漫，让我们一起再出发！

# 创新之光

■ 夏巍峰

2011中国国际远程教育大会已圆满闭幕，很多单位和参会代表都对大会的成功举办表示了祝贺，这让我们的团队感到欣慰。

然而，让我最感到意外和欣喜的，不是会议规模、会议内容、会议服务等方面水平超越历届，也不是会议受到领导、专家、与会代表等多方给予的好评，而是本届大会呈现出的远程教育行业的“创新”亮点！

云学习、移动学习、泛在学习、微学习、开放大学、企业大学、手机大学、知识管理、微博社交教育、开放资源、学习社区、社会化学习、参与式学习、碎片化学习、物联网、视频公开课、领导开发、人才管理、电子书包、数据挖掘、数字卫星、数码笔……这些创新思维、创新技术、创新产品及创新应用构成2011中国国际远程教育大会的“灵魂”，必将对远程教育行业的未来发展产生重要影响。

信息技术的快速发展及其与教育的不断融合，为教育的创新发展提供了无限可能。曾有专家进行对比研究发现：国外教育技术应用案例多得让人眼花缭乱，许多绝妙的创意与创新令人赞叹；而我们的教育技术创新应用在近年来才刚刚起步，与国外相比差距不小，我们的创新大多数还处于概念层面和初步探索，甚至有的还处于模仿阶段，真正的自主创新应用还不是很多，因此有专家学者感叹：“十年来，我们中国人是不是睡着了?”可喜的是，今天我们似乎已看到中国教育技术与应用创新的希望。

创新是一个行业发展的灵魂，是一个行业发展的重要驱动力。远程教育行业的蓬勃发展不仅需要从业者们努力工作，辛勤耕耘，更需要整个行业勇于创新、敢为人先，大胆开拓。特别是作为年轻的行业，无论是产品、技术、研发、营销，还是运营模式等方面，任何创新都应得到重视，任何创新都可能推动行业的发展和进步。因此，每个远程教育机构都应担负起不断创新、推动行业成长的责任。

目前，我们远程教育行业的创新还面临着诸多瓶颈，最需要的是创新的“土壤”和“环境”。在中国，创新精神如同幼苗，应加以精心培育和呵护。从政府部门到各远程教育机构，应给创新者一片自由的天空，创新也许就来自所谓“不听话者”的打破规则、“不自量力者”的挑战传统、“草根者”的创业，或体制外的“折腾”。对创新者我们应多些鼓励和支持，切莫因权力或冷漠将创新幼苗无情摧毁。

历经十多年的发展，我国的远程教育行业正站在新的起点上，已经到了需要通过创新来推动行业发展的新阶段，创新发展应成为行业发展的主旋律。崇尚创新、追求创新，应成为行业主要的价值取向。2011 中国国际远程教育大会涌现出来的创新之光值得珍惜，大家一起呵护其成长，这些看似微小的创新也许可以改变世界。

# 学习文化

■ 夏巍峰

十年间，由美国麻省理工学院首发、全球名校积极跟进的开放资源运动，在我国引发热潮，2011年11月中国18所名校20门视频公开课正式亮相。

但是，当互联网上有了世界一流大学公开课资源，学习就真的能发生了吗？开放网络背景下开放学习的方向到底是什么？在开放网络背景下，学校、企业乃至个体的学习组织过程、方法、策略又是什么？这些问题的提出，不免需要我们去思考开放学习的精神与文化。

互联网快速发展到今天的重要原因在于它的精神和文化。自1959年ARPA建立ARPANET网开始，四十多年来，互联网精神被总结为“开放、平等、协作、分享”。一个不争的事实是，网络正在颠覆着传统教育和学习，开放教育和开放学习是架构在互联网上的重要应用，由互联网精神催生，同时也是它的延伸，因此开放学习的精神和文化自然也就离不开互联网精神。

畅销书《世界是开放的：网络技术如何变革教育》的作者邦克教授提出了使得“我们所有人都学习”成为可能的开放教育世界三大汇聚趋势：学习工具和基础设施的可用性、自由和开放的教育内容与资源的可用性、一场面向开放获取信息、国际协作以及全球共享的文化运动。现在，当网络基础设施不再成为问题的关键，资源不再成为问题的核心，参与式学习文化便成了开放教育中的重中之重。

当今网络环境已使得我们进入更加平等、民主的环境，学习者不再是被动接受者，而更愿意成为学习的参与者，与志同道合者分享学习的感受和思考。在新的参与式学习环境中，教育对每个人都是开放的，所有人都在学习，这种趋势在今天已是势不可挡。而目前，我们的远程教育行业仍未跳出传统教育的思维，“网络学习”等同于“网络课程资源的学习”，学习者仅仅充当“课程资源”的读者、观众或听众。

开放学习的精神和文化决定着开放学习能走多远。“天下大势，浩浩荡荡；顺之者昌，逆之者亡”，任何违背互联网精神的开放学习必然会被淘汰。摆在远程教育行业面前的，不是要不要利用互联网的问题，更不是在传统教学思维框架下去思考开放学习，而是要在互联网发展的大趋势下，定义和架构由互联网精神主导的开放学习。

从这个意义上来说，纠结于整个行业的“网络学习是否真正发生”的问题，似乎可以迎刃而解。“让网络学习真正发生”已不是学术难题、不是技术问题，根本上还是理念的问题、文化的问题。在开放网络背景下，营造并实现一种新型的开放、平等、协作、分享的参与式学习新文化，我们还有很长的路要走。

# 历史责任

■ 夏巍峰

年节是时间的标点。更替之时，也是盘点之际。

《中国远程教育》杂志社进行的中国现代远程教育十大新闻事件评选活动，是对行业年度大事最重要的盘点。评选活动已连续进行十二年，它是对一个行业发展的历史回顾，同时也见证成功与失败、荣誉和不足。回顾历年十大事件，不免让人产生诸多感慨：十多年来，我们整个行业做了多少对社会发展有价值的事情；又有多少经不起历史的考验，最终成为失败的案例。

细看“失败”案例，有多少是“政绩工程”“面子工程”“利益工程”思维在作祟？又有多少是“拍脑袋”决策造成的后果？失败的案例多是缺乏科学论证和过程监督，起步时轰轰烈烈，起步后艰难支撑，后期偃旗息鼓，最终却成为“短命工程”。

而真正能做成功并持续进展的事情，原因似乎只有一条——需求来源于民众，服务立足于民众，特别是满足于中国社会发展进程中各阶段所出现的教育新需求。如“高校现代远程教育试点工程”“视频公开课”“广东圆梦计划”……这些可圈可点的成功，莫不如此。

现代远程教育行业与我国许多行业面临的问题一样，亟待政府由行政主导型向政府服务型加快转变。政府主导只会一时看似繁荣，而政府服务却能培育、推动事物长期持续发展。这对我国各级教育主管部门的执政定位、执政水平，甚至执政者心态都提出了新要求。

其次，现代远程教育试点高校以及各类网络培训机构，同样需要由办学主导型向学员服务型转变，改变原有传统教育思维模式，改变“以学校为中心”的心态，能够“放低姿态”，站在学习者的角度设计教学与服务。行业目前严重缺乏对网络学习需求、规律和发展趋势有深入研究和把握的人才，将会对行业发展构成最大威胁。加强研究和学习已是迫在眉睫！

互联网快速发展及深入应用，给从事现代远程教育工作的人士提供了书写历史、改写历史的机遇。如果我们虚度当下，碌碌无为，留下只是空洞的文件和总结，甚至是一堆无价值的材料，我们该如何面对历史的拷问？又该如何面对未来一代的追问?!

对历史负责，对未来负责，这是2012年我们应坚守的基本态度。

# 爱护品牌

■ 夏巍峰

日前，使用搜索引擎输入“远程教育”“网络教育”等关键词时，有关高校网络教育学历“100%取证”“98%通过”“易通过”“不通过退费”的广告语又开始充斥网页。

记得教育部曾组织相关高校清理过一次非法招生宣传并发布了网络教育招生预警，之后的一段时间内，非法招生宣传在互联网上曾销声匿迹。事实证明，非法招生宣传及其行为是可以治理的，但其再度泛滥，是何原因，值得深思。

十多年来，教育部共批准 69 所知名高校进行现代远程教育试点，一个很重要的原因是这些名牌高校在公众心目中有很高的信誉度和品牌效应。然而事实证明，一些试点高校似乎未能交出满意答卷，上述现象一再出现甚至对名牌高校的品牌造成了伤害。

名牌高校是由国家财政拨款建设，花的是纳税人的钱；名牌高校品牌更是高校几代人拼搏努力的结晶，高校应该像爱护眼睛一样爱护自己的品牌。但是，一方面，一些高校在网络学历教育上加大技术、教学、学习支持、研究等方面的投入，甚至在各类媒体上加大宣传，不断向校内外宣传自己的品牌和价值；另一方面，在面对乱宣传、乱招生这类影响品牌、毁损品牌的情况时却整肃无力；甚至，当媒体曝光这些“乱招生、乱宣传”行为时，还受到少数高校的攻击，令人匪夷所思。

这些现象背后的根源还是经济利益：一是某些高校网络教育办学受经济利益驱使，为了招收更多学生，谋取更大的经济效益，不惜牺牲自己的品牌；二是某些高校对网络教育办学监管不严，对一些校外学习中心自行设立的招生点或招生代理，主办高校网院审查不力；三是某些高校网院的工作人员与非法招生机构内外串通，在背后支持或纵容此类行为。当然，也不排除有极少数机构或个人在利用高校网络教育招生来欺骗学生钱财。媒体上出现的“乱宣传”现象其实只是违规招生的表象，实际上，极少数机构或个人利用试点高校的品牌名声违规招生的形式越来越多样，范围越来越广泛，手段也越来越隐蔽。

违规宣传、违规招生行为不仅是对高校品牌的践踏，给高校的办学声誉带来了恶劣影响，而且影响到整个高校网络教育事业的发展，甚至败坏了社会风气。

爱护自身品牌、珍惜自身品牌，试点高校应有所作为。

# 掌握未来

■ 夏巍峰

无论是在地铁、公交车还是机场、餐厅，无论身处何处，你都会发现身边手持智能手机、平板电脑的“低头族”太多了。这不是你的错觉!

国外研究机构调查显示，全球有三分之二的人在使用手机，2011 年年底全球手机用户数量为 59 亿；2010 年全球移动终端设备销量 16.8 亿台；面向用户生成的移动内容和应用程序的采用也正在呈爆炸式增长。在我国，2011 年年底手机用户数量已近 10 亿，位居全球第一；移动互联网用户达到 3.56 亿。智能手机及移动互联网的进一步普及，还将推动我国移动互联网用户的高速增长。

随着智能手机以及新兴移动产品的问世，移动技术正在超越广播、电视、个人电脑甚至互联网等数字技术而迅速发展，未来十年，世界将步入移动互联网时代。由此引发的移动学习热潮正在涌现，在历经十多年数字化学习和混合学习的狂热摸索之后，移动学习的世界正在向我们走来。

移动学习具有便利性、普及性等特点，能带给学习者随时随地学习的全新感受，将受教育的机会实实在在交到学习者手中，正在成为驱动学习变革的重要力量。教育技术的移动性、连接性和丰富性的不断增强，将使学习变成一种个性化、可定制、每周 7 天 24 小时的全天候体验，学习的真实性、协作性、参与性也会得到充分体现。移动学习未来前景令人振奋，可以想象不久的将来，不仅手机，也许手表、墨镜、服饰，乃至随身物品上，都可能添加学习和通信的功能，类似于科幻片《星球大战》《星际迷航》中的移动设备也不再遥远，学习将真正变得无处不在。

作为公认的一种未来学习模式，移动学习正在受到世界各国的重视，无论是美国、日本、韩国，还是非洲、拉丁美洲各国，“随时随地学习”计划正在加紧试验和实施。

十年前，E-Learning 正处于发展初期，我曾采访过一位国外专家，他指出 E-Learning 对发展中国家而言是个跨越式发展的契机，中国具有良好的通信网络基础设施和庞大的用户群，只要政府和企业重视和支持，中国就有机会成为世界 E-Learning 领先国家。然而事实远非如此，E-Learning 未能得到政府的充分重视和支持，十年后的今天，中国 E-Learning 与世界先进国家仍然差距不小。

今天，在移动学习领域，世界各国又再次站在同一起跑线上。中国具有庞大的手机用户及移动互联网用户数量优势，有机会成为移动学习领先的国家。机遇已摆在我们面前，不容错过，移动学习的发展期待政府的重视和投入。

谁掌握了移动学习的未来，谁就掌握了学习的未来。

# 莫忘终端

■ 夏巍峰

一直以来，当我们谈起高校现代远程教育，从政府部门、专家学者到行业人士都会自然地把关注目光和研究视角聚焦到“高校”，但却往往忽视甚至漠视了高校现代远程教育的一个庞大服务体系——“校外学习中心”。

目前，试点高校以及公共服务体系已在全国建立了近万家校外学习中心，它们既是现代远程教育试点工作的重要成果，同时也是开展现代远程教育的宝贵资源。作为“神经末梢”，校外学习中心使现代远程教育的触角延伸到四面八方，被形容为现代远程教育的“细胞”“桥梁”“纽带”，甚至“战场”。从管理体系看，校外学习中心在整个现代远程教育链条中，在不同区域直接面对求学者和学习者，是远程教育行业的“前线”和“终端”。

当前我国试点高校的办学模式仍是“资源”＋“服务”。如果说高校是优质教学资源的提供者，那么校外学习中心就是服务的最直接提供者，建立起校外学习中心的管理规范和服务标准，关系到现代远程教育的生存和发展，以至命运和前途。

然而，现实却不容乐观。校外学习中心“良莠不齐”现象较为突出。有些试点高校仅仅把校外学习中心作为“招生点”，学习中心为学生服务只是纸上“空谈”；有的试点高校放弃办学主体地位，将教学职能完全下放到当地校外学习中心，使之变成了高校在当地实际的办学机构。一些校外学习中心在当地乱宣传、乱招生，考试作弊现象频出，是高校现代远程教育办学的“威胁点”，各类现象不一而足。这反映出试点高校忽视基层，以及行业对校外学习中心关注的“欠账”。目前仅供参考的是校外学习中心的建设硬件标准，而校外学习中心的服务模式和支持服务标准则一直处于“缺失”状态，无章可循，服务质量参差不齐，这不能不说是下一步必须面对的重要课题。

作为媒体，我们一直以“观察者”“思考者”“推动者”的视角关注着校外学习中心的建设和管理，并已连续六年开展“中国远程教育优秀校外学习中心评选”工作，通过各高校网院严格推荐并评选出百余家“优秀学习中心”，它们已成为“星星之火”，点亮了校外学习中心的前景和未来。它们积累的大量实践经验和服务心经，是一个个鲜活而有价值的案例，值得全行业进行深入研究和分析。

“谁掌握终端，谁就是市场赢家”，早已在商业领域深入人心，“终端”更成为商家竞争的利器。在远程教育领域，“终端”将是办学主体软硬实力的体现。当各高校优质教学资源准备充分时，“终端”就将是未来竞争的焦点。现在已是各试点高校必须高度重视“终端建设”的时候了！

# 跨界思维

■ 夏巍峰

一些长期从事网络教育的人可能深有体会，当我们向专业领域纵深发展的时候，往往因陷入固化的思维模式而难以突破。相反，一些从事与网络教育风马牛不相及的人士新进入网络教育领域，却会带来创新思维与创新模式，甚至掀起一场“破坏式”创新。

为何？这就是跨界思维之道！——从其他行业获取灵感，突破现有行业固有的思维模式，打破旧有的游戏规则，进行大胆模式创新，有可能失败，也有可能创造出令人惊喜的成功。

由跨界思维引发的“跨界发明”随处可见。一名园丁为加固花坛而发明了混凝土，土木工程师从中汲取灵感，将其用于修建高速公路和大坝；打字机发明灵感来源于钢琴键盘；同样，创新者也从钢琴键盘上汲取灵感，经过数次改进，最终发明出广泛使用的电脑键盘，等等。

来自不同领域思维的碰撞或冲突，更新鲜神秘，也更具魅力。乔布斯的创新之道就是跨界产生的神奇，他一生致力于使科技和艺术完美结合，竭力把电子产品打造成完美艺术品，在传统的手机行业里掀起了一场波澜壮阔的革命，正如他所说是“重新发明了手机”。

跨界不仅能够提升创新的效率，而且还能减少创新的成本。二战期间，盟军司令部发现，高密度、大规模的轰炸，作用其实并不明显。于是，他们招募一批精通社会、历史、地理、心理等方面的专家，从德军的精神软肋入手，寻求到以一当十的制胜高招。当今一些外国军队，则从影片当中吸纳创意，触发灵感。电影《007》的上映，直接推动了英军单兵武器的数字化建设计划；3D 大片《阿凡达》中出现的尖端技术，引起多国军队高度关注，美军有关部门更是把导演直接请进军营，协助军方设计训练方案。

在信息时代，学科界限日趋模糊，当知识相互交融的程度越深，产生创新思维的概率就愈大。十多年来，在美国举办的全球知名的TED大会上，主办者召集科技、娱乐、设计、科学、哲学、艺术、探险、心理、语言、宗教、音乐、慈善等各领域的杰出人物演讲，共同分享多方向多角度的思考和探索。而对来自各界的参会者，则要求其具有好奇心、创造力、思维开放并有改造世界的热情。他们在那些看似互不相关甚至听不懂的演讲中深受启发，在这个十分开放与多元化的会议上享受着思想相互碰撞的乐趣，从中很容易诞生出伟大的发明，实现以创新的力量改变世界的理想。

不同思维越是冲突，就越活跃，颠覆式创新就越成为可能。网络教育是现代高科技的网络与具有千年历史的传统教育相互碰撞与融合的产物，必然具有强烈的矛盾冲突；同时，网络教育集网络技术、信息技术、媒体技术以及教育技术、教育心理、教育经济、教学设计、个体学习、组织发展等理论及应用于一体，具有强烈的跨行业跨领域特征，行业创新的空间巨大。但需要我们拆除思想的藩篱、打破思维的界限，进行跨行业、跨领域的交流与合作，以开放的思维不断接触新思想新做法，形成跨界思维，走出自身的思维窠臼和固有模式，行业才能不断创新向前发展。

思想的自由，是创新的灵魂。思维跨越没有界限，行业创新才能永无止境。

# 体验至上

■ 夏巍峰

经常会听到周围的人问，苹果公司的成功秘诀到底是什么？苹果公司的产品为什么受到世人的欢迎？苹果公司一直坚持的发展方向是什么？这些问题的答案我想只有一个——“将用户体验推向极致”！作为一个电子消费品企业，苹果公司始终坚持不变的是满足消费者体验需求，不断推出能更好满足消费者体验的产品。

“用户体验”（UE）是一种纯主观的在用户使用产品或服务过程中建立起来的心理感受。用户体验虽是近年来逐步兴起的新学科，但从人类诞生伊始，“用户体验”便已存在。直到今天，才开始进入人们的视野。

“用户体验”其实无处不在，当我们在使用每个产品或每项服务时，都会产生用户体验。好的用户体验让人产生愉悦感和价值感，不好的用户体验会让人产生抱怨和懊恼。时代在进步，越来越多的消费者渴望得到良好的用户体验，市场也正在向体验新时代倾斜，体验经济正在向我们悄然走来，它成为继知识经济和服务经济之后的一种新的经济形态，已不可逆转。

今天，网络及移动互联网高速普及，数字化学习内容快速增长，国内外优质网络教育资源送到人们身边，网络教育行业的国际或同行间的竞争程度正在日益加剧。然而令人忧虑的是，当前我国网络教育行业的关注点仍然侧重在教育系统建设和自身体系完善，对学习者用户体验和学习成效方面的关注却严重不足。网络课程内容实用和效用性差、网络学习平台社会临场感不足、网络学习环境黏着性不强等，正在成为制约我国网络教育发展的最大“瓶颈”，用户体验不佳几乎使行业处于“山穷水尽”的境地。

出路在哪里？君不见，当业内不断抱怨国人不爱学习之时，国内“TED 视频粉丝团”正风起云涌；当业内不断抱怨学员不爱上网，满眼尽是“游戏迷”“微博控”；当业内不断抱怨学员为了文凭或证书而学习，国外名校公开课正“逐鹿中国”……网络教育行业正在呈现出一个显而易见的特征：学习者正开始掌握网络教育行业发展的“大权”，用户体验将成为行业发展的“至上法则”。只要网络教育的产品或服务能够满足用户期待甚至超越期待，学习者获得高效愉悦的学习体验并形成满意度和忠诚度，就会被口口相传、竞相追逐；反之，则会被无情抛弃。

身处体验经济时代，用户体验正在成为竞争的关键。我们已无法做出其他选择，唯有把抱怨变成自觉行动，把理论变成实际应用，把用户体验作为办学和评估的重要标准，我国网络教育行业才有可能从“山穷水尽”走向“柳暗花明”。

# 技术迷思

■ 夏巍峰

当今，技术发展的速度和广度已远远超出一般人的想象。

技术快速发展，让人产生“眩晕感”，也给网络教育行业带来诸多“迷茫”和“困惑”。当我们经过多年摸索逐渐形成“三分屏”、Flash课件制作标准、流程、团队时，“视频公开课”“微课件”的出现突然打乱了阵脚。我们不禁会问：“未来课件的方向在哪里？网络课件还有没有标准？”当我们经过多年开发并应用的网络教学管理平台已逐渐完善时，一时间“开源平台”“云平台”“社交化学习”又成了热门话题。我们站到了十字路口：“教学管理平台的方向到底如何选择？已有的教学管理平台是否要推倒重来？”当我们沥过卫星传输开启互联网时代，历经十多年刚踏入E-Learning门槛，移动互联网大潮就向我们涌来，M-Learning已是迫在眉睫，D-Learning、E-Learning、M-Learning交织一起。我们面临着抉择：“如何确定未来发展规划？未来还会不会有新的学习技术出现？”诸如此类的问题还有很多，技术进步从未像今天这样让从事网络教育的人士应接不暇，甚至迷失方向、无所适从。

仔细想想，我们最大的“痛苦”其实不是因为新技术出现得过多过快，而是源于在众多选择中我们不清楚到底学习者需要什么样的技术。我们虽然接触学员多年，却并不一定十分了解学员真实的学习行为和学习需求。我们在招生、资源建设、教学支持服务等方面花了很大精力，可是却很少有机构专门设立学员研究部门，针对学员的学习方式、行为、心理，以及学习障碍等来进行调查与研究，然后系统地提出学习技术方案。在一些E-Learning专业公司设立有专门的技术研发部门，跟踪新技术发展，了解新技术应用，进行新技术应用前的实验，而在从事教育培训的院校里这样的部门却不多见，因此一旦有新技术出现，迷茫困惑和无所适从就在所难免。

技术是网络教育发展的内在核心支撑，我们不能无视技术在网络教育中的重要作用，不能无视技术进步对行业变革的驱动，无疑应以主动姿态来迎接技术带来的新变化。当然，我们同样要防止出现“技术依赖症”，防止高估技术力量而出现片面追求新技术的倾向。网络教育的本质仍然是教学，是提高学生的学业水平。我们要做的不只是期待下一个伟大的技术进步，而是致力于现有技术和工具进行合理设计；同时，网络教育工作者们还应该进行深入研究与思考，不断探索出最优的技术手段和扎实的教学方法。

技术发展永无止境，技术应用日新月异，我们要记住的是：没有最好的技术，只有最合适的技术。这才是我们对技术应持有的理性态度。

# 精细管理

■ 夏巍峰

现在各行各业的竞争愈来愈激烈已是不争的事实。十多年前，只要快速开发出产品就能找到用户，竞争只在能否抓住机会快速占领市场。而现在，在供大于需的“买方市场”中，竞争对手众多，产品或服务的品质就显得尤为重要，走“精细化路线”将是多数行业下一步的发展走向。

天下大事，必精于细——“精细管理”是社会分工精细化、服务质量精细化对现代管理提出的必然要求。“精细管理”的“五精四细”——即精华、精髓、精品、精通、精密及细分对象、细分职能和岗位、细化分解每一项具体工作、细化管理制度的各个落实环节，作为一种先进的管理文化和管理方式，已被越来越多的管理者所接受。

国外优秀企业无一例外都在不遗余力地重视细节管理，注重对细节的优化与改造，并在细节上不断追求完美。

人们常说麦当劳是服务的麦当劳，其实更准确的定义应该是数字麦当劳。在麦当劳内部，一切管理都是数字化的，从面粉和可乐的温度、食品烤制的时间、牛肉饼的大小，到吸管粗细、柜台高度、等待时间等，麦当劳都能够做到准确到位。

日本丰田公司为了设计出适合美国人使用的汽车，曾在20世纪90年代派调查者以学习英语为名，进入美国家庭长期细心观察美国人居家生活的细节。随后，丰田推出针对美国家庭需求设计的价廉物美的家庭旅行车，该车的每个细节都考虑了美国人的需要，因此深受美国用户欢迎。极为关注并重视细节，是日本民族的优秀性格，同时也是这个民族真正的可怕之处。

日耳曼民族更是如此。在上海，地铁一号线是由德国人设计的，看上去并没有什么特别的地方，直到中国设计师设计的地铁二号线投入运营，才发现由于有许多细节被忽略，结果二号线的运营成本远远高于一号线。难道中国设计者没有德国设计者聪明？我想未必。真正的差别在于德国设计者长期养成的认真与精细。

其实，中国人并不缺乏聪明才智，缺乏的是对“精细”的执著。关注宏观却忽视微观，长期以来已经成为我们思维的一种习惯。我们习惯于规划蓝图，却缺乏脚踏实地的行动支撑；我们强调整体框架构建，却忽略一砖一瓦的认真堆砌。这样的粗放式管理，在网络教育行业同样大行其道，致使行业多年存在的老问题一直未能得到有效解决。比如关注规模，忽略教学质量；关注形式，忽略对实际教学效果的追求，缺乏求真务实作风等。实践中，网络教育学员规模大，而过程又是由无数个教学及服务环节组成的，如果不能把每个环节做精细，学员就不可能得到优质教学服务。流程标准化、服务精细化，才是教学质量和教学服务的重要保证。

“泰山不拒细壤，故能成其高；江海不择细流，故能就其深。”在这样一个飞速发展与变革的时代，“精细管理”是时代对网络教育的迫切要求，也是行业发展到一个新阶段的必然追求。

# 开放之名

■ 夏巍峰

“开放”这个词，对我们中国人来说都不陌生。正因为有了改革开放政策，中国才有机会与全球经济社会发展逐步融为一体。近十年来，“开放”在网络教育领域被频频提起，只要谈起网络教育，“开放”似不曾离口。在各类大会小会上，经常听到“我们应该更加开放”的呼声，我们也愿意相信，从事网络教育行业的每个人都信仰开放。可是当我们带着开放的紧迫与激情走出会场，现实情况却不免让人失望。

全国68所高校网络教育学院采用的网络教学技术平台有近百种，且缺乏统一技术标准，形成了一个个虚拟围墙，高校网院在互联网上“封闭独立”的现状，与当今筑起高高围墙的中国实体大学如出一辙。正是由于高校网络教育没有开放的技术平台作为支撑，带来院校的不开放，“课程资源共享”一直以来都只是不能兑现的一句空话。

再看看公开课。国外名校公开课均采用CC协议发布，只要遵循CC协议中的“署名-非商业使用-相同方式共享”许可协议，使用者就可以自由复制、发行或者通过信息网络传播相关公开课作品，甚至可以进行编辑。CC协议为开放教育资源提供了法律保障。但同样是大学公开课，中国大学视频公开课仅适用于《中华人民共和国著作权法》，使用需经过某出版机构许可，“未经书面允许，请勿传播”。对比看来，这只能算是假开放，顶多只是半开放。没有开放理念、开放技术、开放参与、开放机制，我们的一门门视频公开课就如同钉在墙上的一朵朵“大红花”，总有一天会布满灰尘最终乏人问津。

十年来，从“新世纪网络课程建设工程”开始，从国家，到各省市，到学校，有关课程建设立项的工程越来越多，课程重复建设情况相当严重，资金、人力、物力的投入也十分巨大。近年来，我们也开始关注课程的开放与共享，尽管一些课程建设项目以“开放”“共享”命名，但仔细研读有关文件却发现，往往在课程建设、评审上浓墨重彩，在如何开放共享上却一笔略过，不免让人怀疑这样建设出来的课程最终能将开放、共享实现几成？

经过多年建设，我国高校建成的各类网络课程数量已很可观，当务之急应是尽快建立起开放、共享机制，尽快研讨如何将现有课程在高校间并面向社会实现开放与共享。

三十多年前，是中国主动打破封闭敞开大门，融入世界；今天，网络时代的世界开放大势正在涌向中国。当前，以美国为代表的高校已在教育领域掀起一场以网络教育 2.0 为标志的革命。这场革命以开放、互动为本质，对传统教育及人才培养模式发起新的冲击，这必将是一场世界级的新竞争。在全球开放教育大势下，再没有时间允许我们借“开放”之名搞自己的不开放、假开放、半开放了。

# 抛砖引玉

■ 夏巍峰

11月22—23日，2012中国国际远程教育大会在北京圆满召开。作为主办单位成员，同时也是千名参会代表之一，本人与众多参会者感受一样，大会带来的震荡久久不能平息。技术发展正在引发一场教育革命，已成为大会共识，需要我们认真面对、思考与研究，于是就有了为网络教育行业发展提几点建议的冲动。

◎ 网络教育要积极打入教育主流。一直以来，网络教育被主流教育“边缘化”，总是作为正规教育“补充”。怎样能成为主流教育的重要组成部分或重要形式？需要教育体系的一次思想革命、理念突破，甚至要打破一些既得利益。当下，我们不能仅指望主流教育体系自身的转变，网络教育要利用自身优势，敢于并善于打入主流教育，这个时机已经到来！

◎ 一流高校的网络教育目标要清晰而长远。第三次工业革命，需要一大批掌握信息技术的技能型人才，以及能追踪尖端科学最新发展的创新型人才，高校网络教育应成为培养大批创新型人才的主力军。目前国内一些高校开办网络教育重点是在为学员取得“文凭”或“考证”服务，因而课程知识老化、与社会需求脱节。而国际名校正加速开办以提升专业知识和技能为目标、以课程为单元的“微证书”“微学位”的网络大规模公开课，将冲击全球教育，引起教育行业新的竞争、重新布局甚至洗牌。我国高校网络教育能否持续发展取决于是关注眼前还是立足未来。

◎ 加大开放力度，增强网络教育的创新动力。网络教育需要一个心态开放、生态开放、技术开放、资源开放的环境，开放才能创新。令人忧心的是，进入网络教育2.0时代的行业整体创新动力不足。高校网络学历教育长期在“试点”保护下，创新变革与发展动力正逐步消失。建议尽快取消“试点”，让更多高校加入，以增强创新活力；鼓励各高校发挥优势，面向社会开设非学历网络培训；开放公共服务体系“牌照”审批，让更多有实力有能力的企业或机构加入到网络教育公共服务体系行列，加快提升服务能力、质量与水平，满足学习者包括广大农村学习者学习的需求。

另外，国内以互动、游戏化、个性化为特征的创新网络教育机构正在创业起步，行业要加强开放合作，多支持“微型”“小型”创新模式公司的发展。

◎ 关注 E-Learning 商业模式的突破。在所有创新中，商业模式创新才是最本源的创新，离开商业模式，管理创新、技术创新都失去了可持续发展的可能和基础。但国内一个奇怪的现象是，网络教育机构甚至 E-Learning 公司都在避谈商业模式，只谈技术、产品、服务，似乎提到商业模式就太“俗气”。而美国提供网络公开课的三大网站 EDX、Coursera、Udacity 就是按照不同的商业模式运作的；国外名校课程免费开放，但推出课程认证的“微学位”不免费，其创收非常可观。可见一个好的 E-Learning 商业模式非常重要，既能广泛服务于社会，又能获得较好的收入回报，唯此，行业才能真正发展壮大。

◎ 增强自信才能在国际上有一席之地。中国的网络教育或企业网络大学只要根植于本土，着眼于中国现实，关注人、企业、社会的发展，就有创造世界经验的可能。中国邮政网络培训立足本土不断创新，走向国际舞台成为全球标杆就是一个很好的例证。当下培训行业中“拿来主义”之风盛行，其实照搬照抄只会邯郸学步，在全球化交流中要有平视眼光，充分自信才是加入国际化洪流中的应有姿态。

网络教育发展需要行业同仁更多真知灼见。我的千字小文仅是蜻蜓点水，权当抛砖引玉。

# 求本舍末

■ 夏巍峰

有这样一则故事：

一天，动物园管理员发现袋鼠从笼子里跑出来了，于是组织开会讨论，一致认为是笼子的高度过低。所以他们决定将笼子的高度由原来的 10 米加到 20 米，结果第二天他们发现袋鼠还是跑到外面来，所以他们又决定再将笼子加高到 30 米。

没想到隔天居然又看到袋鼠全跑到外面，于是管理员大为紧张，决定一不做二不休，加班加点将笼子高度加到 100 米。管理员认为这样就可以“高枕无忧”了！

一天，长颈鹿遇到几只在笼子外闲逛的袋鼠。“你们看，这些人会不会再继续加高你们的笼子?”长颈鹿问。“很难说，”袋鼠说，“如果他们再继续忘记关门的话!”

看完这则小故事，大家都会明白：事有“本末”之分，就本故事而言，关门是本，加高笼子是末，管理员舍本而逐末，当然是不得要领。可是发生在网络教育行业中的类似于这些背本趋末、本末倒置之类的事却还真不少，而且似乎有愈加严重之倾向，不能不反思。

高校现代远程教育试点以来，仅国家教育主管部门出台和下发的有关审批、招生、证书、电子注册、统考、年报年检和评估等文件就有 100 多个，其力度之大可谓前所未有。高校网络教育生存与发展之“本”是质量，抓网络教育质量的关键要抓教学质量。十年来，高校网络教育在政策管理方面不断得到强化，有些高校重视了宏观管理却忽视了对教学的投入与教学质量的提升，出现了高校间网络教育教学质量严重参差不齐的现状，少数高校教学平台形同虚设，据说有的学校甚至连起码的教学平台都没有。

自 2004 年教育部开始启动“国家精品课程建设”（现为“国家级精品

开放课程建设”），此项目吸引了众多高校积极参与，可现实情况是，不少高校是为了评选而精心制作，在评选过程中出现的“不正常”现象也愈加严重，对此各方多有微词。国家精品开放课程建设的核心是要选拔一批高质量的课程，并实现优质课程资源的普及共享，并非只是授予“荣誉称号”的评选活动，“重申报、轻建设”“重建设、轻共享”现象与项目初衷背道而驰。

当我们埋头苦干并自诩拥有了多少网络教学资源的同时，要回头看看它们是否是学员真正所需？又有多少学员来学习这些内容？我们是否真正关注终端服务对象——学习者？是否一厢情愿地建成了供摆设的“资源库”？网络课程标准制定的目的在于实现资源跨平台共享及保证课程制作的质量，网络课程标准的重点在于推广与应用，这些标准是否一不小心成了被束之高阁的“学术课题成果”？

还有，现在的手机功能越来越强大，可是大部分人的手机除了常用来接听电话外，80%以上的功能从未使用过。在 E-Learning 领域也出现了同样的现象，E-Learning 服务商喜欢用大量精力将平台功能开发得无比强大，而客户却反映平台实用性差，使用起来太复杂；核心功能不能满足需求，而一些功能从未被使用。



网络教育行业出现的此类现象不止上述所列。临近岁末年首，我们应静下心进行梳理和思考，认清事物的“本”与“末”，摒弃功利思维的“形式主义”和“表面文章”，追求问题的根本，力求从最本质的方面来推动网络教育发展。

# “心”路历程

■ 夏巍峰

十年前的春天，在一间不足30平方米的房间里，《中国远程教育》（资讯）悄然起步。没有揭牌仪式、创刊典礼，无声中孕育着一种新的力量。创刊号上“面向市场、服务市场”的八个字，标明这本杂志自出生起，就要立足市场求生存谋发展。杂志社一改媒体的传统办刊思路，大胆探索媒体体制机制创新，这在当时全国的平面媒体中尚不多见，在教育媒体中更是首开先河。

十年后的今天，新闻出版单位全面推行新闻出版体制改革，媒体市场运营机制已为社会各方所接受。但在十年前，面向教育培训领域，创办新机制运营的教育媒体，所遇到的诸多困难甚至不解，可想而知。

传统媒体定价低，运行成本高，运营压力重重。《中国远程教育》（资讯）创办后，不仅要面对运营和生存压力，还要面对教育培训行业的观念阻力。但杂志团队不放弃、不抱怨，稳扎稳打，精心做好每一次采访，精心出好每一期杂志，精心办好每一次会议，精心服务每一个客户。即使在多次面临困境时，团队依然充满热情，激情地工作。这是因为我们这个团队热爱这份媒体，热爱这份事业，在多年摸爬滚打中，已将深深的感情融入这份媒体、这个行业。同时，主管部门、行业各方通过阅读杂志、参与杂志主办的活动，与杂志团队打交道，逐步建立起对杂志的信任，越来越认可杂志的运营模式，并给予了大力支持。在多方因素共同促进下，才成就了这份如今在教育培训领域享有较高知名度和美誉度的新生媒体。

安于现状会停滞不前，创新才有发展可能。《中国远程教育》（资讯）在运营逐渐走上正轨后，把杂志收入不断投入办刊之中，以提升办刊水平和质量，形成杂志的良性循环。如此，杂志质量才又有了质的提升。在拓宽运营思路方面，我们打破传统媒体的单一化模式，创新机制并联合社会多方力量参与，扩充专业化媒体运营和网站服务团队，逐步延伸到网络媒体、行业组织、年度大会、专业会议、行业培训、招生服务、社交网络等，尽可能地为行业发展提供多方位高质量的服务。这不仅降低了运营风险，更为杂志的发展带来了新的机遇。

作为实体，我们固然有生存与发展的需求，但在当今价值多元、观念纷繁的中国，杂志更要承担起媒体的责任和使命。行业媒体是为行业和社会发展服务的事业，我们一直坚持以独特视角报道、解释、分析行业，以主流价值标准影响、建构、引导行业。近几年来，我们更是加大“公益”力度，开展了多种公益活动。如推出服务社会公益的在线社交平台，经常性地开展免费线上、线下讲座，让行业和社会共享全行业发展的成功经验和成果。

十年来，杂志紧紧围绕国家的教育、经济、社会发展大势，追踪技术发展给教育培训带来的革新，关注教育培训对社会转型、经济发展、企业竞争的支撑与促进。行业蓬勃发展孕育了杂志，给杂志提供了创新发展的空间和可能；杂志的发展推动着行业不断前行，也正在朝着引领行业发展的目标前进。

《中国远程教育》（资讯）突破传统办刊模式、拓展媒体生存空间、提升媒体社会价值，已走出一条行业媒体的创新发展之路。过去，发展道路艰辛；未来，还将面对更多挑战。但心中有读者，心中有行业，用“心”办媒体，累，我们却快乐着！

# 后　记

北京大学出版社出版发行这本图书，这是我的荣幸。十年的行业媒体工作经历，让我有机会在今天实现这样一个梦想。

图书能够出版，我要感谢图书内容的“主角”——中国 E-Learning 行业的总裁们，这些成果是他们与我共同“创作”的结晶。

图书能够出版，我要感谢《中国远程教育》杂志社给予的平台。《中国远程教育》（资讯）杂志记者吕瑶、潘超、刘增辉、王铁军、罗勇和我一起与总裁们面对面，这是他们与我共同合作的成果。感谢《中国远程教育》（资讯）编辑部主任刘宪子老师在文章刊发在《中国远程教育》（资讯）杂志上所做的编辑工作。感谢《中国远程教育》（资讯）杂志编辑李密珍在图书出版前在文章收集、整理方面做了大量工作。

图书能够出版，我要感谢北京大学出版社。感谢北京大学出版社姚成龙主任对图书内容的认可和把关，以及职业教育部的编辑们在图书出版编辑加工中所付出的汗水。

图书能够出版，感谢的人还很多，包括我的领导、朋友们，以及我的家人和同事们。

我希望我做的任何一件事情，都应有认真而负责任的态度。出版图书更应如此。但限于本人的认识和阅历，书中难免存在不足之处，期望读者批评指正。

夏巍峰

2013 年 8 月 23 日于复兴门